CAHIERS TRISTAN L'HERMITE
XLII – 2020

TRISTAN ET LE THÉÂTRE DU XVIᵉ SIÈCLE

Sandrine BERRÉGARD

Introduction / *Introduction*

Zoé SCHWEITZER

La Mort de Sénèque :
adieu à Sénèque ou continuation du théâtre humaniste ? /
La Mort de Sénèque*:*
farewell to Seneca or continuation of humanist theater?

Céline FOURNIAL

L'*inventio* tragique de Tristan L'Hermite.
Retour cyclique ou inspiration sérielle ? /
The tragic inventio *of Tristan L'Hermite.*
Cyclical return or serial inspiration?

Sandrine BERRÉGARD

Tristan et Hardy : un héritage problématique /
Tristan and Hardy: A problematic legacy

Laura RESCIA

L'*Amarillis* de Tristan L'Hermite. Une pastorale à contre-temps ? /
Tristan L'Hermite's Amarillis. *An untimely pastoral?*

Josefa TERRIBILINI

Choralités tristaniennes. Échos des chœurs humanistes
dans *La Mariane, La Mort de Sénèque* et *Osman* /
Tristanian choralities. Echoes of humanistic choruses
in La Mariane, La Mort de Sénèque, *and* Osman

Sylvain GARNIER

La représentation du *furor poeticus* au théâtre
de Jodelle à Tristan L'Hermite /
Representing furor poeticus *in the theater—*
from Jodelle to Tristan L'Hermite

Catherine DUMAS

Le pouvoir destructeur des passions dans *La Tragédie d'Amnon
et Tamar* de Chrétien des Croix et *La Mariane* de Tristan /
The destructive power of the passions in Chrétien des Croix's
Tragédie d'Amnon et Tamar *and Tristan's* La Mariane

Catherine GRISÉ

Vers une nouvelle biographie de Tristan L'Hermite /
Towards a new biography of Tristan L'Hermite

Bibliographie – Chronique /
Bibliography—Column

par/*by* Sandrine BERRÉGARD

De ce numéro XLII des *Cahiers Tristan L'Hermite*
achevé d'imprimer en novembre 2020 sur les presses
de l'imprimerie Corlet à Condé-sur-Noireau (14110),
il a été tiré 200 exemplaires.

Cahiers publiés avec le concours
du Centre National du Livre

CAHIERS TRISTAN L'HERMITE

Revue annuelle publiée par l'association
des amis de Tristan L'Hermite

Éditeur

CLASSIQUES GARNIER
6, rue de la Sorbonne, F-75005 Paris

Secrétariat

Sandrine BERRÉGARD, 19 rue Berbier du Mets, 75013 Paris

Comité de lecture

Véronique ADAM
Sandrine BERRÉGARD
Marie CHAUFOUR
Jean-Pierre CHAUVEAU
Jean-Marie CONSTANT
Claire FOURQUET-GRACIEUX
Alain GÉNETIOT
Françoise GRAZIANI
Constance GRIFFEJOEN-CAVATORTA
Laurence GROVE
Carine LUCCIONI-SAUVAGE
Jacques PRÉVOT

Correspondants étrangers

Allemagne : Rainer ZAISER (univ. de Kiel)
Brésil : Pedro LEAL (univ. fédérale de Rio de Janeiro)
Canada : Catherine GRISÉ (univ. de Toronto)
Nicole MALLET (univ. d'Alberta)
États-Unis : Claude K. ABRAHAM (Californie)
David L. RUBIN (Virginie)
Grande-Bretagne : Alan HOWE (univ. de Liverpool)
Laurence GROVE (univ. de Glasgow)
Italie : Daniela DALLA VALLE (univ. de Turin)
Cecilia RIZZA (univ. de Gênes)
Japon : Katsuya NAGAMORI (univ. de Kyoto)
Roumanie : Rodica CHIRA (univ. d'Alba Julia)

LES AMIS DE TRISTAN L'HERMITE

Siège social : Mairie de Janaillat, 23250 Janaillat
Association loi de 1901. J.O. du 7 janvier 1979
www.lesamisdetristan.org

INTRODUCTION

Celui auquel l'histoire littéraire a volontiers assigné le rôle de précurseur de Racine, et de la tragédie classique en général[1], n'a de ce fait guère été considéré à l'aune de ses prédécesseurs, français ou européens. Quelques études néanmoins font à cet égard exception et, parmi elles, celles qui concernent la dernière pièce de l'auteur, *Le Parasite* (1654), dont la source avérée est la comédie italienne de Fornaris *Angelica*, parue en 1585[2]. La présence chez Tristan, à l'imitation de son modèle, de plusieurs des personnages-types de la comédie humaniste, elle-même issue de l'Antiquité latine – Fripesauces, qui tient son nom de Rabelais[3], mais aussi Matamore, «le capitan[4]», ainsi que Phénice, la servante, significativement appelée par l'un de ses interlocuteurs «nourrice» (v. 829), auxquels s'ajoutent enfin les parents et le couple d'amoureux, communs au genre toutes périodes confondues – a d'ailleurs *a posteriori* valu au dramaturge le qualificatif peu flatteur d'archaïque[5], même si d'aucuns se sont évertués à montrer la part de nouveauté qui lui est imputable[6]. Cependant, comme le note R. Guichemerre[7], il convient sur ce point de distinguer le capitan d'un côté, le parasite et la nourrice de l'autre. En effet, si le premier continue d'inspirer les auteurs de comédies voire de tragi-comédies – à commencer par Corneille, qui, après l'avoir explicitement exclu de *Mélite* (1633)[8], l'intègre à son *Illusion comique* (1639) – les seconds, à l'inverse, semblent désormais appartenir à une période révolue[9], surtout lorsqu'il s'agit de faire d'eux les protagonistes, comme le fait Tristan avec le personnage-titre de sa pièce[10].

De fructueux rapprochements ont par ailleurs été établis entre les tragédies de Tristan et le théâtre élisabéthain[11]. La fureur qui s'empare d'Hérode ou de Néron[12], par exemple, n'est de fait pas sans évoquer les terribles passions qui affectent les héros shakespeariens en particulier. La jalousie maladive dont souffre le roi de Jérusalem, et qui conduit à la mort de Mariane, s'apparente ainsi à celle d'Othello, avec une Desdémone dont la fin est elle-même tragique – à une différence près toutefois, et non des moindres, à savoir que, chez le dramaturge français, le dénouement sanglant échappe au regard du spectateur, alors que la scène élisabéthaine ne le lui épargne pas. Mais la lecture shakespearienne du théâtre de Tristan n'est pas seulement justifiée par la nature des émotions qui animent les héros[13], elle l'est aussi et surtout par le caractère spectaculaire de leurs manifestations – dans la première tragédie de l'auteur plus que dans les suivantes, à vrai dire : si l'exécution de Mariane se déroule durant le dernier entracte, les remords et la douleur qui assaillent Hérode à l'annonce du funeste événement suscitent quant à eux un spectacle, verbal et gestuel[14], des plus saisissants. À l'écoulement du sang l'auteur préfère donc le déferlement de larmes et de paroles par lequel s'achève sa tragédie. Au demeurant, en l'absence de preuves relatives à une influence effective de Shakespeare, ces comparaisons visent à montrer les particularités d'une dramaturgie de la violence, plus largement annexée au domaine du baroque.

Dès lors, une voie s'ouvrait à nous, qui consistait à nous interroger, hors de tout jugement de valeur, sur le rapport précis que l'œuvre dramatique de Tristan entretient avec le théâtre humaniste, en étendant si possible le propos aux genres de la tragi-comédie et de la pastorale, que l'auteur a également pratiqués. Dans quelle mesure son esthétique théâtrale est-elle d'ailleurs représentative de celle qui caractérise en général ses contemporains ? De fait, c'est d'abord en une perspective élargie qu'il convient d'envisager le sujet. Or les écarts observés entre la tragédie française des années 1630-1640 et celle de la Renaissance – à une dramaturgie de la déploration en succède *grosso modo* une autre, davantage fondée sur l'action[15] – n'empêchent toutefois pas une véritable continuité d'apparaître de l'une à l'autre, dans le choix de la matière, mais aussi, pour une part, dans le traitement qui lui est réservé. Dans son introduction à *La Mort de César* de Scudéry (1636), D. Moncond'huy note ainsi avec le *César* de Grévin (1561) des «analogies de structure[16]», dont il dresse ensuite la liste exhaustive – et qui indiquent clairement que là est son principal intertexte – avant de mettre l'accent sur les nombreuses parentés avec les *Porcie* (1568) et *Cornélie* (1574) de Garnier, qui, malgré des origines autres, semblent avoir elles-mêmes participé au processus de création[17]. B. Louvat, de son côté, affirme, dans son édition critique d'*Antigone* (1639), que Garnier «a non seulement fourni à Rotrou la syntaxe d'ensemble de sa tragédie […], mais qu'il a en outre servi d'intermédiaire entre Sophocle et lui[18]». Pour son *Iphigénie* (1641), ensuite, le dramaturge s'est appuyé sur la traduction, très libre, que Sébillet procura du texte d'Euripide, comme le souligne Al. Riffaud dans sa présentation de la pièce[19]. Ces exemples témoignent donc du rôle décisif que jouèrent, auprès de leurs successeurs, les poètes de la Renaissance dans la transmission d'un héritage ancien[20].

Reste la question de savoir quelles frontières temporelles exactes il convient d'assigner au théâtre du xvie siècle, comme nous l'appellerons faute de mieux – un point d'autant plus difficile à trancher qu'elles ne sont pas nécessairement les mêmes en France et ailleurs en Europe, sachant que les auteurs hexagonaux puisent volontiers chez les Italiens ou les Espagnols. À examiner de près le seul répertoire français, nous mesurons déjà la complexité de la chronologie qui s'y attache. Si, par exemple, les cinq tomes du *Théâtre* de Hardy paraissent entre 1624 et

1628, il semble que la composition des pièces qu'ils réunissent remonte, quant à elle, aux années 1590-1605, soit immédiatement après la fin de la Renaissance[21] – un décalage qui explique la virulence des attaques formulées par Auvray et Du Ryer à l'encontre d'un poète dont les modèles appartiennent davantage à l'époque humaniste. Autant par les sujets que par la forme qu'ils revêtent, son esthétique ne s'en distingue pas moins de celle d'un Garnier ou d'un Jodelle : tout en empruntant à ses aînés, qui se réclament eux-mêmes du théâtre antique, des procédés tels que le chœur, la sentence, la déploration ou encore la *disputatio*, étendue à l'échelle d'une scène entière, il s'impose comme l'un des principaux représentants de ce «théâtre de la cruauté[22]» qui, avec Bauter ou Chrétien des Croix, caractérise la production tragique des toutes premières années du XVIIe siècle. Une telle approche évite aussi de qualifier de simplement transitoire l'époque de Hardy, comme l'ont trop souvent fait des historiens de la littérature dont l'analyse est centrée sur les catégories de l'humanisme et du classicisme.

Parmi les Anciens dont l'influence, durable, jette un pont entre la littérature dramatique du XVIe et celle du XVIIe siècle, Sénèque occupe une place singulière en raison de la dimension à la fois théâtrale et philosophique de son œuvre[23]. Les histoires terribles de Médée, d'Hercule et d'Hippolyte, et surtout la manière dont les traite le poète latin, constituent en effet le substrat d'un grand nombre de tragédies, dont certaines même ont pour héros d'autres personnages, historiques, mythologiques ou bibliques. Ces dernières retiennent alors de la dramaturgie sénéquéenne des procédés tels que le récit ample, le chœur ou, en un mécanisme plus remarquable encore, le *furor*, qui souligne la puissance des passions. La vocation édifiante du genre tragique se nourrit ainsi du stoïcisme qui, par l'intercession de Sénèque, parcourt l'ensemble des pièces.

La relative cohérence qui se fait jour entre la tragédie de l'époque de Tristan et celle des générations antérieures est aussi attestée par la concordance, au moins partielle, des définitions que les théoriciens donnent alors du genre. Celle qui figure dans la préface de *La Silvanire* de Mairet (1631) – la tragédie, y est-il écrit, «est comme le miroir de la fragilité des choses humaines, d'autant que ces mêmes Rois et ces mêmes Princes qu'on y voit au commencement si glorieux et si triomphants y servent à la fin de pitoyables preuves des insolences de la fortune[24]» – fait par exemple écho à celle qu'avait introduite La Taille en amont de son *Saül le furieux* (1572) : la tragédie, précise-t-il, «ne traite que de piteuses ruines des grands Seigneurs, que des inconstances de Fortune[25]». La conception du genre tragique qui s'exprime de la sorte est en fait largement redevable à la poétique aristotélicienne, qui résume la trajectoire de ses héros, nobles de préférence, au passage du bonheur au malheur[26]. Le cadre commun esquissé n'exclut pas ensuite des orientations nouvelles, avec en particulier les règles – déjà pour une part présentes auparavant – celles des trois unités et de la vraisemblance, qui en redessinent les contours. Mairet le premier fait ainsi mourir Syphax dès le deuxième acte de sa *Sophonisbe* (1634), afin de rendre plus acceptable le remariage de l'héroïne avec Massinisse, tandis que Mermet (1594), comme le fera d'ailleurs plus tard Corneille, suit la version des historiens, selon laquelle la jeune femme profite de la captivité de son époux pour contracter une nouvelle alliance.

Plus qu'aucun autre peut-être, l'exemple cornélien reflète les ruptures en même temps que le *continuum* qui se joue d'une période à l'autre. Avec sa première tragédie, *Médée* (1635), l'auteur ravive le souvenir de Sénèque et offre au public une série de spectacles d'une grande brutalité (l'empoisonnement de Créuse et de Créon, suivi du suicide de Jason)[27]. Aux crimes dont se rend coupable la magicienne – celui du double infanticide étant néanmoins, à l'inverse des précédents, dérobé au regard du spectateur – succède en outre son impressionnante fuite – sur un char tiré par des dragons, en un tableau qui préfigure le théâtre à machines, promis à un développement ultérieur grâce entre autres à l'*Andromède* et à *La Toison d'or* du même Corneille. Avec *Horace* (1641), ensuite, l'auteur ne respecte le principe des bienséances qu'au prix d'une astuce scénique (le jeune héros quitte un instant le plateau pour tuer sa sœur en coulisses)[28], qui se donne à lire comme un pied de nez adressé aux théoriciens de la régularité[29], avant que *Cinna* (1643) n'écarte toute violence physique, au point d'aboutir à un dénouement heureux, à la faveur d'une ultime et admirable péripétie[30].

Si, à la différence de ceux que nous avons cités à propos de Scudéry (César), de Rotrou (Antigone et Iphigénie) et de Corneille (Médée), les sujets choisis par Tristan ne figurent pas tous dans le théâtre (post-)humaniste[31], il n'en recourt pas moins à des procédés qui relèvent de la dramaturgie renaissante. La part conséquente qu'il accorde à la lamentation – celle d'Araspe ou de Panthée – et à la fureur – celle d'Hérode ou de Néron – est révélatrice d'une filiation qui s'accorde parfois difficilement avec l'observation de règles propres à satisfaire les attentes d'un public nouveau. Les sentences, relatives à l'amour ou à la mort, qui abondent surtout dans la deuxième tragédie de l'auteur[32], la rapprochent aussi des canons de la période antérieure en la dotant d'une forte dimension didactique, conforme à la vocation édifiante que les poètes du XVIe siècle confèrent volontiers au genre.

Le cas qui nous occupe pose en outre la délicate question de l'héritage légué par Hardy[33], celui-ci, nous l'avons rappelé, étant alors au cœur d'une polémique dont l'œuvre de Garnier, par exemple, ne fait en revanche nullement l'objet. Les reproches qui lui sont adressés ne visent pas seulement une dramaturgie que beaucoup désormais estiment insuffisamment régulière[34], ils touchent aussi à la conception ronsardienne de la langue poétique, à rebours de l'entreprise de clarification conduite dès le début du XVIIe siècle par Malherbe[35]. Or le jeune Tristan compose deux poèmes liminaires en hommage à son aîné[36], avant que celui-ci ne lui insuffle sans doute l'idée de choisir Mariane et Panthée pour être les héroïnes de ses deux premières tragédies[37]. Plus encore, avec sa deuxième pièce, le poète confirme, en l'amplifiant, son attachement à un dispositif – celui qui consiste à mettre l'accent sur l'expression lyrique des souffrances amoureuses – qui le ramène à l'un des traits distinctifs majeurs de l'esthétique humaniste et que Hardy avait lui-même fait sien. C'est d'ailleurs peut-être pour contrer les critiques dont il a été la cible, de la part de d'Aubignac en particulier, jugeant peu vraisemblables et même inconvenantes certaines des situations développées par *Panthée*[38], que Tristan se tourne ensuite, à l'instar de Corneille, vers le genre de la tragédie romaine (*La Mort de Sénèque, La Mort de Chrispe*), devenue en quelque sorte le parangon de la régularité théâtrale. L'auteur de *La Mariane* ne mentionne pourtant pas parmi ses sources la tragédie homonyme de 1625[39] : il préfère citer ceux d'entre les Anciens qui ont conté l'histoire tragique de la reine de Judée (Flavius Josèphe, Zonare, Hégésippe) ainsi que *Le Politique malheureux* du Père Caussin, dont un court chapitre est consacré au personnage d'Hérode en une perspective ouvertement édifiante[40]. Au seuil de sa carrière théâtrale, Tristan semble donc adopter une double posture : celle d'un poète qui n'entend pas exprimer trop nettement son admiration pour un dramaturge ignoré voire vilipendé par la plupart des poètes de la génération suivante, en même temps qu'il apparaît à l'évidence comme l'un de ses plus proches héritiers. Les références à la lointaine Antiquité offrent en ce sens l'avantage de conférer du lustre aux œuvres nouvelles, sans pour autant qu'il soit nécessaire d'invoquer l'autorité des poètes de la Renaissance ou de leurs successeurs immédiats.

Nombreuses en outre sont les preuves apportées par Tristan de sa volonté de respecter des règles désormais perçues comme l'apanage du théâtre moderne[41]. C'est en coulisses plutôt que sur la scène que se produit le meurtre de Mariane, par exemple, à rebours de l'une des interprétations possibles du principe qu'édicte en 1597 Laudun d'Aigaliers dans son *Art poétique* («Plus les Tragédies sont cruelles plus elles sont excellentes[42]») et qu'illustrent les tragédies contemporaines de Bauter (*Rosemonde ou la Vengeance*) ou de Hardy (*Scédase, ou l'Hospitalité violée*). Il en est ensuite de même, chez notre poète, de la mort de Sénèque ainsi que de celle de Chrispe ou de Fauste. La règle de l'unité de lieu est à son tour appliquée par Tristan, en un sens large dans *La Mariane* et *Panthée*, dont les événements se situent en plusieurs endroits, néanmoins réductibles à un seul ensemble[43], puis en un sens étroit dans *La Mort de Sénèque*, *La Mort de Chrispe et Osman*[44]. L'action dramatique y est aussi de plus en plus resserrée, conformément à une autre des contraintes majeures de l'esthétique classique : si les deux scènes qui montrent Alexandra conduisent l'auteur de *La Mariane* à enfreindre la règle de l'unité d'action, les tragédies ultérieures de Tristan, quant à elles, s'attachent à nouer étroitement les différents fils qui s'y croisent. L'un des moyens qu'emploie pour cela le poète, comme la plupart de ses contemporains, est la chaîne des amours non-réciproques[45], selon un schéma que les autres genres dramatiques empruntent désormais volontiers à la pastorale.

Mérite également d'être prise en compte l'évolution de la dramaturgie tristanienne. Si les deux premières pièces de l'auteur, *La Mariane* et *Panthée*, s'inscrivent, nous l'avons dit, dans la lignée des tragédies de la Renaissance, *La Mort de Sénèque* quant à elle procède d'une écriture plus nerveuse[46], de type cornélien, placée qu'elle est sous l'égide de Tacite, qui lui fournit un sujet cette fois clairement politique (celui de la conspiration ourdie contre Néron)[47]. S'y développe alors une *dispositio* qui opère un rééquilibrage en faveur de l'action. Avec *Osman*, enfin, Tristan se tourne vers le genre de la tragédie orientale, dont il existe peu d'exemples au XVI[e][48] et qui, tout au long du siècle suivant en revanche, reçoit les faveurs du public.

Les liens unissant le théâtre du XVIIe à celui du XVIe siècle sont peut-être plus visibles encore pour la pastorale dramatique, qu'illustre l'*Amarillis* de Tristan (1653) et dont l'élaboration résulte de l'emploi de *topoï* aux origines lointaines, la question étant alors de savoir si les similitudes correspondent à des emprunts directs – comme, par exemple, dans le cas de la pièce homonyme de Du Ryer (1650), dont la source avérée est *Le Repentir d'amour* de l'Italien Groto (1585)[49] – ou à une simple communauté de modèles. Quant à la tragi-comédie, dont relève *La Folie du sage* (1645), si elle connaît un grand développement sous le règne de Louis XIII, elle n'en est pas pour autant tout à fait absente de la période humaniste avec la *Bradamante* de Garnier (1582) ou la *Genèvre* de Billard (1610), par exemple[50]. Le personnel noble qui la caractérise, la dimension matrimoniale d'une intrigue au dénouement heureux, enfin le contexte guerrier ou politique dans lequel elle s'inscrit fournissent aux auteurs de la génération suivante une véritable matrice, qu'ils s'emploient ensuite à infléchir selon leur propre compréhension du genre[51].

Le sujet tel que s'en saisissent les articles ici réunis est donc à géométries variables, que Tristan se situe au centre ou à la périphérie d'une enquête qui porte, de manière ciblée, sur le rapport du dramaturge au XVIᵉ siècle ou, plus généralement, sur la relation entre les deux périodes de l'histoire théâtrale. Le premier axe se déploie lui-même selon des optiques variées, qu'il s'agisse des genres dramatiques ou des sources, françaises, italiennes ou même latines, auxquelles puise à son tour le poète. Zoé Schweitzer pose ainsi la question éminemment problématique du devenir de l'héritage sénéquéen, en particulier à propos de *La Mort de Sénèque*, dont le titre, loin de se réduire à l'annonce du dénouement sanglant de la pièce, se donne à lire comme l'expression d'un nouveau projet esthétique. Les notions probantes de cycle et de série, sur lesquelles s'appuie Céline Fournial, permettent de s'interroger plus largement sur la matière dramatique choisie par Tristan et le traitement qui lui est réservé. Cette réflexion en appelle à la prise en compte des œuvres antérieures consacrées aux personnages et aux épisodes de l'histoire antique ou aux *topoï* de l'imaginaire pastoral que l'auteur entreprend d'adapter à la scène. Tel est le chemin, jusque-là peu exploré, que suivent Sandrine Berrégard et Laura Rescia, qui réexaminent le théâtre tristanien à la lumière de Hardy (*La Mariane* et *Panthée*) et de Montreux (*Amarillis*) respectivement. Enfin il apparaît que des procédés caractéristiques du théâtre humaniste perdurent, au-delà même des années 1650, tout en connaissant de profonds bouleversements. Issu d'une pratique ancienne, le *furor poeticus* se combine désormais avec l'exigence classique de vraisemblance, comme le montre avec force Sylvain Garnier. Si le personnage du chœur, quant à lui, ne figure dans aucune des pièces de Tristan, ses fonctions de commentaire ou de déploration ne s'en trouvent pas moins ravivées, selon l'hypothèse convaincante que développe Josefa Terribilini. Une tension analogue préside à l'emploi qui est fait des passions meurtrières dans *La Mariane* : par leur violence extrême autant que par le rôle crucial qu'elles jouent dans la progression tragique, elles s'apparentent à celles que Chrétien des Croix inscrit au cœur de sa *Tragédie d'Amnon et Tamar*, mais, le précise la lecture croisée que conduit Catherine Dumas, elles s'en éloignent par l'épaisseur psychologique accrue des personnages de Mariane et surtout d'Hérode. Se dessine alors le second axe, qui consisterait à élargir systématiquement la leçon aux contemporains de Tristan.

Il y aurait là matière à tout un livre. Les articles à suivre s'efforcent, au moyen d'éclairages variés, d'apporter des réponses à certaines des questions posées par le sujet.

Enfin, à l'ensemble des contributions précédemment évoquées s'ajoute l'article que Catherine Grisé avait consacré à la biographie de Tristan et dont elle a l'amitié de nous donner ici la traduction française. Parue dans le numéro d'avril-juin 1966 de la *Revue de l'Université d'Ottawa* (p. 294-316), sa version originale, «Towards a New Biography of Tristan L'Hermite», avait jusqu'alors échappé à la viligance des Tristaniens. Que Catherine Grisé en soit vivement remerciée.

Nous joignons à ce dernier article les reproductions des manuscrits de Tristan conservés aux Archives nationales. Que Thierry Pin, qui a bien voulu nous les communiquer électroniquement, trouve ici l'expression de toute notre gratitude.

Sandrine BERRÉGARD,
Université de Strasbourg,
U.R. Configurations littéraires

1   Voir à ce sujet notre ouvrage *Tristan L'Hermite, «héritier» et «précurseur».* *Imitation et innovation dans la carrière de Tristan L'Hermite*, Tübingen, Narr, «Biblio 17», 2006, p. 35-85.

2   Voir sur ce point l'analyse de Roger Guichemerre dans son introduction à la pièce (p. 213-216 [*in*] *Œuvres complètes*, t. 5, Paris, Champion, «Sources classiques», 1999) ainsi que dans son article «*Le Parasite* : archaïsme et modernité», *Cahiers Tristan L'Hermite*, n° 11, 1989, p. 32-41.

3   «Fripesaulce était le nom d'un des cuisiniers de Grandgousier (Rabelais, *Gargantua*, XXVII)», précise R. Guichemerre dans une note (éd. citée, p. 226).

4   C'est ainsi en effet que la liste des personnages présente Matamore (*ibid.*).

5   Voir en particulier l'article de Léon et Frédéric Saisset, «*Le Parasite* dans l'ancienne comédie», *Grande Revue*, septembre 1932, p. 384-394.

6   Voir en particulier l'article de Véronique Sternberg, «*Le Parasite* ou le sens du jeu», *Actualités de Tristan*, dir. J. Prévot, *Littérales*, numéro spécial, 2003, p. 103-115.

7   R. Guichemerre, introduction au *Parasite*, éd. citée, p. 216.

8   «On n'avait jamais rien vu jusque-là, que la Comédie fît rire sans Personnages ridicules, tels que les Valets bouffons, les Parasites, les Capitans, les Docteurs, *etc.*» (Pierre Corneille, *Mélite*, Examen [1660], p. 6 [*in*] *Œuvres complètes*, t. 1, éd. G. Couton, Paris, Gallimard, «Bibliothèque de la Pléiade», 1980). L'introduction dans *L'Illusion comique* du personnage de Matamore s'explique aussi sans doute par la volonté d'attribuer à Bellemore un rôle qu'il avait l'habitude de jouer.

9   «Le Personnage de la Nourrice, qui est de la vieille Comédie, et que le manque d'Actrices sur nos Théâtres y avait conservé jusqu'alors, afin qu'un homme le pût représenter sous le masque, se trouve ici métamorphosé en celui de Suivante, qu'une femme représente sous son visage» (Corneille, *La Galerie du Palais ou l'Amie rivale*, Examen [1660], p. 304 [*in*] *Œuvres complètes*, t. 1, éd. citée).

10   Avec sa série des *Jodelet*, Scarron fait lui-même du personnage burlesque le héros de la comédie.

11   Voir les articles que Nicole Mallet, en particulier, a consacrés au sujet («Tristan dramaturge face aux élisabéthains», *Cahiers Tristan L'Hermite*, n° 8, 1986, p. 29-37; «Tristan et la maladie élisabéthaine», *Cahiers Tristan L'Hermite*, n° 8, p. 25-35).

12   *La Mariane*, V, 3; *La Mort de Sénèque*, V, 4, v. 1846-1868.

13 La vengeance tient une place de choix parmi elles et, comme l'a montré Elliott Christopher Forsyth (*La Tragédie française de Jodelle à Corneille (1553-1640) : le thème de la vengeance*, Paris, Champion, «Études et essais sur la Renaissance», 1994 [1962], constitue un trait d'union entre la dramaturgie du xvie et celle du xviie siècle.

14 Comme l'atteste par exemple la didascalie interne portée par la réplique de Phérore décrivant l'attitude d'Hérode : «Il a le teint tout pâle, et les yeux égarés» (V, 3, v. 1665, p. 114 [*in*] *Œuvres complètes*, t. 4, éd. citée, 2001).

15 Comme le montre la comparaison établie par Georges Forestier entre le *Marc-Antoine ou la Cléopâtre* de Mairet et la *Cléopâtre captive* de Jodelle : selon les mots du critique, le premier déroule l'action, tandis que le second étend le dénouement aux cinq actes de sa pièce (*La Tragédie française. Passions tragiques et règles classiques*, Paris, Colin, «U», 2010, p. 207).

16 Georges de Scudéry, *Le Prince déguisé. La Mort de* César, éd. É. Dutertre et D. Moncond'huy, Paris, S.T.F.M., 1992, p. 212.

17 *Ibid.*, p. 214-218.

18 Jean de Rotrou, *Théâtre complet*, t. 2, éd. B. Louvat, D. Moncond'huy et Al. Riffaud, Paris, S.T.F.M., 1999, p. 178.

19 *Ibid.*, p. 354-355.

20 D'autres rapprochements sont encore possibles : entre *La Sophonisbe* de Mairet et celle de Mermet (1584) ou de Montreux (1601), entre le *Marc-Antoine* de Mairet et celui de Garnier (1580), ou encore entre l'*Hippolyte* de La Pinelière et celui de Garnier (1573).

21 Voir, à ce sujet, S. Wilma Deierkauf-Holsboer, *Vie d'Alexandre Hardy poète du roi (1572-1632)*, Paris, Nizet, 1972 [1947].

22 Sur ce sujet, voir en particulier Christien Biet, dir., *Théâtre de la cruauté et récits sanglants en France : xvie-xviie siècles*, Paris, Laffont, «Bouquins», 2006.

23 Voir à ce sujet Florence de Caigny, *Sénèque le Tragique en France (xvie-xviie siècle)*, Paris, Classiques Garnier, «Bibliothèque de la Renaissance», 2010.

24 Jean Mairet, *La Silvanire ou la Morte-vive*, «Préface, en forme de discours poétique» [1631], p. 410-411 [*in*] *Théâtre complet*, t. 2, Paris, Champion, «Sources classiques», 2008.

25 Jean de La Taille, *Saül le furieux*, «De l'Art de la Tragédie» [1572], p. 3 [*in*] La Taille, *Tragédies*, éd. E. Forsyth, Paris, S.T.F.M., 1998. Comme le remarque Bénédicte Louvat-Molozay, «avant la rupture que constitue la publication, en France, de la *Poétique* (1639) de La Mesnardière puis de *La Pratique du théâtre* [...,] le discours théorique sur la tragédie présente, depuis les années 1570 (La Taille) jusqu'à la toute fin des années 1620, une remarquable continuité» (*L'«Enfance de la tragédie», 1610-1642 : pratiques tragiques françaises de Hardy à Corneille*, Paris, P.U.P.S., «Theatrum mundi», 2014, p. 27).

26 Aristote, *La Poétique*, éd. R. Dupont-Roc et J. Lallot, Paris, Seuil, «Poétique», 1980 (rééd. 2011), chap. 13, p. 77-79.

27 Corneille justifie néanmoins les sanctions ainsi infligées à ceux dont le comportement à l'égard de Médée est condamnable : Créon et Créuse «semblent l'[leur malheur]avoir mérité par l'injustice qu'ils ont faite à Médée, qui attire si bien de son côté toute la faveur de l'Auditoire qu'on excuse sa vengeance, après l'indigne traitement qu'elle a reçu de Créon et de son mari, et qu'on a plus de compassion du désespoir où ils l'ont réduite que de tout ce qu'elle leur fait souffrir» (*Médée*, Examen [1660], p. 540 [*in*] *Œuvres complètes*, t. 1, éd. citée). Quant au double infanticide, s'il n'est pas représenté, c'est sans doute que la parfaite innocence des victimes le rend insupportable. Voir à ce sujet l'article de Zoé Schweitzer «"Si vous ne craignez rien que je vous trouve à plaindre". Violence et interrogations dans la *Médée* de Corneille», *Spectacle de la violence – Comparatismes en Sorbonne*, 2, 2011 : http://www.crlc.paris-sorbonne. fr/pdf_revue/revue2/Spectacle4.pdf (consulté le 15/03/2020).

28 Corneille, *Horace*, IV, 5, v. 1319-1322.

29 On décèle aussi de l'ironie dans la promesse, énoncée par l'auteur de *Clitandre*, d'avoir réduit la durée de l'action à vingt-quatre heures malgré l'abondance de la matière (*Clitandre, ou l'Innocence délivrée*, «Préface» [1632], p. 95 [*in*] *Œuvres complètes*, t. 1, éd. citée).

30 La réconciliation par laquelle s'achève la pièce ouvre la voie à cette autre tragédie à fin heureuse de Corneille qu'est *Nicomède*. À propos de cette dernière, l'auteur explique d'ailleurs qu'il s'est employé à remplacer les ressorts traditionnels de la crainte et de la pitié par celui de l'admiration : «Ce héros de ma façon [Nicomède] sort un peu des règles de la tragédie, en ce qu'il ne cherche point à faire pitié par l'excès de ses infortunes ; mais le succès a montré que la fermeté des grands cœurs, qui n'excite que de l'admiration dans l'âme du spectateur, est quelquefois aussi agréable, que la compassion que notre art nous ordonne d'y produire par la représentation de leurs malheurs» (Examen [1660], p. 643 [*in*] *Œuvres complètes*, t. 2, éd. citée, 1984).

31 Outre le sujet de Panthée, déjà présent dans la tragédie homonyme de Guersens (1571), se rencontre celui de Chrispe, qu'avait traité avant Tristan Stéphonius dans son *Crispus* (1609). Voir à ce sujet Daniela Dalla Valle, *Le Tragedie francesi su Crispo*, éd., Torino, Al. Meyner, «Textes littéraires français», 1986 ainsi que son introduction à *La Mort de Chrispe* de Tristan (p. 346 [*in*] *Œuvres complètes*, t. 4, éd. citée).

32 Voir à ce sujet notre ouvrage, *op. cit.*, p. 278-280.

33 Voir, à ce sujet, notre article inclus dans le présent volume.

34 Comme le fait valoir Corneille par exemple à propos de *Mélite* : «Je n'avais pour guide qu'un peu de sens commun, avec les exemples de feu Hardy, dont la veine était plus féconde que polie, et de quelques Modernes, qui commençaient à se produire, et qui n'étaient pas plus Réguliers que lui» (Examen [1660], éd. citée, p. 5).

35 Corneille et Tristan affichent à cet égard des intentions communes : «Le style n'est pas plus élevé ici que dans *Mélite*, mais il est plus net et plus dégagé des pointes dont l'autre est semée, qui ne sont, à en bien parler, que de fausses lumières» (*La Veuve ou le Traître trahi*, «Examen» [1660], p. 218 [*in*] *Œuvres complètes*, t. 1, éd. citée) ; «j'ai dépeint tout cela [...] sans m'attacher mal à propos à des finesses trop étudiées, et qui font paraître une trop grande affectation» (*La Mariane*, «Avertissement», p. 35 [*in*] *Œuvres complètes*, t. 4, éd. citée).

36 Tristan L'Hermite, p. 589-590 [*in*] *Œuvres complètes*, t. 3, éd. citée, 2002.

37 *Panthée* et *Mariamne* figurent dans les deux premiers tomes du *Théâtre* de Hardy, publiés respectivement en 1624 et 1625.

38 Toutes ces remarques sont rassemblées dans le *Jugement de* Panthée (1657).

39 Il semble que la composition de la pièce remonte à une période comprise entre 1593 et 1615 (voir, à ce sujet, notre introduction à la pièce, p. 553-554 [*in*] *Théâtre complet* de Hardy, t. 2, Paris, Classiques Garnier, «Bibliothèque du théâtre français», 2015).

40 *La Mariane*, «Avertissement» [1639], éd. citée, p. 35.

41 Voir à ce sujet G. Forestier, «De la modernité anti-classique au classicisme moderne. Le modèle théâtral (1628-1634)», *Littératures classiques*, n° 19, automne 1993, p. 87-128.

42 Pierre de Laudun d'Aigaliers, *L'Art poëtique françois* [1597], éd. critique sous la dir. de J.-Ch. Monferran, Paris, S.T.F.M., 2000, V, 2, p. 204.

43 L'action de *La Mariane* a tour à tour pour cadre la chambre d'Hérode, celle de Mariane, la salle du conseil, une prison et une rue ; celle de *Panthée* la tente de Cirus, le pavillon de la reine et un bois attenant.

44 *La Mort de Sénèque* a pour décor le jardin de Mécène ou l'un des lieux accessibles par cette voie, *La Mort de Chrispe* le palais de Constantin, et *Osman* celui de l'empereur.

45   C'est à ce schéma qu'obéissent les intrigues de *Panthée* (Araspe aime Panthée qui aime Abradate) et de *La Mort de Chrispe* (Fauste aime Chrispe qui aime Constance).

46   Voir à ce sujet l'introduction de Jean-Pierre Chauveau, p. 235-236 [*in*] *Œuvres complètes*, t. 4, éd. citée

47   La fureur de Néron occupe néanmoins dans *La Mort de Sénèque* une place moindre que celle d'Hérode dans *La Mariane*.

48   Il en est un très tardif : la *Tragédie mahométiste*, une pièce anonyme publiée à Rouen chez Abraham Cousturier en 1612.

49   Voir à ce sujet notre introduction à la pièce, p. 6-15 [*in*] Pierre du Ryer, *Théâtre complet*, t. 1, Paris, Classiques Garnier, « Bibliothèque du théâtre français », 2018.

50   Voir à ce sujet Charles Mazouer, *Le Théâtre français de la Renaissance*, Paris, Champion, « Dictionnaires et références », 2013 [2002], p. 247-249.

51   Voir à ce sujet Hélène Baby, *La Tragi-comédie de Corneille à Quinault*, Paris, Klincksieck, « Bibliothèque de l'âge classique », 2001.

LA MORT DE SÉNÈQUE :
ADIEU À SÉNÈQUE OU CONTINUATION
DU THÉÂTRE HUMANISTE ?

Jouée en 1644 et publiée en 1645, *La Mort de Sénèque*[1] est écrite au moment où les règles qui caractérisent la poétique classique française commencent à s'imposer, cependant situer cette tragédie dans l'histoire du théâtre n'est pas aisée. Sandrine Berrégard a mis en lumière et souligné les interprétations différentes, et parfois contradictoires, qui sont proposées de cette œuvre[2]. Comme d'autres tragédies de Tristan, *La Mort de Sénèque* serait une préfiguration des tragédies de Racine. La tragédie à sujet romain constituerait un jalon vers *Britannicus*[3], avec laquelle cette pièce partage un unique personnage, Néron, et, dans une moindre mesure, vers *Andromaque* tant les fureurs d'Oreste évoquent celles du tyran lors du dénouement[4]. *La Mort de Sénèque* n'est pas seulement l'œuvre d'un précurseur, elle est aussi celle d'un héritier, pour reprendre les termes de Sandrine Berrégard. La critique a ainsi depuis longtemps[5] souligné ce qui rapprochait cette tragédie du drame historique élisabéthain ou du genre de la tragédie de vengeance, la situation rappelant *Jules César*, *Richard III* ou encore *Tamerlan*[6] parce que la dramaturgie de *La Mort de Sénèque* est organisée autour d'une double vengeance, celle des conjurés puis celle de Sabine et Néron. Cet «œcuménisme esthétique[7]» s'est trouvé accru ces dernières années lorsque d'autres rapprochements ont été proposés, notamment avec le théâtre d'Alexandre Hardy, lui-même influencé par celui de Sénèque[8]. Continuateur pour les uns, précurseur pour les autres, Tristan est aussi un dramaturge de son temps[9]. Tristan délaisse les sujets mythologiques dans *La Mort de Sénèque* qui respecte les règles classiques en train de s'élaborer, qu'il s'agisse des unités ou bien du principe de liaison des scènes, toutes exigences motivées par la vraisemblance[10]. Forte de ces différentes interprétations, cette pièce apparaît «révélatrice» de la «double logique» critique mobilisée pour interpréter l'œuvre de Tristan : d'un côté, la tragédie de 1640 prouve la «conversion définitive de Tristan au classicisme», de l'autre elle garde «une allure shakespearienne» en rappelant les tragédies de vengeance[11].

C'est à cette discussion riche et complexe sur la place de *La Mort de Sénèque* dans l'histoire de la tragédie française que cette contribution espère modestement contribuer. Il ne s'agit pas d'écarter une source ou de trancher un lien mais, au contraire, de réfléchir à de nouvelles perméabilités en spéculant sur le choix de Sénèque pour protagoniste principal.

Mon hypothèse est que la figure de Sénèque agit comme un trompe-l'œil : le précepteur stoïcien de Néron masque le dramaturge dont la présence ne se révèle pas dans un intertexte repérable mais dans un jeu plus subtil de miroirs. C'est ainsi la question de la relation, et de l'éventuelle continuité, de *La Mort de Sénèque* avec la tragédie latine et humaniste, laquelle l'influence peut-être davantage que le théâtre anglais d'un accès plus malaisé, qui se trouve au cœur des préoccupations de cette contribution. Une première étape de l'enquête consiste à rechercher les traces de tragédies écrites par Sénèque dans cette pièce dont il est le personnage principal, mais cet intertexte est rare et l'enquête s'avère décevante. Il semble que ce soit d'une autre façon, sous la forme réflexive d'un tombeau tragique, que Tristan rende hommage au dramaturge antique dont il représente la disparition. La dernière étape de l'enquête décèle dans *La Mort de Sénèque* la continuation discrète du théâtre humaniste qui a été si informé par l'œuvre du Latin.

La présence de sources théâtrales sénéquéennes ? Pour une analyse intertextuelle

Le choix de Sénèque pour personnage principal d'une tragédie induit-il des emprunts à son œuvre tragique et philosophique ?

La poétique tragique du Latin se caractérise, notamment, par son goût pour le spectaculaire et la représentation de scènes violentes. À cet égard, *La Mort de Sénèque* paraît bien peu inspirée par la dramaturgie sénéquéenne : les actions violentes ont toutes lieu dans la coulisse. Tristan fait le choix de ne rien montrer de la mort de Sénèque et de Pauline ni des tortures endurées par Épicaris. Certes Néron, comme naguère Médée, désire que son ennemie subisse le «plus cruel supplice[12]» mais le personnage n'assiste pas au spectacle ; certes les peines des conjurés acculés au suicide, comme Pison, Scaurus, Latéranus et Voluse[13], ou les douleurs de la torture[14] sont décrites non sans délectation mais très brièvement. Le plaisir procuré par la souffrance, si caractéristique des monstres de Sénèque, pour reprendre le titre de Florence Dupont[15], est fort peu présent chez Tristan.

L'intrigue, qui procède par à-coups successifs au gré du démasquage des conjurés, et les caractères ne me semblent pas davantage d'inspiration sénéquéenne. Certes la manière dont Épicaris retourne l'accusation de Procule contre lui en disant que l'imposture est née de son propre dépit amoureux qu'il travestit (acte III, scène 1) rappelle le mensonge de Phèdre pour faire accuser Hippolyte qui pourrait la faire condamner s'il révélait au roi Thésée l'amour coupable qu'elle éprouve. L'écho semble d'autant plus remarquable que les affects sont peu ou prou les mêmes : la crainte et le dépit motivent les personnages. Cependant cette hypothèse appelle deux remarques. D'une part, l'analogie n'est pas complète car, à la différence de Phèdre, Épicaris ne renverse pas complètement l'accusation en accusant Procule de conjuration. D'autre part, ce rapprochement apparente la vertueuse affranchie à une figure à la fois fort peu recommandable et presque opposée par ses traits, ce qui soulève des questions de cohérence. Certes, par sa férocité et sa duplicité, Néron rappelle des personnages comme Atrée ou Phèdre auxquels le Latin s'est intéressé, mais il n'en a pas le monolithisme. Au cours des cinq actes où il est presque constamment présent, se déploie un caractère nuancé, malgré sa cruauté, dont la complexité culmine dans la dernière réplique de la tragédie[16].

L'influence de Sénèque s'observe davantage dans l'emprunt de procédés théâtraux et textuels circonscrits. Le plus remarquable d'entre eux est l'égarement. En effet, la fureur qui saisit Néron après la mort de Sénèque et provoque son délire[17] évoque les hallucinations des héros tragiques latins sous l'effet du *furor* : ce sont ici et là un fantôme, Érinye ou Mégère[18] qui poursuivent des personnages rendus monstrueux par leurs crimes. Ce moment d'égarement fait écho aux tragédies de Sénèque qui abondent en scènes spectaculaires tout en étant parfaitement adapté à la nouvelle poétique française : rien ne s'avère visible du spectateur dans cet effroi mental. Dans cette perspective, *La Mort de Sénèque* fonctionne comme un jalon entre Sénèque et Racine et met en lumière les continuités entre les poétiques sénéquéenne et racinienne. Un second procédé textuel également emprunté aux tragédies de Sénèque réside dans le recours aux sentences, dont Sandrine Berrégard a recensé plusieurs exemples, qui se comprend en 1645 comme une forme d'archaïsme[19]. Cependant ces sentences s'entendent aussi à l'aune du sujet de la pièce et de ses protagonistes, *a fortiori* lorsqu'elles sont énoncées par le philosophe[20], y compris dans les moments les plus pathétiques[21]. Par leur forme stylistique ou leur sujet, ces énoncés confèrent par leur récurrence une même couleur à l'ensemble de la pièce et concourent à la vraisemblance des caractères. L'enjeu, en particulier, réside dans la composition du héros tragique qu'il s'agit de rendre conforme à l'histoire[22] et crédible en émaillant son propos de réflexions stoïciennes sur la mort[23]. Tristan semble ainsi s'inspirer moins du dramaturge que du philosophe et ses emprunts devoir moins à une position esthétique, motivée par son goût pour les tragédies de Sénèque, qu'à une exigence tragique : la vraisemblance.

Dans *La Mort de Sénèque*, le dramaturge et ses tragédies font défaut : c'est non le poète tragique mais le philosophe et précepteur de Néron qui est personnifié et il est malaisé de repérer des emprunts textuels ou dramaturgiques à ses œuvres dramatiques à l'exception des fureurs de la dernière scène. Absence de figures mythologiques, refus de la violence visible, liaison des scènes et vraisemblance des caractères : tous ces choix, si peu sénéquéens, indiquent combien la tragédie de Tristan se conforme aux nouveaux préceptes poétiques et au goût des contemporains et, par là-même, combien le modèle latin est périmé. Aussi, plutôt que de rechercher les traces des tragédies de Sénèque dans celle de Tristan, convient-il d'envisager *La Mort de Sénèque* comme un adieu à l'œuvre du dramaturge latin.

De la mort de Sénèque à l'adieu à la tragédie latine. Pour une lecture réflexive

Conçue comme une invitation en faveur d'une approche intertextuelle, la référence à Sénèque dans le titre engage sur une fausse piste car l'enquête s'avère peu concluante. Elle n'est pas à délaisser pour autant à la condition, précisément, de prendre en charge l'ensemble du titre et d'envisager celui-ci dans une perspective analogique qui associe les plans fictionnel et critique : la tragédie qui relate la mort du philosophe congédierait par là-même la poétique du dramaturge.

À la disparition de Sénèque, acculé au suicide et fatigué de l'existence, dans la Rome impériale du Ier siècle fait écho l'éviction de la poétique latine par les poètes tragiques des années 1640, lassés des spectacles d'horreur et des déclamations. De même que la puissance croissante de Néron a provoqué la perte de son ancien précepteur, l'essor des règles classiques a conduit à la disparition du modèle latin antérieur et inversement : pas plus que le sujet romain ne pouvait désobéir à l'empereur, la tragédie latine ne peut résister à la poétique classique. Cette approche me semble relayée par plusieurs répliques, d'autant plus remarquables qu'elles sont de Sénèque lui-même. Par exemple, lors de la discussion avec son neveu Lucain, le philosophe refuse fermement de participer à une conjuration contre son disciple dont il a reçu tant de bienfaits et déclare : «Ce spectacle pour moi doit être vu de loin[24].» L'analogie entre la politique et le théâtre n'est certes pas originale mais elle se leste ici d'une densité supplémentaire en raison de l'activité dramatique de son auteur, si bien que le «spectacle» que congédie Sénèque semble être tout à la fois celui, au sens figuré, que donnent les conjurés, et celui, au sens propre, que constituent les tragédies nouvelles et dont Tristan fournit un exemple.

De façon rétrospective, cette lecture semble autorisée, sinon programmée, dès le frontispice. Le titre de la pièce suivi du nom de l'auteur – «La Mort de Sénèque par le Sr Tristan l'hermite» – est gravé sur un piédestal sur lequel est posé un buste de Sénèque. Appréhendé par un lecteur averti, l'énoncé est simplement l'association d'un auteur et d'un titre et le visage sculpté celui du défunt dont la mort est évoquée dans l'énoncé. Il semble ainsi se jouer une partition entre le mort, dont l'image d'un buste inaltérable offre une représentation visuelle, et sa mort circonscrite par le texte. Cependant, compte tenu de la valeur sémantique de la préposition qui lie les deux éléments de l'énoncé, un lecteur ignorant pourrait confondre le récit et l'événement, le créateur du texte et l'auteur de la mort. Cette perspective réflexive concourt à éclairer le choix du sujet de *La Mort de Sénèque*. Tristan n'élit pas seulement une histoire de conjuration, laquelle est structurellement très adaptée à la tragédie par ses suspens et ses interrogations politiques, parmi d'autres conspirations et comme d'autres contemporains[25], mais aussi une aventure dont Sénèque est le héros[26]. Figure protéiforme et ambivalente, celui-ci permet bien des jeux de lecture. Du point de vue biographique et historique, que reprend la diégèse[27], l'écrivain est condamné à mort pour des motifs qui n'ont rien à voir avec son œuvre écrite et alors qu'il demeure extérieur à la conjuration contre son ancien disciple, tout en étant critique de son pouvoir. Cette même ambivalence se retrouve à un niveau dramaturgique – héros de l'intrigue, il reste néanmoins à l'écart de l'action tragique en n'intervenant que dans trois scènes[28] – et critique : philosophe stoïcien majeur pour la pensée chrétienne[29], il est aussi un dramaturge méprisé par les théoriciens classiques.

Un autre argument éclaire le choix de Sénèque pour héros : le philosophe et dramaturge ne serait-il pas un modèle pour le poète tragique moderne qui ambitionne de conférer ses lettres de noblesse au genre, ce que permet notamment l'alliance de l'action à la pensée ? Choisir Sénèque pour personnage principal manifesterait l'ambition d'écrire des tragédies qui ne soient pas dépourvues d'un contenu didactique et philosophique. Cette démarche se trouve pleinement conforme à la réception des œuvres de Sénèque à l'époque. Aux XVIᵉ et XVIIᵉ siècles, les lettrés envisagent en effet les écrits du Latin, par-delà leurs différences génériques, comme des répertoires de pensées et en extraient des maximes qui sont ensuite publiées en recueils, tel celui de Grosnet édité en 1534. Dans sa traduction des *Tragédies complètes* parue en 1659, Marolles indique dans la dédicace à Mazarin la valeur didactique de ces tragédies qui enseignent les vertus. Tristan reconduirait ce même geste en faisant de cet auteur admirable le héros de sa tragédie. Cette lecture semble confirmée par le jugement d'Ernest Serret en 1870 qui souligne l'harmonie entre le personnage du philosophe et la pièce : «Ces vers [215-218 et 223-224] sont aussi remarquables par la pensée que par l'expression, et ce ne sont point les seuls qu'il faudrait citer. Il y a de la vraie grandeur dans le personnage de Sénèque ; on sent

23

que le poëte a été bien inspiré par son sujet[30]. » L'hypothèse réflexive contribuerait en outre à expliquer pourquoi l'activité de dramaturge du héros est tue : d'une part, la tragédie moderne exalte surtout les qualités du Latin tel qu'il est compris et apprécié dans les années 1640 et, d'autre part, cet aspect est contenu en creux dans le geste tragique de Tristan qui reconduit celui du Latin avec cette tragédie à ambition philosophique.

En représentant la disparition de Sénèque, Tristan congédie symboliquement sa poétique tragique. Non seulement écho au drame historique anglais et à la tragédie de vengeance, non seulement pro-Corneille ou pré-Racine, *La Mort de Sénèque* s'inscrit pleinement dans la poétique de son temps. En choisissant pour personnage principal de cet épisode de l'histoire romaine un philosophe qui est aussi un dramaturge dont il donne une image glorieuse, Tristan invite à concevoir le genre tragique comme l'alliance des qualités qui caractérisent son héros. Tout en révoquant la poétique sénéquéenne, l'œuvre exemplarise son auteur. Ce jeu réflexif subtil confère à *La Mort de Sénèque* la valeur d'un marqueur historicisé de l'évolution de la tragédie française. Il semble intéressant de poursuivre cette approche par miroirs réfléchissants en recherchant dans la tragédie de Tristan les reflets des œuvres inspirées de Sénèque et des Anciens, c'est-à-dire les traces, qu'elles soient thématiques ou théâtrales, des tragédies humanistes.

De l'exemple des personnages aux réflexions des spectateurs. Pour une interprétation critique

En se concentrant sur le personnage de Néron, la critique souligne l'écho avec Richard III et l'inspiration de Racine, mais c'est la filiation de la tragédie avec le corpus humaniste qu'invite à creuser la figure de Sénèque, qui est aussi le personnage principal de l'œuvre de Tristan, car sa vie et ses œuvres, philosophiques et tragiques, ont constitué une source d'inspiration majeure pour le théâtre tragique du xviᵉ siècle. Mon hypothèse est que la figure du Stoïcien met au centre de l'œuvre la question de la valeur de la vie et de la mort, ce qui place la tragédie de 1645 dans la continuité du théâtre humaniste où ces enjeux sont à la fois thématisés dans l'action dramatique et réfléchis par le genre tragique qui constitue, en quelque sorte, en lui-même une réponse pédagogique.

C'est tout d'abord par une forme de bénéfice didactique que la tragédie de Tristan s'inscrit dans la continuité du théâtre humaniste et de l'œuvre de Sénèque. Dépourvu d'une mise en scène spectaculaire alors même qu'il est exceptionnel par ses circonstances, le décès du Latin aide les spectateurs à mieux appréhender l'épreuve, terrible mais inéluctable, de la mort et, éventuellement, à concevoir par la pensée leur propre disparition. La fermeté de Sénèque offre un exemple très concret de l'éthique stoïcienne professée par le philosophe dans ses écrits. La pièce met ainsi en lumière la continuité profonde qui lie la pensée à l'action, les traités savants à l'existence. De même que Lucilius prenait conseil auprès de Sénèque, dans des lettres dont la tragédie de Tristan se fait l'écho[31], de même le spectateur appréhende sa propre condition grâce à la fiction dramatique.

La représentation du consentement à la mort n'est pas un sujet neuf mais se trouve dans bien des tragédies humanistes à sujet biblique, tel *Jephté* de Buchanan, ou à sujet mythologique, comme *Iphigénie en Aulis* dont Sébillet en français et Érasme en latin ont donné une version ou encore *Alceste* traduit du grec en latin par Buchanan. La parenté avec la tragédie humaniste n'est toutefois pas seulement thématique, mais aussi dramaturgique. Dans les tirades de Sénèque abondent, en effet, les répliques à valeur générale. Cohérents et indépendants de l'action dramatique, ces énoncés rappellent les sentences qui émaillaient les tragédies du siècle passé. Ils font également écho aux sentences si caractéristiques des œuvres de Sénèque, indépendamment de leur genre, que les éditeurs de la Renaissance rassemblaient en recueils pour instruire leurs contemporains et leur donner à méditer. Dans cette perspective, que Sénèque s'exprime à peu de reprises et par tirades compactes souligne l'exemplarité du personnage et oriente la réception de l'œuvre vers une compréhension de sa visée éthique.

Le duo entre Sénèque et Pauline[32] justifie également le rapprochement avec ce corpus. D'une part, cette figure de l'épouse qui se sacrifie par amour conjugal[33] apparaît dans plusieurs pièces, bien sûr dans *Alceste*, mais aussi dans des œuvres qui ne sont pas des réécritures de tragédies antiques mais des pièces originales comme *Panthée* de Guersens, dont l'héroïne se suicide à la mort de son mari et qui s'inspire d'un épisode de la *Cyropédie* de Xénophon[34]. D'autre part, le dialogue permet un exposé pédagogique des arguments[35], qu'il s'agisse de la valeur de l'«honneur» et de la «foi[36]» ou encore de la définition du terme de la vie.

Par le sujet choisi comme par la facture des tirades du personnage éponyme, Tristan poursuit l'œuvre des humanistes qui concevaient les écrits de Sénèque et leurs propres tragédies comme les vecteurs d'un enseignement et donnaient des exemples pour mieux affronter l'adversité inhérente à la condition humaine.

En représentant un prince cruel confronté à l'hostilité de ses sujets, *La Mort de Sénèque* s'inscrit dans la pensée politique du siècle précédent qui a abondamment réfléchi à la notion de tyrannie, qu'il s'agisse de caractériser les prérogatives du tyran aussi bien que d'envisager les possibilités éventuelles de résistance des sujets. Cependant, il ne s'agit pas de relayer les débats des traités, de discuter du bon mode de gouvernement en conférant aux personnages des propos qui pourraient se trouver dans un ouvrage savant, ni de définir le gouvernement tyrannique, une question qui n'a d'ailleurs plus lieu d'être dans la France apaisée de 1645 que gouverne Louis XIII, mais d'illustrer concrètement les divers effets d'un pouvoir abusif. Grâce à une galerie de personnages variés et nuancés, *La Mort de Sénèque* invite à une réflexion distanciée sur les effets de la tyrannie et c'est pourquoi la politique proprement dite est absente, comme le soulignait Dominique Moncond'huy. Cette perspective contribue à expliquer pourquoi Tristan a choisi de représenter Néron : parangon du mauvais prince, l'empereur romain fait l'unanimité contre lui, sans même qu'il soit nécessaire de discuter de sa (douteuse) légitimité. Il permet, en revanche, d'aborder le vaste champ de l'éthique en soulevant le délicat problème des effets délétères de la corruption sur les âmes, que la pièce de Tristan prend en charge en offrant un panorama assez complet de réactions, qui va du soutien à l'hostilité en passant par la compromission. Les personnages de la pièce peuvent tous être caractérisés par leurs réactions face à Néron : l'une souhaite profiter du tyran pour parvenir à ses fins, d'autres entreprennent de le démettre, en recourant à la ruse et à la violence, tandis que d'autres encore tentent de vivre en marge dans une forme d'ataraxie, tels Sénèque et Pauline. Les conjurés eux-mêmes forment un groupe hétérogène, associant le couard (Sévinus) au courageux (Pison). La tyrannie agit en quelque sorte comme un catalyseur idéologique en poussant les individus dans leurs retranchements.

Le cas des deux personnages féminins, moins documentés par l'histoire, permet de mieux comprendre le travail du dramaturge. Pour composer Épicaris, le dramaturge s'inspire des *Annales* (XV, 57) où Tacite souligne le courage de la conjurée, d'autant plus remarquable qu'elle est femme et affranchie, et accentue encore ce trait chez le personnage[37]. Dans un discours noble et pathétique, après avoir été torturée, Épicaris revendique de mourir pour une cause supérieure, qui soit la république et la protection des conjurés encore non démasqués[38]. Elle aspire à la fois à conserver sa gloire et à se rendre mémorable[39]. Cette figure héroïsée rappelle par son courage et son obstination certaines figures féminines représentées par les humanistes telle Hécube[40] ou Iphigénie qui, en mourant pour la Grèce, conquiert gloire et mémoire. En refusant de survivre à son mari, Pauline rappelle par son sort et sa vaillance Porcie, à laquelle Garnier consacre une tragédie en 1568, et évoque la courageuse Antigone[41]. Pour ces deux figures féminines qui précipitent leur mort de façon délibérée tout en sachant que cela n'aura aucune incidence sur la situation politique, la question n'est plus de faire tomber le tyran. Dépourvue d'efficacité politique, leur mort interroge le sens de la vie : à quelles conditions vaut-elle la peine d'être vécue ? L'importance de ces deux figures relativement en marge de l'action politique, ne serait-ce que par leur statut de femmes ou leur position sociale d'affranchie et d'épouse, révèle l'intérêt de Tristan pour des questions qui ne sont pas seulement de l'ordre de l'histoire et engage le lecteur à une réception plus intériorisée de l'œuvre qui ne se comprend pas seulement comme la représentation d'un épisode fameux des *Annales* mais aussi comme le creuset d'une réflexion éthique.

À l'instar des tragédies humanistes, la pièce de Tristan soulève des questions philosophiques aussi anciennes que problématiques, qui font écho aux pensées de Sénèque, mais n'apporte pas de réponse dogmatique : il revient au spectateur d'analyser les attitudes des uns et des autres et de comprendre les faits et les caractères héroïques (Épicaris, Sénèque et Pauline) afin de dégager des circonstances exceptionnelles de l'histoire la matière d'une éthique.

Héros de la tragédie de Tristan, Sénèque y est figuré en philosophe et en précepteur, son activité de dramaturge n'est pas évoquée directement et les traces de ses tragédies s'avèrent relativement rares. Ce constat invite à poursuivre une lecture réflexive et analogique qui fait de la mort de Sénèque une métaphore de l'adieu à son œuvre dont Tristan, en dramaturge français de son temps, prend congé. C'est davantage à l'esprit de la tragédie sénéquéenne continué par les humanistes que *La Mort de Sénèque* demeure fidèle. Tristan reprend, en effet, des thèmes et des enjeux poétiques majeurs dans ces corpus antiques et renaissants, tel l'apprentissage de la mort.

Cette lecture espère avoir contribué à mettre en lumière la complexité de cette tragédie de Tristan qui n'est pas réductible à un reflet du passé ou à une préfiguration de l'avenir. *La Mort de Tristan* peut non seulement être envisagé comme une courroie de transmission entre le théâtre humaniste et la tragédie classique mais montre combien le glissement entre des modèles dramatiques différents s'est fait de façon progressive et nuancée et combien le genre tragique français se prête peu à une périodisation tranchée.

Zoé SCHWEITZER,
Université de Lyon/ Université de Saint-Étienne,
IHRIM – UMR 5317

1 L'édition utilisée pour cette contribution est celle que procure Jacques Scherer dans le deuxième volume du *Théâtre du xviie siècle*, Paris, Gallimard, «Bibliothèque de la Pléiade», 1986, p. 331-403.

2 Sandrine Berrégard, *Tristan L'Hermite «héritier» et «précurseur»*. *Imitation et innovation dans la carrière de Tristan L'Hermite*, Tübingen, Gunter Narr Verlag, «Biblio 17», 2006.

3 Voir, par exemple, Volker Schröder, *La Tragédie du sang d'Auguste : politique et intertextualité dans* Britannicus, Tübingen, Gunter Narr Verlag, «Biblio 17», 2004, p. 228 *et sqq.*

4 Tristan L'Hermite, *La Mort de Sénèque*, V, 4, v. 1846-1862, p. 403.

5 Cette lecture est ancienne, voir déjà Napoléon-Maurice Bernardin, *Du xve au xxe siècle. Études d'histoire littéraire* [1916], Genève, Slatkine Reprints, 1969, ch. iv «Le théâtre de Tristan L'Hermite. *La Mort de Sénèque*», p. 67-95, p. 67 : «la très originale, très vivante et *quasi* shakespearienne tragédie de Tristan L'Hermite [...] pour faire avec *Britannicus* un pendant et un contraste».

6 S. Berrégard, *op. cit.*, en particulier p. 123-125 et p. 155.

7 *Ibid.*, p. 171.

8 *Ibid.*, p. 158-159.

9 C'est ce que mettent en lumière Jacques Morel, comme l'explique S. Berrégard (*op. cit.*, p. 157), ou encore Jean.-Pierre Chauveau («Notice» à *La Mort de Sénèque*, p. 236-237 [*in*] *Œuvres complètes*, t. 4, *Les Tragédies*, Paris, Champion, «Sources classiques», 2001).

10 S. Berrégard, *op. cit.*, p. 335-338.

11 *Ibid.*, p. 171.

12 Tristan L'Hermite, *La Mort de Sénèque*, V, 3, v. 1751, éd. citée, p. 399.

13 *Ibid.*, v. 1687-1692, p. 397.

14 *Ibid.*, v. 1719, p. 398 et v. 1747, p. 399.

15 Florence Dupont, *Les Monstres de Sénèque*, Paris, Belin, «L'Antiquité au présent», 1995.

16 S. Berrégard montre comment le personnage passe de la cruauté à la culpabilité dans la dernière scène, où il répudie Sabine dont il a suivi jusqu'alors les avis, défie les dieux «pour finalement se laisser emporter par un désir irré-pressible» aux vers 1865-1868 (*op. cit.*, p. 341).

17 Tristan L'Hermite, *La Mort de Sénèque*, V, 4, v. 1846-1861, p. 403.

18 Néron est victime des créatures infernales qui l'assaillent : « Je forcène, j'enrage, et je ne sais pourquoi / Une Érinne infernale à mes yeux se présente, / Un fantôme sanglant me presse et m'épouvante.» (v. 1850-1852, p. 403). Dans *Hercule furieux*, le héros se croit poursuivie par une Érinye (v. 982), confond sa famille avec des adversaires terribles, assassine femme et enfants (v. 953-1038), tandis que Médée, harcelée par Mégère et les furies et, hallucinée, voit le fantôme ensanglanté de son frère Absyrtos réclamer la mort de ses propres fils en guise de vengeance (v. 958-975).

19 S. Berrégard, *op. cit.*, p. 338. Elle cite (n. 110, p. 338) les vers 521-522 (Lucain), 540 (Lucain), 601-605 (Lucain et Sénèque).

20 C'est le cas des vers 603-604 (*op. cit.*, n. 111, p. 338) : «Et moi de ces passants qui ne font nul effort / Lorsqu'en les dépouillant on leur donne la mort».

21 C'est ce qui expliquerait que le morceau de bravoure que constituent les stances, avec lesquelles s'ouvre la dernière intervention du Stoïcien, reprenne des idées des *Épîtres à Lucilius* (*La Mort de Sénèque*, V, 1, v. 1419-1450, p. 388 et n. 1, p. 1352).

22 Soulignée par la note (n. 2, p. 1345), la mention de l'ouvrage de Sénèque sur les «bienfaits», par Sabine Poppée (I, 1, v. 91-92, éd. citée, p. 336), en est un exemple. La référence bibliographique est probablement aisément repérable par les contemporains, d'autant plus que le *De beneficiis* a été traduit en français en 1595 par Simon Goulart, dont les *Œuvres morales de Sénèque* sont rééditées en 1604 et 1606, puis en 1639 par Malherbe qui publie cet ouvrage avec plusieurs *Épîtres à Lucilius*.

23 Les répliques de Sénèque lors de son entrevue avec Pauline avant l'arrivée du centenier en proposent de nombreuses, ce dont témoigne également l'argument qui résume ce passage ainsi : « Sénèque pressent son heure dernière, et s'y prépare en Philosophe. » (*La Mort de Sénèque*, p. 387). La critique n'a pas manqué de le souligner, voir, pour un exemple récent, J.-P. Chauveau, *op. cit.*, p. 238.

24 Tristan L'Hermite, *op. cit.*, II, 4, v. 668, p. 354.

25 Voir notamment : Roger Guichemerre, « À propos de *La Mort de Sénèque* : les tragédies de la conjuration », *Cahiers Tristan L'Hermite*, n° 4, 1982, p. 5-14 et Dominique Moncond'huy, « La tragédie de la conjuration et ses enjeux au XVIIᵉ siècle », p. 65-89 [*in*] *Complots et Coups d'État sur la scène de théâtre, XVIᵉ-XVIIIᵉ siècles. Vives Lettres*, éd. F.-X. Cuche, n° 4, 1998, Université des Sciences humaines de Strasbourg.

26 La critique a souligné combien Sénèque était idéalisé par Tristan (*cf.* J.-P. Chauveau, *op. cit.*, p. 236) et le contraste avec Néron clair (*cf.* J. Scherer, *op. cit.*, p. 1337-1338). Il est également remarquable que la conjuration ne soit que l'un des objets de discours tandis que Sénèque en est un autre, en particulier dans les scènes où intervient Sabine qui entreprend avec succès de le faire condamner.

27 L'édition que procura la Comédie-Française en 1984, à l'occasion de la mise en scène de Jean-Marie Villégier, en atteste très clairement grâce à une concordance entre la tragédie et le livre XV des *Annales* de Tacite.

28 I, 2 ; II, 4 et V, 1. J.-P. Chauveau insiste sur la passivité du héros : « il semble passif, vivant ses derniers moments en marge, ou plutôt en spectateur dubitatif et désolé du drame qui se joue sous ses yeux » (*op. cit.*, p. 237)

29 Tristan le souligne (II, 5, v. 703-708).

30 Cité par S. Berrégard, *op. cit.*, p. 406. Le critique omet les vers 219-222 qui spécifiaient le propos du personnage et en atténuaient par conséquent la portée générale. D'une certaine façon, la manière de faire d'Ernest Serret rappelle celle des humanistes qui extrayaient des vers des tragédies de Sénèque et les citaient sans le moindre contexte comme s'il s'agissait de maximes. Cette analogie de pratique, par-delà les époques, laisse penser qu'est possible un même usage philosophique et didactique des tragédies de Sénèque et de *La Mort de Sénèque*.

31 J. Scherer, par exemple, indique que les idées développées dans les stances (v. 1419-1450) sont inspirées des lettres à *Lucilius* 79, 102, 60 et 121 (*op. cit.*, p. 1352).

32 Tristan L'Hermite, *op. cit.*, V, 1, v. 1451-1601, p. 388-393.

33 *Ibid.*, v. 1563-1566, p. 391 et v. 1571-1572, p. 392.

34 Caye Jules de Guersens, *Panthée* [1571], éd. E. Balmas, p. 87-132 [*in*] *La Tragédie à l'époque d'Henri II et de Charles IX*. première série, vol. 4 (1568-1573), Florence/Paris, Leo S. Olschki/P.U.F., 1992.

35 Tristan L'Hermite, *op. cit.*, V, 1, v. 1471-1522, p. 389-390.

36 *Ibid.*, v. 1492, p. 389.

37 Voir la notice de J. Scherer, *op. cit.*, p. 1339.

38 Tristan L'Hermite, *op. cit.*, V, 3, v. 1692 et v. 1705-1706 en particulier.

39 *Ibid.*, v. 1678 et v. 1694 où est rappelé le souvenir de Brutus.

40 On pense à la traduction d'Euripide par Érasme ou par Bochetel, respectivement parues en 1506 et 1544.

41 Calvy de La Fontaine donne une traduction française de la tragédie de Sophocle en 1542.

L'*INVENTIO* TRAGIQUE DE TRISTAN L'HERMITE

Retour cyclique ou inspiration sérielle?

L'examen des sources des tragédies de Tristan L'Hermite ne montre au premier abord qu'un rapport ténu avec le théâtre du xvie siècle. En effet, contrairement à ses plus célèbres contemporains qui reprennent à leur manière les sujets traités par les premiers auteurs tragiques français, Tristan se tourne d'abord plus volontiers vers le théâtre d'Alexandre Hardy et choisit des sources rarement – voire jamais – utilisées dans le champ tragique français. Pour autant, ses pièces ne rompent nullement avec les tragédies de son temps, pas davantage qu'avec le théâtre humaniste. Il faut, pour s'en rendre compte, adopter un point de vue élargi, car malgré ces apparentes singularités, Tristan s'inscrit dans des traditions qui remontent en France au siècle précédent et que masque la recherche d'une filiation directe par la récriture. Nous employons ici le mot *tradition* au sens où le définit Sandrine Berrégard dans *Tristan L'Hermite, «héritier» et «précurseur»* : «la tradition peut être définie comme un ensemble de thèmes, de genres ou de procédés hérités du passé [... et] permet de décrire des mouvements d'ensemble[1]».

Il s'agit donc de situer Tristan dans ces mouvements d'ensemble, cycliques – lorsque les pièces du dramaturge participent à des phénomènes de retour périodique observables dans la production tragique depuis le xvie siècle – ou sériels – lorsque ses pièces se conforment aux choix de ses contemporains. Afin de saisir la poétique tragique tristanienne, nous privilégierons, dans la perspective de ce volume, l'examen des rapports des quatre premières tragédies de Tristan[2] avec le théâtre du siècle précédent, en interrogeant le choix des sujets et des sources opéré par l'auteur et l'insertion de ses tragédies dans des réseaux d'œuvres. La reprise de sujets déjà traités dans le champ tragique français, qui s'est ouvert au milieu du xvie siècle, et plus largement dans la production européenne favorise le renouvellement du genre de la tragédie : sa dynamique créatrice est stimulée à plusieurs périodes de l'histoire du genre par cette dialectique du même et de l'autre. L'analyse des rapports de l'*inventio* tristanienne à celle de ses prédécesseurs nous conduira dès lors à examiner la mise en forme de sa matière tragique, en nous demandant si sa manière trouve des modèles, au-delà des sources, dans la tragédie humaniste. L'étude des marques de la tradition humaniste dans l'*inventio* et la *dispositio* tragiques de Tristan permettra de mettre la conception qu'a le dramaturge du sujet et de la dramaturgie tragiques en regard de celle de ses contemporains et de celle de ses devanciers.

L'inscription de Tristan dans les cycles et séries inventifs de la tragédie

Après six années sans quasiment aucune tragédie nouvelle en France[3], le genre renaît en 1634, à la faveur de la victoire de l'argumentation régulière dans les débats sur les règles. Les premières tragédies qui assurent la renaissance du genre trouvent unanimement leurs sujets dans l'Antiquité, que ce soit l'*Hercule mourant* de Rotrou, l'*Hippolyte* de La Pinelière, la *Sophonisbe* de Mairet, la *Médée* de Corneille ou *La Mort de César* de Scudéry. Deux tendances se distinguent alors : tandis que certaines pièces sont des récritures de tragédies antiques, d'autres adaptent à la scène française des sujets tirés de l'histoire de l'Antiquité. Voilà déjà exactement ce qui s'était produit au moment de la naissance du genre de la tragédie française dans les années 1550. Ces périodes de restauration de la tragédie s'accompagnent de la domination écrasante des sources antiques, qui tendent par la suite à laisser davantage de place à une inspiration plus diverse, une fois le genre constitué. Les quatre premières tragédies de Tristan L'Hermite s'inscrivent dans ce retour cyclique aux sujets antiques, plus précisément historiques. Pour sa *Mariane*, créée en 1636, Tristan puise majoritairement dans les *Antiquités judaïques* de Flavius Josèphe ainsi que dans *La Cour sainte* du Père Caussin ; sa *Panthée*, créée entre fin 1637 et début 1638, emprunte à la *Cyropédie* de Xénophon ; *La Mort de Sénèque*, composée en 1643[4] et créée au tout début de 1644, adapte les *Annales* de Tacite à la scène, auxquelles Tristan adjoint le chapitre « Saint Paul et Sénèque à la cour de Néron » de *La Cour sainte* ; enfin, pour *La Mort de Chrispe*, l'auteur se tourne encore vers l'histoire romaine, celle du fils de Constantin relayée encore par son contemporain le Père Caussin[5].

Ce tour d'horizon de l'*inventio* tragique tristanienne fait néanmoins apparaître une singularité du dramaturge, tant par rapport à ses contemporains qu'aux auteurs tragiques du XVIe siècle qui ont importé la tragédie en France. Les uns comme les autres puisent leur matière historique massivement chez Plutarque, parfois chez Tite-Live. Or ce n'est jamais le cas de Tristan. Jean-Pierre Chauveau a d'ailleurs souligné l'originalité du choix de Tacite, malgré l'apparente conformité de porter l'histoire romaine à la scène :

> il ose s'attaquer […] à un sujet fourni par Tacite. […] Or Tacite, surtout celui des *Annales*, intimide les auteurs de tragédies : les événements relatés, les personnages décrits sont trop connus pour leur laisser la marge d'invention personnelle qu'ils jugent indispensable : d'une part pour faire montre de leur ingéniosité et de leur virtuosité dans

la construction des intrigues, d'autre part et surtout pour atténuer les outrances dans l'horreur[6].

Flavius Josèphe n'est la source d'aucune des tragédies contemporaines de *La Mariane*, il a cependant inspiré plusieurs prédécesseurs de Tristan, et non des moindres : Jean de La Taille pour *La Famine*, Robert Garnier pour *Les Juifves*, une tragédie qui représente selon lui le couronnement de sa carrière, et bien sûr Alexandre Hardy pour sa *Mariamne*. Signalons en outre la célèbre *Mariane* de l'Italien Dolce en 1565. Si le choix de Xénophon rattache aussi l'*inventio* de Tristan à une lignée de pièces qui remontent au xvie siècle en passant par Hardy et jusqu'à Durval (citons Guersens, Billard de Courgenay, Guérin Darronnière[7]), toutes ces tragédies portent à la scène l'histoire de Panthée et décrivent donc un phénomène de retour cyclique dans la production tragique française. Il en est de même pour les pièces qui représentent l'histoire de Chrispe, Fauste et Constantin, doubles historiques et christianisés d'Hippolyte, Phèdre et Thésée[8] ; ces tragédies introduisent une branche nouvelle dans la lignée vivace depuis Garnier des tragédies sur Phèdre et Hippolyte.

Mais ces cycles inventifs dépassent évidemment les frontières françaises et Tristan s'inscrit dans des lignées européennes. Le cas du mythe de Phèdre et de sa variante historique est à ce titre exemplaire : ils parcourent tout le théâtre européen. Leur fortune italienne est illustrée par les tragédies de Baroncini (1547), Zara (1558), Trapolini (1576), Bozza (1577), Giacobelli (1601) et, outre l'anonyme *Crispo* et celui du Père Cristoforo Virgili, par le *Crispus* du Père Stefonio qui, comme l'explique Marco Livera[9], a joué un rôle déterminant dans la superposition du mythe de Phèdre et de l'histoire de Chrispe et dans sa diffusion européenne. Précisément, la pièce de Stefonio est jouée dans plusieurs collèges jésuites européens, puis est récrite par le professeur belge Nicolas de Vernulz[10], qui compose un *Crispus* pour le collège de Louvain et participe dès lors à son tour à la diffusion de cette matière tragique. Des tragédies sur Hérode et Mariane mais aussi sur Cyrus connaissent également plusieurs représentations dans les collèges d'Europe du xvie au xviie siècle[11]. L'orientation historique et politique d'une partie des tragédies françaises des années 1630-1640 est d'ailleurs préparée par le théâtre jésuite lui-même, qui porte de plus en plus volontiers sur la scène des collèges une matière issue de l'histoire chrétienne plutôt que des sujets bibliques, et qui d'ailleurs fait un bien plus fréquent usage de Flavius Josèphe que le théâtre non scolaire. Dans ces conditions, il n'est guère étonnant que Tristan, avec le succès retentissant de *La Mariane*, suscite l'intérêt de ses contemporains pour la mine de sujets de tragédies que constitue *La Cour sainte*. En effet, le dramaturge, qui de surcroît loue les qualités stylistiques du Père Caussin dans l'Avertissement de *La Mariane*[12], est véritablement l'initiateur d'une série d'inspiration puisque, à sa suite, plusieurs auteurs puisent dans *La Cour sainte* le sujet de leurs tragédies et de leurs tragi-comédies[13]. Précisément, ce qui intéresse les dramaturges est moins l'aspect religieux de ces sujets que leur versant historique et les réflexions politico-morales qu'ils ménagent. Comme l'explique Bénédicte Louvat-Molozay, ces sujets «permettent en outre de répondre aux vœux d'une partie de l'élite intellectuelle et politique européenne, qui voit dans la littérature, et notamment dans le théâtre, un outil de diffusion particulièrement efficace de l'esprit de la Contre-Réforme[14]».

Les tragédies de Tristan assurent donc la continuité des cycles inventifs tragiques enclenchés au xvie siècle et, dans le même mouvement, le renouvellement de la tragédie française en s'insérant dans des séries d'inspiration voire en en suscitant. De fait, le genre de la tragédie se renouvelle en partie par la reprise des mêmes sources ou des mêmes sujets. Certes, il est difficile d'affirmer que Tristan connaissait toutes les pièces des cycles dans lesquels il s'inscrit, il est même peu probable qu'il ait eu accès à la *Panthée* de Guersens, que Hardy cependant connaissait. Néanmoins, la reprise de sujets déjà dramatisés constitue une forme d'exercice de dramaturgie qui met en lumière les évolutions du genre de la tragédie et donne l'occasion aux auteurs d'approprier les grandes fables tragiques à leur propre pratique ainsi qu'au public et aux exigences de leur temps. Si les mêmes sujets et les mêmes sources reviennent à plusieurs moments de l'histoire de la tragédie du xvie et du xviie siècle, c'est qu'ils s'inscrivent dans un canon tragique. Les traiter revient dès lors à se mesurer à un prédécesseur illustre – un Garnier ou un Hardy par exemple – et à faire valoir sa voie propre, dans une dialectique du même et de l'autre et dans une optique d'émulation constitutive de l'imitation créatrice, qui ouvre par là même l'accès au panthéon tragique.

L'*inventio* tragique de Tristan, si elle s'inscrit dans des cycles et des séries d'inspiration qui l'intègrent au mouvement général de la tragédie de son temps, se distingue cependant de celle de ses contemporains notamment par l'absence de récritures de tragédies antiques et par son choix de ne pas reprendre les sujets traités par les premiers auteurs de tragédies au xvie siècle : de fait, *Hippolyte* de La Pinelière, *Le Grand Et Dernier Solyman* de Mairet, *Médée* de Corneille, *La Mort de César* et *Didon* de Scudéry, le *Marc-Antoine* de Mairet et la *Cléopâtre* de Benserade portent à la scène les mêmes sujets que *Cléopâtre captive* et *Didon se sacrifiant* de Jodelle, *Médée* de La Péruse, *César* de Grévin, *La Soltane* de Bounin. Tristan quant à lui, pour ses deux premières tragédies, reprend plutôt des sujets dramatisés par Hardy, avant de délaisser ce prédécesseur[15]. Pour autant, cela ne signifie pas que les rapports de Tristan avec le théâtre du XVIe siècle sont ténus ou seulement filtrés par le poète à gages de l'Hôtel de Bourgogne. *La Mort de Sénèque* semble être sa tragédie la plus originale sur le plan de l'*inventio*, dans la mesure où l'auteur met sur la scène française un sujet jamais dramatisé jusqu'alors et qu'il est le premier en France à puiser la matière de sa tragédie chez Tacite. Néanmoins, ses trois autres tragédies s'inscrivent dans des cycles d'inspiration français et européens qui remontent au XVIe siècle et participent dès lors à la dynamique d'imitation créatrice propre au genre de la tragédie. Celle-ci est en effet fondée sur le retour renouvelé des mêmes sujets à plusieurs périodes de l'histoire du genre.

L'adaptation, ou la dissociation des sources et des modèles

En tête de ses pièces, Tristan indique parfois ses sources narratives et historiques, mais ne mentionne jamais les précédents dramatiques, mettant ainsi en avant son travail d'adaptation à l'écriture théâtrale, qu'il n'hésite pas à présenter comme un labeur ingrat : «n'était que Monseigneur le Cardinal se délasse parfois en l'honnête divertissement de la comédie, et que son éminence me fait l'honneur de me gratifier de ses bienfaits, j'appliquerais peu de mon loisir sur les ouvrages de théâtre. C'est un labeur pénible, dont le succès est incertain[16]». L'«Avertissement à qui lit» placé en tête de *Panthée* s'ouvre en ces termes : «à peine peut-on s'imaginer qu'il y ait assez de matière en l'aventure de Panthée pour faire deux actes entiers : c'est un champ fort étroit et fort stérile, que je ne pouvais cultiver qu'ingratement[17]». Le dramaturge souligne la gageure qu'il y a à porter un tel sujet à la scène, sans évoquer Hardy, pas même pour se distinguer de ses choix dramaturgiques conformément aux règles de la tragédie de son temps. Déjà, dans l'Avertissement de *La Mariane*, après avoir cité Flavius Josèphe, Zonaras, Hégésippe et le Père Caussin, Tristan écrivait : «j'ai dépeint tout cela de la manière que j'ai cru pouvoir mieux réussir dans la perspective du Théâtre[18]». Il soulignait donc le délicat passage du mode narratif au mode dramatique, sans mentionner non plus son prédécesseur direct[19]. Le choix exclusif de l'adaptation plutôt que de la récriture ainsi que la mise en relief du travail propre à cette pratique créative ne sont pas sans évoquer les prises de positions de plusieurs auteurs du XVIe siècle en faveur de l'adaptation. Alors qu'un Du Bellay ou un Peletier du Mans[20] engageaient les poètes à récrire les tragédies des Anciens, La Mothe, éditeur des œuvres de Jodelle, loue l'indépendance de l'*inventio* de son ami qui a su «traduire en quelque tragédie[21]» une matière non dramatique. De fait, Jodelle ne récrit pas de pièce antique. Pour ce dernier, Grévin, Rivaudeau, Filleul ou encore Montchrestien, composer une tragédie c'est *tra-duire* un sujet célèbre à la scène, c'est-à-dire le faire passer d'un mode d'expression non dramatique à un mode dramatique. À la fin du siècle, Laudun d'Aigaliers promeut les sujets historiques et donc véritables contre les Fables antiques et par conséquent l'adaptation contre les récritures des tragédies des Anciens[22]. Mais, en 1584, Jean Robelin avait souligné avant Tristan le «labeur» propre au travail d'adaptation, pour mieux critiquer ceux qui s'adonnent à la récriture, preuve de leur paresse intellectuelle : «iceux refuyant le labeur, aiment mieux pour construire leur bâtiment spirituel se servir d'une matière déjà préparée et prête à mettre en œuvre, que de se peiner à en polir et préparer de l'autre[23]». Et, alors même que son sujet, *La Thébaïde*, lui offrait de multiples pièces à récrire, Robelin les cite pour mieux faire valoir son choix de revenir à des sources narratives et accomplir un véritable travail de création par l'adaptation :

> Or quant à moi, bien qu'il n'y eût que trop de bois coupé en la forêt des Grecs pour faire ma charge, et qu'ayant désir de traiter des misères de la maison d'Œdipe, j'eusse pu (pour former un discours tragique) me servir de Sophocle en ses deux *Œdipes* et en son *Antigone*, d'Euripide en ses *Phéniciennes*, et d'Æschyle en sa tragédie des *Sept à Thèbes*, ou bien de Sénèque entre les latins, si est-ce que, tenant pour assuré qu'il n'y a esprit si stérile et si manque de toute acuité naturelle, qui ne puisse de soi avoir quelques gentilles appréhensions (s'il a tant soit peu fréquenté les Muses), j'ai mieux aimé par mon artifice tel quel façonner de tout point ce petit poème, que de mendier l'industrie d'un plus adroit ouvrier pour lui former l'âme, qui n'est autre que l'invention, sans laquelle faussement je me jacterais lui avoir donné essence[24].

Le véritable auteur est celui qui accomplit la totalité d'un travail créatif, adaptant au théâtre sa propre matière tragique, à la fois cherchée dans des textes non dramatiques, «façonnée» ensuite pour en faire une fable dramatique ; tel est aussi le travail auquel s'est adonné Tristan. La matière est ainsi réinventée et donc renouvelée.

Mais ce n'est pas parce que Tristan ne récrit pas des pièces antiques, ou des pièces du XVIe siècle, que ses œuvres ne portent pas la marque de ces traditions. Il importe en effet de distinguer source et modèle, ce que faisaient d'ailleurs déjà les dramaturges humanistes. Le modèle peut aussi bien marquer de son empreinte l'*inventio*, la *dispositio* que l'*elocutio* de l'hypertexte[25], tandis que la source ne concerne que son *inventio*. La source d'inspiration d'une pièce de théâtre fournit à celle-ci sa fable, tandis que le modèle, conformément à l'étymologie du mot, est l'éventuel moule préexistant dans lequel se modèle l'hypertexte. Or la structure de certaines tragédies de Tristan n'est pas sans rappeler celle de plusieurs tragédies du xvie siècle et notamment de deux des plus grands dramaturges humanistes, La Taille et Garnier. Sa première tragédie, *La Mariane*, est celle qui présente le plus de ressemblances avec les pièces de ces deux dramaturges. Comme *La Famine*, *Hippolyte* ou encore *Les Juifves*, l'intrigue de *La Mariane*, mais aussi celles de *La Mort de Chrispe* et *La Mort de Sénèque* sont construites autour de la fureur d'un personnage – un tyran ou une reine amoureuse – et cette fureur constitue le ressort principal de l'action, qui consiste en la persécution d'une victime singulière ou collective. Bénédicte Louvat-Molozay explique que *La Mariane* «opère la synthèse entre les constituants de nature amoureuse qui caractérisent la tragédie contemporaine et la structure de la persécution d'une victime ou d'un peuple innocent par un tyran sanguinaire, héritée des modèles plus anciens[26]». Cette structure héritée de la tragédie humaniste est ensuite reprise avec variation dans *La Mort de Sénèque* et *La Mort de Chrispe*. Dans celle-ci, la cible de la fureur jalouse et vengeresse de Fauste est double, oscillant entre Chrispe et Constance. À la fin de la scène d'affrontement entre Fauste et sa rivale (IV, 3), Fauste reste seule et se lance dans un long monologue délibératif par lequel elle médite sa vengeance. Cédant d'abord au premier élan de détruire Constance, elle tourne rapidement sa fureur vers celui qu'elle aime et décide de se venger conjointement des deux amants :

> Plutôt que cette amour m'offense impunément,
> Je veux perdre à la fois et l'amante, et l'amant.
> Chrispe, il te souviendra de m'avoir offensée,
> Ta sentence mortelle est déjà prononcée,
> Et le désir pétille en mon cœur dépité
> Que ce sanglant arrêt ne soit exécuté.
> Oui Chrispe, c'en est fait, et tes jeunes années
> Par mon juste courroux se verront terminées[27].

Puis elle se rétracte brusquement :

> Mais où va ma fureur ? Arrête ma colère,
> Peux-tu bien outrager une chose si chère ?
> Détournons de ce couple nos mains, et nos yeux,
> Car c'est un attentat qui blesserait les Dieux.

Fauste, à quoi te portait ta furieuse envie[28] ?

Avant de décider d'exercer sa vengeance contre Constance, en se haranguant à la manière de Médée et en choisissant un mode opératoire similaire, le vêtement empoisonné :

> Ouvre-toi mon esprit ! cherche, invente et t'emploie
> Pour bâtir sur ce plan le comble de ma joie ;
> Fais que dans ce débris mon nom soit conservé,
> Conduis bien cet ouvrage et le rends achevé.
> En voici le secret, j'en ai trouvé l'adresse[29].

Fauste fait succéder, dans l'action de cette tragédie, au désir incestueux de Phèdre la fureur jalouse de Médée. Tristan supprime la scène d'aveu d'amour et la calomnie qui en découle, présentes dans les pièces qui ont mis avant lui sur la scène le mythe de Phèdre ou l'histoire de Chrispe, et change dès lors sa Fauste en Médée. Dans *La Mort de Sénèque*, si Néron est bien un tyran furieux et sanguinaire, qui entre en scène en se réjouissant d'avoir tué Octavie, le motif est revisité : c'est en effet la révélation de la conjuration contre lui qui entraîne le tyran à persécuter de nouvelles victimes, qui de surcroît lui sont proches. Bien que le projet des conjurés soit justifié, leur innocence s'en trouve relativisée. Le seul à ne pas prendre véritablement part à la conjuration et à en subir pour autant le châtiment est Sénèque. Néanmoins, il est davantage persécuté par Sabine – et toutefois de manière indirecte – que par Néron lui-même, qui se laisse seulement gagner dans sa fureur contre les conjurés par le discours trompeur de celle-ci.

Dans *La Mariane* et *La Mort de Chrispe*, Tristan reprend la structure sénéquienne de l'action tragique. Comme l'a montré Florence Dupont[30], le protagoniste sénéquien parcourt sur la scène un trajet passionnel qui le mène du *dolor* au *furor* puis au *nefas*, cette progression constituant les trois étapes de l'action tragique. Les personnages de Fauste et d'Hérode suivent précisément ce cheminement passionnel. Hérode répète sa douleur face à la haine que lui témoigne sans cesse son épouse Mariane. Mais les doutes qu'instillent en lui Salomé et Phérore et surtout l'unique scène où les époux sont en présence (III, 2) déclenchent la fureur jalouse d'Hérode qui condamne son épouse au supplice, commettant ainsi le *nefas*. Une fois ce crime accompli, Hérode s'écrie immédiatement : « Ah, je suis l'auteur de ce meurtre inhumain[31] », définition même du *nefas*, crime extra-ordinaire perpétré par un protagoniste qui n'est plus humain et n'a plus de limite, tout entier soumis à sa passion. Dans cette conception de l'action tragique, la mise en scène des événements funestes est nécessairement lyrique et pathétique. L'excès de la douleur, qu'il s'agit donc de représenter dans sa force spectaculaire parce qu'il est le déclencheur de l'action, génère le *furor* et le crime monstrueux. Cette *dispositio* sénéquienne est reprise par les dramaturges humanistes de la seconde génération, tels que Garnier, qui l'actualise notamment dans *Hippolyte*, *La Troade*, *Les Juifves*, où l'expression lyrique et pathétique occupe une place majeure et scande l'action tragique. Dans *La Mort de Chrispe*, Tristan revient à ce schéma, que favorise du reste le modèle des tragédies antérieures sur Phèdre et Hippolyte. Ainsi le personnage de Fauste connaît-il cette même évolution tripartite. L'épouse de Constantin ouvre les deux premiers actes en exprimant dans des monologues sa souffrance et sa honte d'aimer son beau-fils et balance entre des voies contradictoires – signalons que la Phèdre de Garnier ouvrait déjà les actes II et III d'*Hippolyte* par ses lamentations et ses revirements. Mais le soupçon et la jalousie que suscite l'amour de Chrispe pour Constance la font passer de la douleur à la fureur à l'acte IV : la passion désormais ne se maîtrise plus et engendre le crime. Ce qu'explique Georges Forestier à propos de la tragédie du XVIᵉ siècle s'applique aisément à ces pièces : «si la tragédie est bien l'art de représenter le dérèglement, la source du dérèglement semble être, pour les hommes du XVIᵉ siècle, plus souvent dans l'esprit et le cœur des hommes que dans l'ordre du monde[32]».

Si Tristan n'opte pas pour des sources dramatiques, cela ne signifie donc pas que ses tragédies rejettent le modèle de ses prédécesseurs. Néanmoins, ce modèle est soumis à des variations qui témoignent de ses expérimentations dramaturgiques.

Les variations d'une structure tragique

La conception de l'action tragique comme la recherche de l'effet pathétique placent l'émotion au premier plan dans les tragédies humanistes. La logique tragique à l'œuvre est donc toute passionnelle, des causes aux conséquences de l'action. Si bon nombre de tragédies du XVIᵉ siècle offrent la représentation d'un «dénouement étendu[33]», celles de la seconde génération de dramaturges humanistes tendent à proposer une structure renouvelée. Garnier, le plus célèbre auteur tragique de cette période, s'attache à représenter l'action tragique jusque dans ses conséquences sur les personnages. Dans un schéma passion > action > passion, l'action tragique est à la fois suscitée par les passions et instigatrice d'un nouveau spectacle de la souffrance. L'événement funeste vaut aussi pour ses conséquences pathétiques, qui doivent dès lors être portées à la scène. Conformément à sa source sénéquienne, *Hippolyte* ne s'arrête pas après le suicide de Phèdre, car Garnier développe les conséquences du *nefas*. Thésée, après l'intervention du chœur, reste sur scène pour déplorer son malheur et décider aux yeux du public de s'imposer une vie de souffrance afin d'expier son crime. Le dramaturge fait de nouveau usage de cette extension de la représentation tragique dans d'autres pièces, qui ne la puisent pas dans leur source : citons *Les Juifves* ou encore *La Troade*, où Garnier laisse le dernier mot de la tragédie à Hécube, qui récapitule ses malheurs et redit sa souffrance, non encore apaisée par un premier acte de vengeance. Tristan reprend cette *dispositio* dans ses tragédies à l'exception de *Panthée*, pièce singulière dans la carrière de l'auteur, qui avoue lui-même les difficultés qu'il a rencontrées pour la composer. Or l'abbé d'Aubignac en critique précisément l'inachèvement, au point que «les spectateurs demandent en voyant tomber Penthée, si c'est la fin de la Pièce[34]». Bien que Tristan prenne acte des critiques en modifiant le dénouement lors de la publication de sa tragédie – au suicide de Panthée, le dramaturge ajoute celui d'Araspe, désespéré par la mort de celle qu'il aime –, il ne fait que suggérer les conséquences du dénouement funeste sur Cyrus et laisse alors le spectateur/lecteur sur la question posée par Hidaspe :

> Quel désastre ! ô Cyrus, comment l'apprendras-tu
> Sans que ce rude coup ébranle ta vertu[35] ?

Au contraire, dans les trois autres tragédies que nous examinons, Tristan fait suivre la catastrophe d'une déploration lyrique, pathétique voire furieuse. Ainsi Sandrine Berrégard a-t-elle souligné «le caractère essentiellement lyrique du dernier acte [de *La Mariane*], rendu possible par un dénouement d'une exceptionnelle précocité (l'exécution de Mariane intervient dès la fin du quatrième acte)[36]». L'acte V est tout entier consacré aux conséquences sur Hérode du *nefas* qu'il a ordonné[37] et semble réaliser pleinement la première partie du programme annoncé par Tristan dans son Avertissement : «j'ai simplement voulu décrire avec un peu de bienséance les divers sentiments d'un Tyran courageux et spirituel[38]». L'acte s'ouvre par un monologue du roi qui exprime toute son horreur envers sa fureur jalouse. Il va ensuite consister à mettre en mots et en spectacle le glissement progressif du personnage dans une folie qui l'abstrait de plus en plus de l'événement qu'il ne peut supporter, perdant le sens puis les sens, jusqu'à l'évanouissement final. *La Mort de Sénèque* ne développe pas de la sorte les conséquences de la catastrophe. Néanmoins, la tragédie ne s'achève pas après l'accomplissement de ce qu'annonce son titre, elle représente Néron lui-même gagné par le remords qui sombre à son tour dans une folie hallucinatoire et se fait ainsi étranger à lui-même :

Je ne sais ce que j'ai.
Tous mes sens sont troublés, et mon âme inquiète
Ne peut plus se remettre en sa première assiette :
Je brûle de colère et frissonne d'effroi ;
Je forcène, j'enrage, et je ne sais pourquoi.
Une Érinne infernale à mes yeux se présente ;
Un fantôme sanglant me presse et m'épouvante[39].

Dans l'argument du cinquième acte, Tristan donne une justification morale à une telle scène : «Néron à ce récit sent les
cuisantes pointes du remords qui suit les mauvaises actions[40]».
Enfin, dans *La Mort de Chrispe*, Constantin resté seul en scène
à la fin de la scène 6 de l'acte V, tire la leçon providentielle du
malheur qui l'accable : la «main toute puissante» qui «vien[t]
[l]e châtier, mais non pas [l]e détruire» le rappelle ainsi à sa
promesse de christianiser son empire[41].

L'action tragique tristanienne est prise dans une temporalité
qui la dépasse : passé-présent-futur. Les protagonistes monstrueux achèvent même leur parcours sur la scène par l'annonce
d'autres projets furieux dans un futur optatif voire prophétique.
Ainsi Néron referme-t-il la tragédie en lançant un défi au Ciel :

O Ciel ! qui me veux mal et que je veux braver,
Des pièges que tu tends on ne se peut sauver :
Tu prépares pour moi quelque éclat de tonnerre ;
Mais avant, je perdrai la moitié de la Terre[42].

Fauste, malgré le récit de la mort accidentelle de Chrispe dès
lors éternellement uni à Constance, ne s'avoue pas totalement
vaincue par ce malheur inattendu et prétend poursuivre son dessein par-delà la mort :

Ah Constance ! c'est trop traverser mon envie,
[...]
Je te veux suivre encore, et chercher une voie
Pour rompre tes plaisirs et traverser ta joie ;
Je veux troubler encor ton amoureux dessein,
Te porter des flambeaux et des fers dans le sein,
Et m'opposant là bas à ton idolâtrie,
Au milieu des damnés te servir de furie[43].

En outre, l'action de *La Mort de Chrispe* ne peut se comprendre
qu'en remontant aux fautes passées de Constantin oublieux de
son devoir envers Dieu. De même, *Hippolyte* de Garnier est la
tragédie du châtiment divin de Thésée : l'ombre d'Égée qui ouvre
la tragédie l'annonce sans détours et fait de la mort d'Hippolyte

à venir le simple instrument de la vengeance divine. La pièce se clôt sur Thésée resté seul en scène face aux conséquences de sa culpabilité qui éveillent sa conscience à un repentir et à l'expiation de ses fautes, sans espoir toutefois de rédemption en contexte non chrétien. Le songe prophétique d'Hérode qui ouvre la tragédie de *La Mariane* et vient, selon le roi lui-même, «prédire[44]» ses malheurs, rattache d'emblée l'action tragique aux crimes commis par le personnage pour s'emparer du pouvoir. C'est en effet l'ombre d'Aristobule appelant sa sœur Mariane qui est entendue par Hérode avant de lui apparaître dans une vision d'horreur, renvoyant ainsi à son auteur l'image horrible de ses crimes :

> Son corps s'était enflé de l'eau qu'il avait bue,
> Ses cheveux tout mouillés lui tombaient sur la vue,
> Les flots avaient éteint la clarté de ses yeux,
> Qui s'étaient en mourant tournés devers les cieux ;
> Il semblait que l'effort d'une cruelle rage
> Avait laissé l'horreur peinte sur son visage,
> Et que de sang meurtri tout son teint se couvrît,
> Et sa bouche était morte encor qu'elle s'ouvrit.
> Ses propos dès l'abord, ont été des injures,
> Des reproches sanglants : mais tous pleins d'impostures.
> Il a fait contre moi mille imprécations,
> Il m'est venu charger de malédictions,
> M'a parlé des rigueurs sur son père exercées,
> M'imputant tous les maux de nos guerres passées[45].

Le songe prophétique, procédé dramatique hérité des Anciens et devenu topique dans les tragédies du XVIe siècle, est abondamment utilisé par Tristan[46], parfois plusieurs fois dans une même tragédie. Outre le songe d'Hérode, citons Panthée à la scène 2 de l'acte II, qui voit d'abord en songe son époux Abradate vivant et heureux de la retrouver avant qu'à cette vision se substitue celle d'Abradate métamorphosé en ombre, «triste, sanglant et blême[47]», le harnais percé de coups. Dans *La Mort de Sénèque*, à la scène 2 de l'acte III, Sabine raconte à Néron son rêve, dans lequel «l'image d'Auguste[48]» serait venue lui annoncer la conjuration prête à s'abattre sur l'empereur, laissant place ensuite à une scène de théomachie où Mars s'apprêtant à frapper Néron aurait été arrêté par Bacchus et Cérès. Dans *La Mort de Chrispe* se succèdent les récits de deux songes : à l'ouverture de l'acte III, Constantin raconte à Lactance un rêve qui l'effraie et dans lequel un aigle tout entier dévoué à Constantin est brusquement tué par un vautour que l'empereur tue à son tour ; Lactance fournit immédiatement la clé d'interprétation de ce rêve en racontant le sien :

> Ce songe est effroyable, et j'en ai fait un autre
> D'aussi mauvais présage, et qui répond au vôtre[49].

Lactance y a vu Chrispe agonisant lui expliquer que sa mort était l'effet «d'une effroyable rage[50]» et lui transmettre un dernier message pour son père. Ces rêves sont en outre précédés de l'évocation de mauvais présages : un hibou entré dans la chambre de Constantin y est tombé mort, son chien ne pousse que des cris de plainte.

Ces divers songes et visions sont autant d'annonces d'une péripétie voire de la catastrophe et se réaliseront donc immanquablement. Hérode affirme d'ailleurs après son récit :

> Ce qu'écrit le destin ne peut être effacé.
> Il faut bon gré mal gré, que l'âme résolue
> Suive ce qu'a marqué sa puissance absolue[51].

Est-ce à dire que l'action est tout entière orientée vers son dénouement et consiste à représenter l'irrémédiable accomplissement d'une catastrophe attendue voire arrêtée par des puissances supérieures qui ne laissent aucune marge de manœuvre aux personnages ? Tel est précisément le cas des tragédies du XVIe siècle, qu'elles déplorent une catastrophe déjà advenue ou qu'elles s'y dirigent sans échappatoire. Le songe ou les ombres ne viennent que fermer encore l'horizon de l'action. *Hippolyte* de Garnier fait se succéder au premier acte l'apparition de l'ombre d'Égée, le songe prémonitoire d'Hippolyte et le récit des présages. Dans *La Troade*, la mort d'Astyanax puis celle de Polyxène sont annoncées par les songes d'Andromaque et d'Hécube. Dans *Saül le furieux*, l'esprit de Samuel annonce à Saül sa mort et celle de ses fils. Cependant, Tristan ménage des revirements et des incertitudes. Chaque rêve est décrit comme une série de signes opaques à décrypter, ouvre une sorte d'enquête et fait l'objet de débats entre les personnages[52]. Même le songe de Constantin, si vite interprété par Lactance, n'est présenté que comme un possible de l'action et vaut alors seulement avertissement. En effet, Lactance déclare :

> Chrispe sans doute est l'aigle ardente à vous servir,
> Et quelque grand malheur s'en va nous le ravir,
> Si la bonté du ciel ou l'humaine prudence
> Ne font passer ailleurs la maligne influence[53].

Qui plus est, Fauste décide finalement à l'acte IV de n'éliminer que Constance; le récit de l'empoisonnement de Chrispe à l'acte V apparaît comme un coup de théâtre qui suscite l'extrême surprise de Fauste, prise du même coup à son propre piège. Tristan soumet également le procédé du songe à des variations de place dans l'économie de la tragédie. De *La Mariane* à *La Mort de Sénèque* en passant par *Panthée*, le songe recule à chaque pièce d'un acte, comme si le dramaturge se livrait à plusieurs expérimentations autour de ce *topos*. Décaler le songe prophétique permet de ménager davantage d'incertitude dans l'action tragique. Les angoisses de Panthée tiraillée entre espoir et inquiétude durant toute la première partie de la pièce sont renouvelées par ce songe avant d'être provisoirement apaisées par l'annonce du retour d'Abradate, qui demeure néanmoins incertain tant que le personnage n'est pas entré en scène. Tristan, nous l'avons vu, renouvelle la structure des tragédies sur Phèdre et sur Chrispe en en supprimant la calomnie. Dans une pièce construite autour des revirements passionnels de Fauste et de la faiblesse de Constantin, ces innovations se conjuguent au décalage du songe prophétique à l'acte III afin de brouiller les certitudes. Comme l'écrit Daniela Dalla Valle, le songe chez Tristan «se relie à la catastrophe, dont l'impact est anticipé, en déséquilibrant la structure de la tragédie, qui finit par avoir deux centres pathétiques très forts[54]». Dans les deux premières pièces, ainsi que dans *La Mort de Chrispe*, les rêves annoncent de manière plus ou moins claire le dénouement; cependant, il n'en est pas tout à fait de même dans *La Mort de Sénèque* : si, comme dans le rêve, Néron échappera à l'attentat qui se prépare contre lui, il a déjà été averti par Procule de la conjuration et a commencé à interroger les conjurés. Le songe ne vient donc guère créer de tension dramatique ni fermer l'horizon de l'action du personnage. C'est toutefois celui des conjurés qui se ferme.

Or, les victimes des personnages furieux accomplissent volontairement leur destin funeste alors qu'elles pourraient y échapper, ce qui est une différence de taille avec les personnages des tragédies du siècle précédent. Mariane pourrait apaiser Hérode à tout moment, mais demeure inexorable et attise au contraire sa colère. Épicaris brave à son tour Néron et elle est la seule parmi les conjurés à ne pas monnayer sa vie en échange des noms de ses compagnons. L'acceptation volontaire de son destin vaut accomplissement héroïque de soi. Mariane comme Épicaris vont au devant de leur destin par choix et non par soumission, elles substituent ainsi à la passivité de la victime l'action de l'héroïne. Sénèque accepte à son tour la mort avec constance voire avec réjouissance. Le récit de ces morts évoque ainsi l'héroïsme du martyr. C'est dans cette mise à l'épreuve de leur constance, de leur conformité à eux-mêmes, dans une stricte superposition des mots et du cœur[55] aux deux sens du terme, qu'ils accèdent au statut de héros tragique.

Jacques Morel écrit qu'«un poète qui, au XVIIe siècle, s'insère consciemment dans la 'tradition', entend à la fois ressaisir tout ce qui peut être ressaisi de l'apport de ses devanciers et apporter à son tour des éléments nouveaux capables d'inspirer ses émules et ses successeurs[56]». Si la singularité de Tristan a souvent été mise en avant, sa poétique tragique s'inscrit nettement, tant sur le plan de l'*inventio* que de la *dispositio*, dans des traditions dramaturgiques, à partir desquelles l'auteur renouvelle à la fois sa matière et sa manière. Ses tragédies, qui suivent en bien des aspects les modes de son temps, prennent place dans des réseaux d'œuvres sériels et cycliques à la fois, par la reprise et la récriture d'éléments caractéristiques de la dramaturgie humaniste, qui nourrissent ses expérimentations et se trouvent soumis à un jeu de variations. Nous pouvons dès lors émettre l'hypothèse que l'échec relatif de *Panthée*, après le retentissement de *La Mariane*, a pu inviter Tristan à renouer avec les traditions dramaturgiques qu'il avait précisément délaissées dans sa deuxième pièce et à affirmer ainsi, tout en les repensant, ses premiers choix d'écriture tragique, en vue de renouveler «un éclat d'éternelle durée[57]».

Céline FOURNIAL,
Sorbonne Université, CELLF 16-18

1   Sandrine Berrégard, *Tristan L'Hermite «héritier» et «précurseur».* *Imitation et innovation dans la carrière de Tristan L'Hermite*, Tübingen, G. Narr, «Biblio 17», 2006, p. 177.
2   Nous laissons ici de côté *Osman*, car c'est la seule tragédie de Tristan tirée de l'histoire orientale contemporaine.
3   Sur ces années 1628-1634, voir la première partie intitulée «La crise des genres : mort et renaissance de la tragédie» de *La Tragédie française* de Georges Forestier (*La Tragédie française. Passions tragiques et règles classiques* [2003], Paris, Armand Colin, «U lettres», 2010, p. 13-65).
4   Sur cette datation, voir la notice de l'édition de *La Mort de Sénèque* par Jacques Scherer, p. 1337 [*in*] *Théâtre du XVIIe siècle*, t. 2, Paris, Gallimard, «Bibliothèque de la Pléiade», 1986.
5   Sur cette histoire romaine transmise par les historiens anciens secondaires puis diffusée par les Jésuites, voir l'introduction à l'édition de *La Mort de Chrispe* par Daniela Dalla Valle, p. 345-346 [*in*] Tristan L'Hermite, *Tragédies*, dir. R. Guichemerre, Paris, Champion, «Champions Classiques», 2009.
6   Tristan L'Hermite, *La Mort de Sénèque*, dans *Tragédies*, éd. citée, p. 234.
7   Sur cette lignée d'œuvres et leurs variations à la fois dramaturgiques et morales, voir Charles Mazouer, «*Le Roman de Panthée*, de Xénophon à la tragédie française du XVIIe siècle», *Le Roman mis en scène*, dir. C. Douzou et Fr. Greiner, Paris, Classiques Garnier, «Lire le XVIIe siècle», 2012, p. 16-28.

8   D. Dalla Valle a analysé la superposition du mythe et de l'histoire dans « Le mythe de Phèdre et l'histoire de Faust : superposition et mélange », *Horizons européens de la littérature française au XVIIe siècle*, Tübingen, G. Narr, « Études littéraires françaises », 1988.

9   Voir la thèse de Marco Livera, *Le Thème tragique du Crispe : le Crispus du père Stefonio, ses traductions italiennes et son passage en France*, dirigée par Luca Badini-Confalonieri et Daniela Dalla Valle et soutenue en 2004 à l'Université de Savoie-Mont-Blanc en co-tutelle avec l'Università degli Studi di Torino.

10   André Stegmann écrit qu'avec ses quatorze tragédies latines Vernulz est « celui qui va inspirer le plus la tragédie française » (*L'Héroïsme cornélien. Genèse et signification*, t. 2, Paris, Armand Colin, 1968, p. 34).

11   Pour un panorama de ces représentations, voir les tableaux des Appendices I et II dans *L'Héroïsme cornélien* (*ibid.*, p. 663-679).

12   « Le sujet de cette tragédie est si connu, qu'il n'avait pas besoin d'argument ; quiconque a lu Josèphe, Zonare, Egésippe, & nouvellement le Politique Malheureux, exprimé d'un style magnifique par le Révérend Père Caussin, sait assez quelles ont été les violences d'Hérode » (Tristan, *La Mariane*, éd. Cl. Abraham, p. 35 [*in*] *Tragédies*, éd. citée).

13   Dans le champ de la tragédie, c'est le cas de Regnault dans sa *Marie Stuard*, Grenaille dans *L'Innocent malheureux ou la Mort de Crispe*, La Calprenède dans sa *Suite de Mariane*, l'anonyme *Jalousie de Théodose* ; Tristan L'Hermite lui-même y revient dans *La Mort de Chrispe*, mais aussi dans *La Mort de Sénèque*, où il allie les données de *La Cour sainte* à Tacite. Du côté de la tragi-comédie, *L'Athénaïs* de Mairet et *Le Fils désadvoüé, ou le Jugement de Théodoric* de Guérin de Bouscal, s'inscrivent dans cette même série d'inspiration qui décrit un réseau d'œuvres.

14   Bénédicte Louvat-Molozay, *L'« Enfance de la tragédie » (1610-1642). Pratiques tragiques françaises de Hardy à Corneille*, Paris, P.U.P.S., « Theatrum mundi », 2014, p. 173.

15   Autant qu'on puisse en juger, car nous n'avons conservé qu'une infime part de la production gigantesque du poète à gages de l'Hôtel de Bourgogne.

16   À la fin de l'« Avertissement à qui lit » de *Panthée*, *Tragédies*, éd. citée, p. 153.

17   *Ibid.*, p. 152.

18   Éd. citée, p. 35.

19   « Ce silence peut s'expliquer doublement : d'une part, la référence à Hardy est tellement présente dans l'esprit des lecteurs qu'elle n'a même pas besoin d'être signalée […] ; d'autre part, Tristan préfère sans doute en se réclamant des Anciens, s'inscrire dans une filiation plus prestigieuse et ne pas révéler sa dette envers un auteur considéré comme archaïque » (S. Berrégard, *op. cit.*, p. 275).

20   Voir Joachim Du Bellay, *La Deffence, et illustration de la langue françoyse* [1549], éd. J.-Ch. Monferran, Genève, Droz, « Textes littéraires français », 2007, p. 138 ; Jacques Peletier du Mans, *Art poétique* [1555], I, 2, p. 279 [*in*] *Traités de poétique et de rhétorique de la Renaissance*, éd. Francis Goyet, Paris, Librairie générale française, « Le Livre de poche », 1990.

21   Charles de La Mothe, « De la poésie françoise et des œuvres d'Estienne Jodelle, Sieur du Lymodin » [1574], p. 73 [*in*] Étienne Jodelle, *Œuvres complètes*, t. 1, éd. E. Balmas, Paris, Gallimard, 1965.

22   Voir Pierre Laudun d'Aigaliers, *L'Art poëtique françois* [1597], dir. J.-Ch. Monferran, Paris, Société des Textes Français Modernes, 2000, p. 109.

23   Jean Robelin, *La Thébaïde*, « Au lecteur » [1584], éd. D. Boccassini, p. 574 [*in*] *La Tragédie à l'époque d'Henri III, Deuxième série, vol. 3 (1582-1584)*, Florence, Leo S. Olschki ; Paris, P.U.F., 2002.

24   *Ibid.*, p. 575.

25   Nous reprenons la terminologie de l'intertextualité telle que la définit Gérard Genette dans *Palimpsestes. La littérature au second degré* [1982], Paris, Seuil, « Points Essais », 1992, p. 8, 13.

26 L'«*Enfance de la tragédie*», *op. cit.*, p. 176.
27 *La Mort de Chrispe*, IV, 3, v. 1241-1248, éd. citée, p. 420.
28 *La Mort de Chrispe*, IV, 3, v. 1259-1263, *ibid.*, p. 421.
29 *La Mort de Chrispe*, IV, 3, v. 1287-1291, *ibid.*
30 *Les Monstres de Sénèque. Pour une dramaturgie de la tragédie romaine*, Paris, Belin, «L'Antiquité au présent», 1995.
31 *La Mariane*, V, 2, v. 1589, éd. citée, p. 111.
32 G. Forestier, *La Tragédie française*, *op. cit.*, p. 204.
33 Voir *ibid.*, p. 186.
34 D'Aubignac, «Jugement de la tragédie, intitulée PENTHÉE, écrit sur le champ, et envoyé à M. le Cardinal de Richelieu par son ordre exprès», p. 697 [*in*] *La Pratique du théâtre* [1657], éd. H. Baby, Paris, Champion, «Champion classiques», 2011.
35 *Panthée*, V, 5, v. 1659-1660, éd. citée, p. 227.
36 S. Berrégard, «Le parcours théâtral de Tristan au regard de l'exemple cornélien», *Cahiers Tristan L'Hermite*, n°30, 2008, p. 37-47, cité p. 39.
37 Pierre Corneille, dans son *Discours de l'utilité des parties du poème dramatique*, critique une telle *dispositio*, qui n'a de fait plus cours dans le théâtre de ce temps, et évoque sa réussite comme un «miracle» : «Plus on la [la catastrophe] diffère, plus les esprits demeurent suspendus, et l'impatience qu'ils ont de savoir de quel côté elle tournera est cause qu'ils la reçoivent avec plus de plaisir [...]. Le contraire s'est vu dans *La Mariane*, dont la mort, bien qu'arrivée dans l'intervalle qui sépare le quatrième acte du cinquième, n'a pas empêché que les déplaisirs d'Hérode, qui occupent tout ce dernier, n'ayent plu extraordinairement ; mais je ne conseillerais à personne de s'assurer sur cet exemple. [...] et quoique feu M. Tristan eût bien mérité ce beau succès par le grand effort d'esprit qu'il avait fait à peindre les désespoirs de ce monarque, peut-être que l'excellence de l'acteur [...] y contribuait beaucoup» (Corneille, *Œuvres complètes*, t. 3, éd. G. Couton, Paris, Gallimard, «Bibliothèque de la Pléiade», 1987, p. 140).
38 Éd. citée, p. 35.
39 *La Mort de Sénèque*, V, 4, v. 1846-1852, éd. citée, p. 335.
40 Éd. citée, p. 315.
41 Voir les vers 1617-1646 de *La Mort de Chrispe*, éd. citée, p. 436-437.
42 *La Mort de Sénèque*, V, 4, v. 1865-1868, éd. citée, p. 336.
43 *La Mort de Chrispe*, V, 4, v. 1567, 1571-1576, éd. citée, p. 434.
44 *La Mariane*, I, 1, v. 8, éd. citée, p. 39.
45 *La Mariane*, I, 3, v. 120-132, *ibid.*, p. 44-45.
46 Plusieurs travaux se sont intéressés au songe chez Tristan : S. Berrégard, *op. cit.*, p. 127-128, 158-160, 280 ; Jacques Morel, «La place de Tristan L'Hermite dans la tradition du songe héroïque», *Cahiers Tristan L'Hermite*, n°3, 1981, p. 5-10 ; Véronique Adam, «Formes et reflets du songe chez Tristan L'Hermite», *Cahiers Tristan L'Hermite*, n°22, 2000, p. 47-61 ; D. Dalla Valle, «Les songes tragiques de Tristan», *Cahiers Tristan L'Hermite*, n°22, 2000, p. 62-78.
47 *Panthée*, II, 2, v. 478, éd. citée, p. 177.
48 *La Mort de Sénèque*, III, 2, v. 929, éd. citée, p. 290.
49 *La Mort de Chrispe*, III, 1, v. 703-704, éd. citée, p. 393.
50 *La Mort de Chrispe*, III, 1, v. 719, *ibid.*
51 *La Mariane*, I, 3, v. 146-148, éd. citée, p. 45.
52 Voir sur ce sujet l'article de D. Dalla Valle, art. cité.
53 *La Mort de Chrispe*, III, 1, v. 705-708, éd. citée, p. 393.
54 D. Dalla Valle, art. cité, p. 62.
55 Mariane affirme ainsi : «mon cœur pour le moins se rendra le dernier» (IV, 2, v. 1244).
56 J. Morel, art. cité, p. 5.
57 *La Mariane*, IV, 5, v. 1356, éd. citée, p. 101.

TRISTAN ET HARDY :
UN HÉRITAGE PROBLÉMATIQUE

Si, pour ses deux premières tragédies, Tristan s'empare des sujets de Mariane et de Panthée, c'est à l'évidence à l'imitation de Hardy[1], qui lui inspire une vive admiration, comme l'attestent les poèmes d'éloge qui figurent à l'ouverture de deux des volumes du *Théâtre* que publie le plus âgé des deux poètes[2]. Un tel choix n'est pourtant pas sans risque pour celui qui, après avoir fait œuvre de poète[3], s'essaie à l'écriture théâtrale : Hardy est taxé d'archaïsme par les auteurs de la jeune génération[4], non seulement en raison d'une conception de la langue poétique contraire à la réforme malherbienne, mais aussi à cause des liens étroits qui l'unissent à la dramaturgie humaniste, à laquelle il emprunte en effet un grand nombre de procédés. Le recours à la sentence, à l'ombre protatique ou encore au chœur[5], sans compter le fait que les actes ne sont pas toujours chez lui explicitement divisés en scènes, dresse le portrait d'un disciple de Garnier ou de Jodelle. Quant à sa propension à orner le discours théâtral de néologismes et de fréquentes références à la mythologie, elle témoigne de l'influence de la doctrine ronsardienne, que Hardy s'emploie néanmoins à dépasser en complexifiant à l'envi la construction syntaxique. Enfin la complaisance avec laquelle il expose au regard du spectateur des scènes d'une violence extrême – tel le double meurtre de *Scédase* – le rattache au «théâtre de la cruauté[6]» qu'illustre, au tout début du XVIIᵉ siècle, Bauter ou Chrestien des Croix. L'indépendance, si chère à Tristan, l'amènerait-elle donc à s'inscrire dans une lignée dont les dramaturges contemporains, de leur côté, entendent s'éloigner ? Si, faute de précisions là-dessus, il est impossible de sonder les intentions du créateur, la lecture croisée des *Mariane* et *Panthée* respectivement permet en revanche d'analyser le travail de réécriture dont sont issues celles de Tristan. Car les sources historiques (les *Antiquités judaïques* de Flavius Josèphe et *La Cyropédie* de Xénophon pour l'essentiel), auxquelles l'auteur s'est lui-même certainement reporté, n'excluent pas une relation directe avec les deux pièces de son prédécesseur. La comparaison, à laquelle la présente étude propose de se livrer, conduira à dégager les orientations majeures de la poétique tragique de Tristan.

De *Mariamne* à *La Mariane*

Vis-à-vis du modèle que constitue pour lui la tragédie de Hardy, *La Mariane* et *Panthée* ne sauraient être exactement mises sur le même plan. Malgré des inflexions nouvelles, la première tragédie témoigne en effet d'une plus grande proximité que la seconde avec son aînée[7]. Dans ses grandes lignes, elle épouse de fait la structure adoptée par Hardy pour la sienne, comme le montre notamment la composition des deux derniers actes : une fois la mort de Mariane survenue, dans l'intervalle qui les sépare, libre cours est laissé au récit de l'événement et, surtout, à l'expression vive de la douleur et des remords d'Hérode. Contraire au principe horatien, qui demande que le dénouement lui-même[8] soit le plus tardif possible[9], une telle répartition de la matière dramatique rapproche *La Mariane* de la tragédie renaissante de la déploration. Elle est aussi et surtout le moyen de valoriser le talent de Montdory, à qui la troupe du Marais avait confié le personnage d'Hérode, et c'est d'ailleurs ainsi qu'à l'instar de Corneille[10] la critique interpréta volontiers l'architecture de la pièce[11]. Une thèse que confortent d'autres traits, comme celui qui consiste à inverser l'ordre des scènes : chez Hardy, le cinquième acte fait se succéder le récit du messager et les lamentations d'Hérode, tandis que chez Tristan celles-ci précèdent celui-là. Il n'empêche : la disposition générale fixée par l'auteur de *La Mariane* ne résulte peut-être pas tant du souci de jeter une pleine lumière sur un acteur prisé du public – et, à ce titre, propre à assurer le succès de la pièce – que de la volonté de suivre pas à pas les traces de son prédécesseur. Quoique moindre, la part quantitativement accordée à Hérode par la plus ancienne des deux tragédies était du reste déjà considérable[12].

Entre elles n'en demeurent pas moins des différences majeures, qui éclairent sur la position de Tristan dans le champ théâtral des années 1630. Chez Hardy, la scène d'exposition consiste en un long monologue attribué à l'«ombre d'Aristobule», qui en appelle à la vengeance après le meurtre dont s'est rendu coupable Hérode. Tristan, lui, procède d'une tout autre manière : sa pièce s'ouvre par un très bref monologue d'Hérode «*s'éveillant en sursaut*[13]», encore sous le coup de l'émotion provoquée par la vision, terrible, du «fantôme injurieux[14]» de son beau-frère, avant qu'il ne fasse, à la scène suivante, le récit complet de son cauchemar à Phérore et à Salomé. Au couple fraternel et idéal que formaient – et forment encore sur le plan symbolique – Mariane et Aristobule répond très nettement le trio, infernal, que composent Hérode et sa fratrie, en un rapport d'opposition que la jalousie des seconds envers les premiers attise jusqu'à la haine. À un procédé dont l'appartenance à la tradition antique ne fait aucun doute Tristan en substitue donc un autre, qui s'accorde mieux avec les usages du théâtre de son temps[15] et auquel est associé un avantage substantiel, celui d'offrir la représentation, saisissante, d'un héros en proie à la «colère» et à l'«horreur[16]». Les ressorts de la crainte et de la pitié, que la poétique aristotélicienne assigne au genre, se trouvent par là d'entrée de jeu mobilisés. Le souvenir du cadavre d'Aristobule, qui hante l'imagination d'Hérode, apparaît dès lors comme la métaphore du processus de réminiscence dont résulte, à cet endroit, l'écriture de la pièce comparée à celle de Hardy. Révélateur de la névrose dont souffre le personnage, le retour du refoulé revêt ainsi une signification proprement littéraire. Les développements qui occupent la troisième scène fournissent ensuite toutes les informations nécessaires relatives au contexte dans lequel s'inscrit l'intrigue, en faisant notamment état de la relation conflictuelle entre Mariane et son époux[17]. Enfin la discussion que Tristan prête aux trois locuteurs au sujet du sens à accorder aux songes[18] lui offre l'opportunité d'introduire un motif qu'il affectionne, celui de la «mélancolie[19]» – sous les traits de la «mélancolie érotique[20]» qui affecte l'esprit d'Hérode. C'est précisément pour l'auteur une manière de nouer un lien étroit entre ses œuvres dramatique et poétique : le sonnet «À des cimetières» du recueil des *Plaintes d'Acante* (1633) ne résonnait-il pas déjà de la voix sourde des «ombres dolentes» en un «séjour mélancolique[21]»? Les annotations des «Plaintes d'Acante» témoignent aussi de l'intérêt de Tristan pour les théories médicales, comme celle de Du Laurens, afférentes à l'humeur noire[22] et relayées par les explications de Phérore[23].

Concernant l'intervention d'Alexandra, le créateur de *La Mariane* opte pour une tout autre solution. Alors que, chez Hardy, les injures proférées par la mère de l'héroïne à l'encontre de sa fille, à l'instant même où celle-ci, stoïque, est menée à l'échafaud, figurent – succinctement – dans le récit que fait de l'épisode entier le messager[24], chez Tristan, elles donnent lieu à deux scènes, la première (IV, 4)[25], au cours de laquelle la vieille femme exprime sa peur d'être à son tour condamnée par Hérode, la seconde (IV, 6)[26], qui la montre couvrir la reine de reproches et d'insultes. Un tel dispositif étonne d'autant plus qu'il a pour conséquence d'enfreindre la règle de l'unité d'action – les paroles d'Alexandra n'ayant aucune incidence sur le cours de l'intrigue principale – en une période où, pourtant, tend à se généraliser le type de la tragédie régulière. Trois raisons semblent pouvoir être invoquées pour expliquer le choix de Tristan : il est d'abord fort possible que le dramaturge ait cherché par ce moyen à doter d'un rôle – si possible marquant – l'une des actrices (parmi les plus expérimentées) de la troupe du Marais[27] ; il n'est ensuite pas exclu que la quête de l'efficacité scénique[28] ait été délibérément subordonnée au respect des règles inhérentes à la tragédie ; enfin, selon une hypothèse corrélée à la précédente, la surprise qu'un tel coup d'éclat était susceptible de produire sur le public avait toutes les chances de contribuer au succès que la pièce n'a d'ailleurs pas manqué d'obtenir[29]. L'auteur s'emploie en tout cas à amplifier, en le rendant visible, ce que son prédécesseur lui avait légué au travers d'une simple et courte narration.

L'exemple d'Alexandra témoigne de l'importance accrue que Tristan, en comparaison de Hardy, accorde à la réalisation scénique et aux émotions que celle-ci est capable de faire naître chez le spectateur. Le montrent davantage encore les attitudes et les gestes qu'il prête au roi, surtout lorsque ce dernier est sous l'emprise de violentes passions. «Hérode, *chassant Mariane de sa chambre*[30]» : telle est la didascalie qui débute la fulgurante scène 4 de l'acte II[31], et elle résume parfaitement l'objet du conflit entre les deux époux (en représailles des crimes commis par son mari, la jeune femme se soustrait obstinément au devoir conjugal), en même temps que l'exclusion, qu'elle indique, signe l'arrêt de mort de l'héroïne (outre ses refus réitérés, le soupçon d'adultère pousse Hérode à l'exécution finale). La chambre, qui met le personnage face à soi, à ses fantômes comme à sa solitude, concentre donc à elle seule le drame domestique qui se joue sous les yeux du public. Puis, une fois la mort de Mariane annoncée, le roi, d'abord incrédule, exprime ensuite un profond désespoir, et pour cela Tristan ajoute à la description, déjà présente chez Hardy, des signes extérieurs de la folie[32] une réaction suicidaire : «*Il se jette sur l'épée de Narbal*[33]», précise une première didascalie, que prolonge une seconde, insérée quelques vers plus loin («Il veut encore prendre son épée[34]»). Il y a là de quoi animer un dénouement jugé en général trop statique, tout en rendant prévisible la mort psychique d'Hérode que constituent ses ultimes hallucinations. Comparé à celui qu'élabore Hardy, son discours est même pourvu de mouvements inédits, favorisés par le plus grand nombre de vers qui le composent désormais[35]. Tristan a en effet tout le loisir de mettre l'accent sur les contradictions du personnage, en particulier lorsque, au moment du procès, le mari jaloux se laisse attendrir par l'amour que lui inspire malgré tout la reine[36], avant de se durcir à nouveau. Jointe à la position stratégique dévolue aux scènes dont il est le protagoniste[37], la dynamique qui leur est conférée reflète l'interaction entre écriture dramatique et réalité scénique.

Il est un autre procédé auquel Tristan, à l'instar de Corneille dans *Le Cid*[38], a recours et qui lui-même mime les variations émotionnelles du héros : le monologue en stances hétérométrique, en l'occurrence celui que Mariane prononce en prison (IV, 2), alors que, chez Hardy, le passage correspondant repose tout entier, comme le reste de la pièce, sur le distique d'alexandrins. Le second est en outre plus ample que le premier et, par sa physionomie autant que par son contenu (l'aspiration à rejoindre Dieu, et la lassitude des affaires du monde), préfigure celui que, dans *La Mort de Sénèque*, le philosophe prononcera en des circonstances similaires[39].

Mais ce sont également les personnages secondaires qui, grâce à Tristan, gagnent en épaisseur. Celle-ci leur est acquise par les noms qu'ils portent (Dina en lieu et place de la nourrice, Narbal du messager, selon des figures caractéristiques de la tragédie humaniste), mais aussi par les traits qui les distinguent. Le dialogue qui, dans *La Mariane*, réunit l'héroïne et sa dame d'honneur (II, 1) ne revêt ainsi pas la forme du vif échange contradictoire que confère en revanche Hardy au sien (II, 1) au moyen de la stichomythie – ce qui a pour conséquence d'adoucir la violence des paroles elles-mêmes. L'*agôn* n'en est pour autant pas absent de l'esthétique trista-nienne, lorsque Mariane et Salomé s'affrontent en une scène (II, 2) qui n'a pas d'équivalent chez Hardy, puisque c'est alors un page qui surprend la conversation précédente. Enfin Tristan invente les per-sonnages de Phaleg et de Sadoc, les deux juges siégeant aux côtés d'Hérode[40], qui se hâte néanmoins de les faire taire[41] et offre par là une nouvelle preuve de son tempérament tyrannique.

Avec un rythme en partie déterminé par l'alternance d'amples développements et de brèves prises de parole, la dramaturgie tristanienne, telle que l'illustre *La Mariane*, se caractérise donc par une grande souplesse, indissociable du fait que l'auteur ap-plique les règles définies par les doctes dans la mesure seule où elles servent les intérêts du spectacle. En est-il de même pour *Panthée*, et quel rapport cette deuxième tragédie entretient-elle avec la pièce antérieure de Hardy ?

D'une *Panthée* l'autre

Sur ce point, la posture de Tristan s'apparente par endroits à celle que nous avons déjà constatée et, à d'autres en revanche, s'en éloigne assez nettement. Au chapitre des similitudes figure la no-mination voire la conception de personnages secondaires. À la nourrice de Panthée succèdent même deux confidentes, Charis et Roxane, qui, non contentes de prêter une oreille attentive à leur maîtresse, plaident (pour la première d'entre elles du moins) la cause d'Araspe[42]. À celui-ci sont aussi attribués deux amis, Mi-trane et Oronte, auxquels il fait part de sa détresse (III, 3) puis de son espérance (V, 1) lorsqu'il apprend la mort de son rival. Aux côtés de Cirus, enfin, se tiennent, non plus une « suite » indistincte et silencieuse, mais deux « généraux de son armée[43] », Chrisante et Hidaspe, qui, comme chez Hardy, lui offrent l'occasion de se réjouir de ses récentes victoires militaires et de se préparer aux combats à venir, avant qu'ils ne formulent des appréciations à propos d'Abradate (I, 1) et d'Araspe (III, 5), et assurent le roi du courage de ses soldats (IV, 2). Si Tristan enrichit de la sorte le personnel dramatique, c'est peut-être encore une fois pour des rai-sons qui tiennent à la constitution de la troupe chargée de jouer la pièce. Sans doute aussi l'habitude, qui s'impose de plus en plus, de faire suivre chacun des protagonistes d'une sorte de doublon af-fadi de lui-même[44], a-t-elle conduit le dramaturge à de tels ajouts.

Mais c'est surtout, comme le souligne l'auteur[45], le person-nage d'Araspe, destiné à Montdory, qui se trouve mis en lumière, au point d'apparaître comme le véritable héros d'une tragédie placée tout entière sous le signe de l'amour malheureux[46]. Tristan accepte même de modifier le dénouement suivant la proposition de d'Aubignac, très sévère dans son *Jugement* de la pièce en général[47] : au suicide de Panthée succède celui d'Araspe, en une suite éminemment pathétique, qui achève de faire du jeune homme l'incarnation par excellence du tragique en l'auréolant d'une dignité nouvelle.

Les plaintes réitérées d'Araspe infléchissent dès lors la pièce dans le sens d'une tragédie élégiaque, un peu à la manière des *Amours tragiques de Pyrame et Thisbé* de Théophile de Viau[48], dont la dimension pastorale était néanmoins inséparable de l'inspiration mythologique. Tristan écarte celle-ci au profit de celle-là seule, pour construire des scènes qui relèvent à la fois du théâtre et de la poésie lyrique, l'exemple le plus flagrant en étant le long monologue en stances que prononce le jeune homme dans un décor champêtre au début du deuxième acte[49]. L'auteur semble d'ailleurs y retrouver le plaisir du *concetto* – avec, par exemple, le *topos* du gardien symboliquement prisonnier de celle qu'il réduit en esclavage[50] – auquel *La Mariane* à l'inverse ne cédait guère[51], conformément à la promesse, formulée par Tristan, d'user avec parcimonie des « imitations italiennes », des « pointes recherchées » et des « finesses trop étudiées[52] ». Est-ce à dire que le dramaturge écrit désormais davantage comme un poète, et non ou moins « dans la perspective du Théâtre[53] », comme il le déclarait à l'occasion de la parution de sa première tragédie ? Les sirènes de la poésie auraient-elles fini par assourdir celui qui se préoccupait manifestement de la transposition scénique ? Il est un exemple parmi d'autres de l'esthétique de la moindre ornementation que continue de pratiquer Tristan en comparaison de Hardy. Pour dire à quel point son amour pour Panthée le fait souffrir, Araspe déclare notamment dans la première pièce :

Ô joug pernicieux, mariage inventé
D'un Phalare, par qui l'innocent tourmenté
Supporte d'ordinaire une fin précipite,
Les peines d'Ixion ta cruauté mérite[54].

Tristan semble s'être souvenu de ce passage lorsqu'il place dans la bouche de son personnage le vers suivant : « Je suis comme Ixion dans le Palais céleste[55] ». Non seulement le propos du second est plus court que celui du premier, mais il comprend aussi une unique référence mythologique, au lieu des deux initialement. La plus récente des deux *Panthée* possède en outre – du moins virtuellement – un atout majeur, que rappelle l'avis au lecteur. L'auteur y brosse en effet le portrait, flatteur, d'un comédien dont la « parole » et les « actions » « forment un concert admirable qui ravit tous ses spectateurs[56] ». Et d'ajouter en une métaphore cette fois picturale, elle-même courante dans le vocabulaire théâtral : «C'est de ce merveilleux imitateur que j'attendais le coloris de cette peinture[57]». Si Tristan attend de Montdory qu'il anime le personnage en lui conférant «grâce» et «vigueur[58]», l'image précédente laisse néanmoins entendre que la figure théâtrale est capable d'exister indépendamment de son interprète : la silhouette en noir et blanc qui s'offre au lecteur se trouve simplement dotée, sur la scène, d'une palette plus étendue. De quoi amender la thèse selon laquelle l'Araspe de Tristan n'aurait dû son salut qu'à l'incarnation assurée par le génial tragédien. L'ample discours que profère le personnage à l'ouverture du deuxième acte constitue ainsi un véritable morceau de bravoure, qui illustre l'ingéniosité du poète tout en permettant à l'acteur – quel qu'il soit – de faire la preuve de ses talents oratoires.

La conjonction entre poésie et théâtralité, que l'auteur tâche par ce moyen de réaliser, coïncide enfin avec la prédilection que, dans l'ensemble de ses tragédies, il manifeste pour le songe prémonitoire[59]. Celui-ci donne à chaque fois lieu à une description en forme d'hypotypose, propre à exprimer l'angoisse du personnage et laissant augurer de l'issue funeste qui l'attend. Un tel dispositif offre en l'espèce un double intérêt : il permet d'une part à l'auteur de renouer avec une pratique qui avait déjà été la sienne dans son œuvre poétique[60], d'autre part de raviver un trait caractéristique de la tragédie humaniste (les prédictions de l'ombre protatique), sans pour autant le reproduire exactement. La vision se trouve en effet chez lui incarnée par l'un des protagonistes et pleinement intégrée à la progression dramatique, avec une confusion propice au suspens[61].

Loin de nous l'intention de nier l'échec de *Panthée*[62] et les maladresses ou les nostalgies qui le justifient[63]. Ressortit aussi d'une esthétique archaïsante le procédé qui consiste à anticiper le dénouement dramatique (la mort de Mariane) pour consacrer ensuite tout le cinquième acte au dénouement psychologique (les souffrances et le délire d'Hérode)[64]. Néanmoins, en se calant sur son prédécesseur, l'auteur semble avoir pris la mesure d'une évolution cruciale, qui participe alors à l'émergence d'un théâtre nouveau : la place centrale désormais dévolue à l'acteur, au moment de la professionnalisation des troupes, notamment parisiennes. Comme le montrent les exemples d'Hérode et d'Araspe, le spectacle ne réside pas dans les seuls actes marquants accomplis par les personnages sur la scène, il est aussi dans le déploiement d'une parole empreinte de la plus grande vivacité et chargée des événements à venir. Est à cet égard remarquable le long discours, constitué de six sizains (un distique de rimes plates, suivi d'un quatrain de rimes embrassées, dans chacun d'eux), que prononce Panthée devant le cadavre de son mari[65]. La forme strophique, que revêt ainsi la scène, attire l'attention du lecteur comme du spectateur, cependant que l'émotion douloureuse qui s'y manifeste laisse craindre le pire.

S'il découvre une jeune ardeur,
Ou s'il exprime une pudeur,
Sa veine est toute douce, ou bien toute innocente ;
Mais lorsque le sujet l'oblige à s'irriter,
On trouve que sa Scène est aussi menaçante
Que les foudres de Jupiter[66].

Ces vers par lesquels Tristan résume le talent de Hardy semblent par avance refléter la variété même de son inspiration – des cris dont le roi de Jérusalem fait trembler les murs du palais[67] jusqu'à la tendre mélancolie exhalée par Araspe en un décor bucolique. L'auteur ne saurait pour autant être réduit au rôle d'héritier ou d'imitateur auquel une vaste tradition critique l'avait cantonné. Un examen approfondi de ses deux premières pièces témoigne de sa faculté de réinvention, à tel point qu'elles paraissent avoir ouvert la voie aux tragédies suivantes rédigées par l'auteur, aux plans dramaturgique et stylistique à la fois. La fureur d'Hérode dans *La Mariane* ne se comprend dès lors pas seulement à l'aune de celle qui s'empare du personnage dans la pièce homonyme de Hardy ; par son ampleur nouvelle, elle se conçoit aussi et surtout comme un des traits distinctifs majeurs de l'esthétique tragique de Tristan telle que la prolongent les scènes analogues relatives à Néron (*La Mort de Sénèque*), à Fauste (*La Mort de Chrispe*) et à la fille du Mufti (*Osman*), qui n'ont précisément pas leurs équivalents chez Hardy. Quant à la figure d'Araspe telle que s'en saisit le plus jeune des deux poètes, elle exacerbe la tendance déjà observée à conférer au discours élégiaque une place qu'il n'avait même plus guère dans la tragédie de la période précédente. C'est là qu'interviennent, en un processus décisif, la double identité et, par conséquent, la spécificité de Tristan au regard de son aîné. Le créateur de *La Mariane* ne se désolidarise en effet jamais complètement du poète lyrique qu'il est par ailleurs, ce qui ne l'empêche pas d'avoir un sens aigu de la scène. Dictée par le désespoir ou la colère, la passion vive qui étreint le héros se traduit sous sa plume par une parole et une gestuelle des plus expressives, que réunissent le discours dramatique et l'ensemble des didascalies attenantes. Rendue définitivement concluante par le génie de Montdory, l'expérience, aussi audacieuse fût-elle, se révéla ensuite hasardeuse en raison des excès auxquels elle mena Tristan.

Tristan et Hardy
Tableaux récapitulatifs

Hardy, *Mariamne*	Tristan, *La Mariane*
I, 1 : l'ombre d'Aristobule en appelle à la vengeance.	I, 1 : Hérode s'éveille en sursaut après avoir vu en songe le fantôme d'Aristobule exprimant sa colère. Le bref monologue du début est suivi, à la scène 3, du récit circonstancié du cauchemar (v. 87-139). Y sont mentionnés les «reproches» et les «imprécations» (v. 128-129) que la victime adressa *post mortem* à son assassin.
I, 2 : Hérode se réjouit auprès de Phérore et de Salomé d'être parvenu au pouvoir, mais se plaint du comportement de son épouse envers lui. Phérore attise les soupçons d'Hérode au sujet de Mariane. Salomé morigène à son tour Hérode, qui trouve néanmoins à Mariane des circonstances atténuantes.	I, 2 : Hérode et Phérore discutent du sens à donner aux songes. I, 3 : Hérode fait le récit de son cauchemar à Phérore et à Salomé. Cette dernière y voit le signe d'un malheur imminent, ce que Hérode peine à croire compte tenu de ses succès politiques et militaires. Il se plaint ensuite de la souffrance que lui inflige l'inimitié de Mariane. Salomé exprime l'hostilité que lui inspire sa belle-sœur, à laquelle elle reproche des propos haineux au sujet d'Hérode, mais celui-ci lui trouve des circonstances atténuantes.
II, 1 : Mariamne confie à sa nourrice les douleurs qu'elle éprouve et la haine que lui inspire Hérode, le «meurtrier de [s]es parents» et de son frère en particulier. La nourrice s'efforce d'apaiser la colère de la jeune femme et craint que	II, 1 : Mariane confie à Dina la haine que lui inspire le «meurtrier de [s]es parents». Elle relate ensuite les circonstances de la mort de son frère. Craignant que des oreilles indiscrètes ne l'entendent, Dina s'efforce d'apaiser la colère de

ses plaintes ne soient entendues et ne lui causent un grand tort. Mariamne répond que la mort mettrait un terme à ses souffrances. Le dialogue revêt ainsi les traits d'une véritable *disputatio*, avant d'être interrompu par l'arrivée d'un page, qui demande à la reine de rejoindre son époux.

II, 2 : Salomé charge l'échanson d'accuser Mariamne de tentative d'empoisonnement sur la personne d'Hérode. L'échanson accepte malgré ses scrupules.

---

la jeune femme, avant que le dialogue ne soit interrompu par l'arrivée de Salomé.

II, 2 : cette scène, qui n'a pas d'équivalent chez Hardy, est un échange très vif entre Mariane et Salomé. Une fois seule, cette dernière promet de se venger aidée de l'échanson.

II, 3 : Salomé achève de convaincre l'échanson d'accuser Mariane de tentative d'empoisonnement sur la personne d'Hérode.

II, 4 : Hérode chasse violemment Mariane de sa chambre.

II, 5 : Hérode confie à Salomé le refus que lui a opposé Mariane. Salomé dit son inquiétude au sujet du danger que représente à ses yeux Mariane pour Hérode.

II, 6 : en présence de Salomé, l'échanson confie à Hérode le projet d'assassinat dont il accuse Mariane. Saisi d'une violente émotion, le roi demande que l'on fasse instamment venir la jeune femme.

II, 7 : désormais convaincu de la culpabilité de Mariane, Hérode prie Phérore et Salomé d'assister au procès qu'il s'apprête à présider.

III, 1 : Hérode exprime sa colère à l'encontre de Mariamne, qui s'est une nouvelle fois refusée à lui (II, 4 chez Tristan). Il raconte la scène à Salomé, qui se réjouit de la lucidité de son frère. À l'arrivée de Phérore, Hérode lui confie également sa colère. Phérore à son tour souffle sur les braises.

III, 1 : en une courte scène, Hérode se prépare au procès.

III, 2 : Hérode est assisté de deux juges, Phaleg et Sadoc, qui n'ont en réalité guère voix au chapitre. Mariane, de son côté, réfute les accusations portées contre elle par l'échanson et n'hésite pas à raviver le souvenir des crimes

Enfin survient l'échanson, qui confie à Hérode le (prétendu) complot ourdi contre lui (II, 6 chez Tristan). Hérode laisse éclater la violente émotion que ses révélations ont éveillée en lui, et annonce la tenue d'un procès. Une fois présente, Mariamne essuie les reproches et les accusations de son mari. Persuadé de la complicité de Soême, Hérode ordonne qu'il soit arrêté. Mariamne, de son côté, n'hésite pas à raviver le souvenir des crimes passés, et dit son souhait de mourir. Convoqué, l'eunuque refuse de témoigner contre la jeune femme, comme l'y pousse le roi. Aussi est-il condamné à la torture. Soême subira le même sort, pour des raisons analogues.

passés. Le seul regret qu'elle a de mourir est de rendre ses enfants orphelins. Hérode se laisse un instant attendrir, avant de se durcir à nouveau. Il condamne ensuite Soême, qu'il juge complice, à la torture.
III, 3 : Hérode reproche à Soême d'avoir révélé à Mariane l'ordre qu'il avait jadis laissé de la faire mourir s'il ne revenait pas de sa rencontre avec Antoine. Il soupçonne Soême d'être devenu l'amant de sa femme, ce que récuse l'intéressé. Hérode le condamne alors à la peine capitale.
III, 4 : il fait de même avec l'eunuque en dépit des dénégations de ce dernier.

IV, 1 : dans une ultime prière adressée à la divinité, Mariamne se prépare à la mort (cf. IV, 2 chez Tristan). Puis le prévôt vient la chercher pour qu'elle soit confrontée à son accusateur (cf. IV, 3 chez Tristan).
IV, 2 : Hérode est partagé entre des sentiments contraires. Mais l'échanson maintient ses déclarations, et Mariamne renonce à se défendre. Plus encore, alors que son mari s'est dit prêt à faire preuve de clémence, elle rappelle les meurtres de ses père et frère, avant d'exprimer la conviction qui est la sienne que ses enfants, devenus orphelins, seront maltraités par

IV, 1 : Hérode se réjouit auprès de Phérore et de Salomé de la lucidité qu'il prétend avoir eue. Il n'en demeure pas moins partagé entre des sentiments contraires. Ses frère et sœur s'emploient à faire taire ses derniers scrupules.
IV, 2 : Mariane, en prison, se prépare à la mort.
IV, 3 : le concierge vient chercher la jeune femme.
IV, 4 : Alexandra plaint le sort de sa fille, qu'elle attend de voir passer (une scène que Tristan, à la différence de Hardy, choisit de montrer).
IV, 5 : Mariane dit au capitaine des gardes, venue la chercher, qu'elle ne craint nullement la mort. Elle exprime à nouveau

leur père. Il n'en faut pas davantage pour que Hérode se laisse emporter par sa fureur et son aveuglement.

V : le messager raconte à Hérode les circonstances de la mort de Mariamne. Le roi exprime sa douleur et en appelle à la vengeance sur lui-même. Phérore accourt, alerté par les clameurs que pousse son frère dans le palais. Salomé arrive à son tour, mais ils sont chassés par les menaces que profère à leur encontre Hérode en proie à la fureur. Persuadé un temps de la survie de la reine, il demande qu'un autel lui soit édifié.

le regret qu'elle a de laisser ses enfants (une scène qui n'a pas d'équivalent chez Hardy).
IV, 6 : aux adieux que sa fille lui adresse, Alexandra, mue par la peur d'être à son tour condamnée à mort, répond par des injures (une scène que Tristan, à la différence de Hardy, choisit de montrer ; un épisode brièvement relaté chez Hardy aux vers 1495-1518, et de nouveau évoqué chez Tristan par Narbal aux vers 1515-1524).

V, 1 : Hérode se reproche vivement d'avoir causé la mort de celle qu'il aimait.
V, 2 : Narbal relate à Hérode les derniers instants de Mariane. Le roi peine à croire en la réalité de l'événement. Tenté par le suicide, il «*se jette sur l'épée de Narbal*», puis implore le peuple de venger le meurtre de la reine, avant d'en appeler aux «Cieux».
V, 3 : Salomé et Phérore arrivent, alertés par le bruit des clameurs. Hérode leur demande de faire venir Mariane, qu'il croit encore vivante. En apprenant qu'elle est morte, il menace ses frère et sœur, qu'il estime coupables. Puis il pense voir sa femme dans le ciel.

60

Panthée

Hardy, *Panthée*	Tristan, *Panthée*
I : Cirus, avec sa «suite», célèbre ses victoires militaires et se prépare aux combats à venir – ce à quoi l'encourage Araspe. Le roi de Perse promet néanmoins de faire preuve de clémence à l'égard des peuples qu'il aura vaincus et, pour commencer, à l'encontre de l'épouse d'Abradate, devenue sa prisonnière. Survient Panthée, qui en appelle à la mort. Cirus s'efforce de la détourner du suicide et, sensible à sa vertu, il la confie aux bons soins d'Araspe. La jeune femme se réjouit du comportement respectueux de Cirus.	I, 1 : Auprès des deux généraux de son armée, Chrisante et Hidaspe, Cirus célèbre ses victoires militaires. Chrisante lui conseille néanmoins la prudence. Le roi se félicite de la mansuétude dont il sait faire preuve à l'égard de ses anciens ennemis, en particulier d'Abradate, dont l'épouse, désormais prisonnière, est traitée avec douceur. I, 2 : Cirus promet à Panthée un traitement digne d'elle. La jeune femme s'en félicite et espère qu'Abradate lui en sera reconnaissant en se ralliant à lui. Cirus recommande enfin Panthée à Araspe. I, 3 (une scène qui n'a pas son équivalent chez Hardy) : Cirus se réjouit par avance du soutien d'Abradate. I, 4 (une scène qui, elle non plus, n'a pas son équivalent chez Hardy) : Araspe salue la vertu de Panthée. Mais, en entendant le nom d'Abradate, il s'évanouit. Une fois seule avec Charis, l'une des filles d'honneur de la reine, il lui confie l'amour qu'il nourrit pour cette dernière. Charis lui conseille la tempérance, mais la passion d'Araspe est trop forte pour que la raison triomphe en lui.
Panthée survient, qui déplore ses malheurs. Puis Araspe lui déclare ses sentiments, dont la violence choque la jeune femme.	II, 1 : dans un décor champêtre, Araspe prononce un long monologue en stances, consacré à l'expression de ses souffrances. Puis il «*tire des tablettes*», sur lesquelles il inscrira ses pensées.

II, 2 : Panthée confie à sa nourrice l'outrage qu'elle a subi, puis la charge de rapporter à Cirus les propos que lui a tenus Araspe.

II, 2 (*cf.* IV, 1 chez Hardy) : Panthée fait à Charis le récit du songe qui lui a montré le fantôme de son mari. Charis s'efforce d'apaiser ses craintes. Puis les deux femmes s'approchent d'Araspe, qui se tient non loin d'elles.
I, 3 : Araspe révèle son amour à Panthée en un très long discours. La jeune femme réagit avec colère, avant de partir. C'est alors en un ample monologue qu'Araspe laisse libre cours à ses émotions.

III, 1 : Cirus s'émeut de l'attitude déplacée d'Araspe envers sa prisonnière, et s'interroge sur le comportement à adopter. La nourrice prie le roi de se montrer indulgent. À la demande de Cirus, Araspe se présente à lui. Le roi le tance vertement et assure Panthée de sa protection. Un héraut vient finalement annoncer l'arrivée et le soutien d'Abradate.
III, 2 : en un monologue initial, Abradate exprime sa crainte d'avoir été trahi par Panthée, encore qu'il n'y croie guère. Les époux ont la joie de se retrouver. Panthée fait l'éloge de Cirus à Abradate, et finit par convaincre le second de se rallier au premier.

III, 1 : Panthée fait part de son indignation à Charis, qui plaide la cause d'Araspe.
III, 2 : Roxane annonce à Panthée qu'elle vient de recevoir une lettre de son mari.
III, 3 : désespéré, Araspe en appelle à la mort et charge son ami Mitrane de faire à Panthée le récit de son décès.
III, 4 : Artabase fait savoir à Araspe que Cirus le demande.
III, 5 : Cirus exprime à Chrisante la colère que lui inspire Araspe.
III, 6 : Araspe exprime à Cirus son désir de mourir. Mais le roi peine à prendre la décision de punir celui qu'il continue d'apprécier.
III, 7 : Panthée annonce à Cirus la venue imminente d'Abradate ainsi que son soutien, qu'une lettre atteste. Puis le roi prie la jeune femme de pardonner la faute d'Araspe, ce que l'intéressée accepte.
III, 8 : Cirus fait part à Araspe du pardon que lui a consenti Panthée, mais lui défend de recommencer.

IV, 1 : Panthée confie à sa nourrice le songe annonciateur de la mort d'Abradate (*cf.* II, 2 chez Tristan). D'autres signes le lui font craindre aussi. La nourrice s'efforce d'apaiser son angoisse. Mais la jeune femme prévient qu'elle ne survivra pas à son mari. IV, 2 : un messager vient faire à Cirus le récit de la mort d'Abradate, que Cirus aussitôt déplore.	IV, 1 : Abradate se réjouit désormais de combattre aux côtés de Cirus, mais continue de s'interroger sur l'amour que Panthée a peut-être inspiré au roi. La jeune femme lui répond que Cirus n'a jamais porté les yeux sur elle et que, si elle avait été déshonorée, elle n'aurait pas hésité à se tuer. IV, 2 : Cirus est certain de la victoire de son armée contre les Lydiens. Hidaspe et Chrisante l'assurent du courage de ses soldats. Araspe s'engage à combattre à son tour pour le roi. IV, 3 : Abradate dit sa pleine allégeance à Cirus, qui s'en réjouit. IV, 4 : Calchas, le prêtre, s'apprête à rendre les sacrifices qui permettront à Cirus de triompher.
V, 1 : les pleurs de Panthée sont d'autant plus vifs qu'elle se sent coupable de la mort d'Abradate. La nourrice lui conseille de ne pas assister aux funérailles, ce que la jeune femme rejette avec ardeur. V, 2 : Cirus déplore à son tour la disparition d'Abradate. Panthée demande à être laissée seule un instant auprès du corps de son époux. Malgré l'avertissement d'Araspe, qui redoute le suicide de Panthée, Cirus accepte de se retirer. L'héroïne en profite pour se poignarder, et il est déjà trop tard lorsque la nourrice arrive. Cirus fait l'éloge funèbre du couple.	V, 1 (une scène qui n'a pas d'équivalent chez Hardy) : Oronte, le confident d'Araspe, lui relate les circonstances de la mort d'Abradate. V, 2 (une scène qui n'a pas d'équivalent chez Hardy) : Panthée se recueille sur la dépouille de son mari. V, 3 : Panthée renouvelle ses pleurs devant ses deux confidentes. V, 4 : Cirus déplore à son tour la disparition d'Abradate. Puis Panthée demande à être laissée seule auprès du corps de son époux. Elle en profite pour se poignarder. V, 5 : Charis et Roxane arrivent alors qu'il est déjà trop

Sandrine BERRÉGARD,
Université de Strasbourg,
U.R. Configurations littéraires

1   S'explique peut-être de la sorte le faible potentiel dramatique que Tristan reproche au second sujet : «c'est un champ fort étroit et fort stérile que je ne pouvais cultiver qu'ingratement» (*Panthée*, «Avertissement à qui lit» [1639], p. 152 [*in*] *Œuvres complètes*, t. 4, Paris, Champion, «Sources classiques», 2001).

2   Tristan L'Hermite, «Sur les tragédies de Monsieur Hardy» [1624] et «Sur les tragédies de Monsieur Hardy» [1626], p. 589-591 [*in*] *Œuvres complètes*, t. 3, éd. citée, 2002.

3   Avec, en particulier, la publication de ses deux recueils *Les Plaintes d'Acante* (1633) et *Les Amours* (1638).

4   [Pierre Du Ryer et Jean Auvray], *Lettres à Poliarque et Damon sur les médisances de l'auteur du Théâtre*, Paris, Targa, 1628, p. 192-200 [*in*] Giovanni Dotoli, *Temps de Préfaces. Le débat théâtral en France de Hardy à la Querelle du Cid*, Paris, Klincksieck «Bibliothèque française et romane», 1997.

5   La liste des personnages qui introduit *Didon se sacrifiant* (1624) ne mentionne ainsi pas moins de trois chœurs (éd. L. Hochgeschwender, p. 105 [*in*] *Théâtre complet*, t. 1, Paris, Classiques Garnier, «Bibliothèque du théâtre français», 2012).

6   À ce sujet, voir en particulier Christian Biet, dir., *Théâtre de la cruauté et récits sanglants en France (xvie-xviie siècle)*, Paris, Laffont «Bouquins», 2006.

7   Selon la métaphore familiale employée par Tristan lui-même à propos de *Panthée* : «n'eût été quelque secrète raison, j'eusse pris un plus favorable sujet pour donner une sœur à *Mariane*» (*Panthée*, «Avertissement à qui lit» [1639], p. 152 [*in*] *Œuvres complètes*, t. 4, éd. citée).

8   La mort de Mariane est en outre rendue d'emblée prévisible et par la colère d'Hérode et par la lassitude de l'héroïne elle-même.

9   Un tel mode de construction permet d'une part de doter d'un contenu dramatique le dernier acte, d'autre part de maintenir l'intérêt du public jusqu'à la fin du spectacle.

10   «L'auditeur qui la [la catastrophe] sait trop tôt n'a plus de curiosité, et son attention languit tout durant tout le reste, qui ne lui apprend rien de nouveau. Le contraire s'est vu dans La Mariane, dont la mort, bien qu'arrivée dans l'intervalle qui sépare le quatrième acte du cinquième, n'a pas empêché que les déplaisirs d'Hérode, qui occupent tout ce dernier, n'aient plu extraordinairement» («Discours de l'utilité et des parties du poème dramatique» [1660], p. 140 [*in*] *Œuvres complètes*, éd. G. Couton, t. 3, Paris, Gallimard, «Bibliothèque de la Pléiade», 1987).

11   À l'exemple de Georges Forestier : «C'est donc paradoxalement cet "ordre comique" devenu un ordre tragi-comique qui caractérise la résurrection du genre tragique à partir de 1634 – même si certaines pièces obéissent à une

dispositio qui relève encore de celle de la tragédie humaniste, comme *La Mort de Mithridate*, ou encore comme *La Mariane* de Tristan L'Hermite où la mort de l'héroïne intervient entre le quatrième et le cinquième acte, toute la fin de la pièce étant dévolue au désespoir furieux d'Hérode, ce que Corneille, vingt ans plus tard a analysé comme une forme d'archaïsme admirable » (*La Tragédie française. Passions tragiques et règles classiques*, Paris, Colin, coll. U, 2010, p. 189).

12   Voir le décompte que nous faisons plus bas du cinquième acte.

13   *La Mariane*, I, 1, p. 39 [*in*] *Œuvres complètes*, t. 4.

14   *Ibid.* v. 1. La mort d'Aristobule est de nouveau relatée, cette fois par Mariane (II, 1, v. 403-424, *ibid.*, p. 57-58).

15   Selon Clotilde Thouret, l'intériorisation de la vision du fantôme, qui caractérise le monologue d'Hérode chez Tristan, relève du régime de « l'illusion mimétique » (*Seul en scène. Le monologue dans le théâtre européen de la première modernité (1580-1640)*, Genève, Droz, « Travaux du Grand Siècle », 2010, p. 171).

16   *La Mariane*, I, 1, v. 14, p. 39.

17   *La Mariane*, I, 3, v. 205-330, p. 47-52.

18   *La Mariane*, I, 2, v. 21-82, p. 40-42.

19   L'intéressé le reconnaît lui-même : « Je me suis éveillé tout à l'heure en sursaut, / Après la vision la plus mélancolique / Qui puisse devancer un accident tragique » (*ibid.*, v. 18-20).

20   L'expression est de Patrick Dandrey dans *La Médecine et la maladie dans le théâtre de Molière*, Paris, Klincksieck, « Bibliothèque française et romane », 1998.

21   « À des cimetières », v. 1, p. 53 dans *Les Amours* [1638], éd. V. Adam, *Œuvres complètes*, éd. citée, t. 2, 2002.

22   « Les Médecins tiennent que les personnes fort mélancoliques sont sujettes à faire des songes épouvantables ; pour ce que les vapeurs qui s'exhalent de cette humeur terrestre et noire ne peuvent guère produire que de tristes et funestes imaginations. Vois Du Laurens au traité qu'il a fait des maladies Hypocondriaques » (« Annotations sur Les Plaintes d'Acante » [1633], p. 419 [*in*] *Œuvres complètes*, t. 2, éd. citée).

23   *La Mariane*, I, 2, v. 47-74, éd. citée, p. 41-42.

24   Alexandre Hardy, *Mariamne*, v. 1495-1518 [1624], éd. S. Berrégard, p. 644-645 [*in*] *Théâtre complet*, t. 2, Paris, Classiques Garnier, « Bibliothèque du théâtre français », 2015.

25   *La Mariane*, éd. citée, p. 98-99.

26   *Ibid.*, p. 101-103.

27   Peut-être la Villiers.

28   En raison de son caractère spectaculaire, la rencontre entre Mariane et Alexandra fait en quelque sorte partie des « scènes à faire ».

29   Comme le signale Claude Abraham dans son introduction à la pièce (éd. citée, p. 19).

30   *La Mariane*, II, 4, éd. citée, p. 68.

31   Et par sa brièveté et par la violence qui s'en dégage, cette scène fait écho à la première.

32   *Mariamne*, V, v. 1559-1714, éd. citée, p. 647-652.

33   *La Mariane*, V, 2, v. 1575, éd. citée, p. 111.

34   *Ibid.*, v. 1587.

35   L'Hérode de Tristan comptabilise 283 vers au cinquième acte, contre 124 pour celui de Hardy.

36   *La Mariane*, III, 2, v. 877-916, éd. citée, p. 80-81.

37   Les monologues d'Hérode ouvrent ainsi les premier et cinquième actes.

38   *Le Cid*, I, 7.

39   Tristan, *La Mort de Sénèque*, V, 1, p. 317-318 [*in*] *Œuvres complètes*, t. 4, éd. citée.

40 Ils sont d'ailleurs visibles sur la gravure réalisée par Abraham Bosse pour l'édition originale de *La Mariane* (éd. citée, p. 28).

41 *La Mariane*, III, 2, v. 839-854, p. 79-80.

42 Tristan, *Panthée*, III, 1, v. 774-792, p. 191 [*in*] *Œuvres complètes*, t. 4, éd. citée.

43 Comme le précise la liste des personnages initiale (*Panthée*, éd. citée, p. 154).

44 Comme le constate Jacques Scherer dans *La Dramaturgie classique en France*, Paris, Nizet, 1950 (rééd. 2014), p. 40.

45 La pièce «s'est sentie du funeste coup dont le théâtre du Marais saigne encore, et prit part en la disgrâce d'un personnage dont elle attendait un merveilleux ornement» (Tristan, *Panthée*, «Avertissement à qui lit» [1639], éd. citée, p. 152).

46 Fait significatif : chez Hardy, le récit de la mort d'Abradate est fait par un messager à destination d'Abradate (IV, 2), alors que chez Tristan il l'est par Oronte à l'adresse d'Araspe (V, 1).

47 D'Aubignac, *Jugement de la Tragédie intitulée* Panthée [*in*] *La Pratique du théâtre* [1657], éd. H. Baby, Paris, Champion, «Sources classiques», 2011 [2001].

48 Dont le rôle dans l'histoire du théâtre en France au xviiᵉ siècle fut décisif, comme le montre Bénédicte Louvat-Molozay (*L'«Enfance de la tragédie», 1610-1642 : pratiques tragiques françaises de Hardy à Corneille*, Paris, P.U.P.S., «*Theatrum mundi*», 2014, p. 91-107).

49 Tristan, Panthée, II, 1, éd. citée, p. 173-175.

50 «Je rassurai son cœur, elle troubla mon âme, / Et me donna des fers quand je rompis les siens» (*ibid.*, v. 381-382, p. 174). À rapprocher du poème en stances «La belle captive» paru en 1641 dans *La Lyre* (p. 126-127 [*in*] *Œuvres complètes*, t. 2, éd. citée).

51 On en trouve néanmoins quelques exemples. Hérode dit ainsi à propos de son épouse : «Que son cœur soit de glace, et le mien soit de feu ?» (*La Mariane*, I, 3, v. 238, éd. citée, p. 48), avant que l'héroïne ne déclare au sujet de son frère : «Ce clair Soleil levant adoré de la Cour / Se plongea dans les eaux comme l'Astre du jour» (II, 1, v. 421-422, p. 58).

52 *La Mariane*, «Avertissement», éd. citée, p. 35.

53 *Ibid.*

54 Hardy, *Panthée*, II, 1, v. 347-350, éd. S. Berrégard, p. 371 [*in*] *Théâtre complet*, t. 1, éd. citée.

55 Tristan, *Panthée*, II, 3, v. 566, éd. citée, p. 181.

56 Tristan, *Panthée*, «Avertissement à qui lit», éd. citée, p. 153.

57 *Ibid.*

58 *Ibid.*

59 Celui de Sabine, qui lui fait craindre la mort de Néron, dans *La Mort de Sénèque* (III, 2, v. 926-942), celui de Constantin, qui préfigure la mort de son fils, dans *La Mort de Chrispe* (III, 1, v. 671-702) ; enfin celui de la Sultane sœur, qui annonce la mort de l'empereur, dans *Osman* (I, 1 et II, 1, v.). Voir à ce sujet l'article de Jérôme Laubner, « 'Tant de chimères et de monstres fantasques'. Les visions intérieures dans les tragédies de Tristan L'Hermite», *Cahiers Tristan L'Hermite*, n° 39 : *Tristan et le regard*, 2017, p. 41-55.

60 Voir en particulier «Les songes funestes» et «Inquiétudes» (*Les Amours*, éd. citée, p. 76 et 86-87).

61 Car le songe prémonitoire ne coïncide jamais exactement avec le fait qu'il préfigure.

62 Comme le dit Tristan lui-même :
Je ne fais point ces vers de choix
Par qui l'oreille est enchantée ;
On enveloppe des anchois

De *Mariane* et de *Panthée* («À Mademoiselle D.D.», *Les Vers héroïques,* p. 236 [*in*] *Œuvres complètes*, t. 3, éd. citée).

63 C'est avec raison que d'Aubignac estime par exemple inconvenante la joie qu'exprime Araspe à l'annonce de la mort d'Abradate.

64 Avec un dernier acte dominé par la douleur de Thésée, l'Hippolyte de Garnier (1573), par exemple, offre une structure analogue.

65 Tristan, *Panthée*, V, 2, éd. citée, p. 219-220.

66 «Sur les tragédies de Monsieur Hardy» [1626], v. 13-18, éd. citée, p. 590.

67 Tel sera encore le cas de Néron dans *La Mort de Sénèque* (V, 4, v. 1846-1868), de Fauste dans *La Mort de Chrispe* (V, 4, v. 1535-1576) ou encore de la fille du Mufti dans *Osman* (V, 4, v. 1582-1603).

L'*AMARILLIS* DE TRISTAN L'HERMITE

Une pastorale à contre-temps[1] ?

Tristan et le modèle pastoral

Pour contribuer à la discussion portant sur le rapport du théâtre tristanien à la dramaturgie du XVIᵉ siècle, une réflexion sur le genre pastoral nous est apparue comme particulièrement apte à saisir toute la complexité de la problématique. Comme la critique l'a depuis longtemps montré, ce modèle occupe une place centrale dans l'ensemble de la production de Tristan : dans sa poésie surtout – et il n'est pas utile ici de revenir sur les motifs pastoraux présents dans *Les Plaintes d'Acante* ainsi que dans *Les Amours*, que S. Berrégard, qui a également considéré les œuvres en prose, et en particulier *Le Page disgracié*, a bien mis en lumière[2]. Le recueil des *Lettres mêlées* est lui-même traversé par ces thématiques, comme en témoignent les deux épîtres conçues à l'imitation de Guarini et du Tasse : la première (L. 57), librement inspirée du *Pastor fido*, est celle que Dorinde adresse à Silvio, et elle se situe à la fin de la section intitulée «Lettres amoureuses»; la seconde (L. 89), «Lettre d'Ariste, Pasteur illustre, à la Nymphe Amarillis», conclut elle aussi une section, celle des «Lettres mêlées», la dernière du recueil.

La première, qui reprend tels quels les lieux communs de la *lamentatio* habituelle chez les amants de pastorale, comprend notamment ce passage :

> Je n'aurais point à redouter sous votre protection, la férocité des Ours, ni des Tigres : et pourvu que je n'éprouve point votre rigueur, je n'y craindrai rien que votre absence. Je ne veux donc point vous détourner de l'imitation des Dieux, au contraire je vous sollicite d'en pratiquer les actions, comme vous en avez la ressemblance[3].

La référence à «l'imitation des Dieux», à l'intérieur d'une lettre d'inspiration pastorale, ne peut manquer de produire un effet de dépaysement. Comment, en effet, le discours élégiaque que prononce une amoureuse délaissée, dans la plus pure et donc très peu originale tradition de la pastorale, peut-il inclure un *topos* du roman libertin? Cette entorse faite à l'horizon d'attente du lecteur mérite que l'on s'y attarde.

Dans l'introduction à son édition des *Lettres mêlées*, Bernard Bray, se fondant sur le fait que la table des matières mentionne un titre, « Lettre du Pasteur Illustre », qui demeure sans équivalent dans la littérature épistolaire de fiction, formule l'hypothèse selon laquelle l'auteur aurait eu peine à classer dans son recueil les lettres pastorales et qu'il les aurait maladroitement introduites à la fin de deux sections, dont elles n'auraient pas dû faire partie ni par leur contenu ni par leur forme. Nous pensons qu'une autre explication peut être avancée, qui consiste à s'interroger sur leur rôle exact dans le volume.

Comme nous le savons, il s'agit à la fois d'une sorte de manuel, constituée de lettres fictives, et d'un recueil de lettres personnelles, adressées par Tristan à des amis, à des proches ou à des protecteurs. Pourquoi donc introduire ces deux uniques lettres pastorales qui, par leur ton et leur inspiration, auraient fort bien pu figurer parmi les « Lettres héroïques » et qui se trouvent occuper une place stratégique, à la fin des deux sections les plus représentatives et les plus riches du recueil ? Leur singularité de même que leur insertion leur confèrent, c'est certain, un relief tout particulier. Au fond, c'est l'effet déceptif qu'elles produisent qui semble intéresser l'auteur. À la fin de la section consacrée aux lettres amoureuses – toutes adressées par un galant à sa dame – se trouve précisément celle de Dorinde à Silvio, qui inverse le modèle visiblement adopté pour ce sous-ensemble ; et, à la fin de la section qui reprend le titre du recueil, se rencontre la « Lettre d'Ariste », qui n'a de fait rien à voir avec les précédentes. L'une et l'autre se distinguent en tout cas du reste par leur longueur exceptionnelle (elles occupent respectivement six et quatre pages), alors que chacune des autres comprend une seule page au plus. Par leur sujet, leur position et leur ampleur, ces lettres témoignent selon nous de la volonté de l'auteur de mettre en valeur un genre, celui de la pastorale, propice à cette « distance » dont Thomas Pavel en un sens et Laurence Giavarini en un autre ont justement mis en lumière les enjeux[4].

À considérer cette fois l'œuvre dramatique de Tristan, *Amarillis* fait figure d'hapax. Il s'agit en effet de l'unique pastorale dramatique qu'ait écrite l'auteur, et elle revêt une importance d'autant plus forte qu'elle marque le retour du poète au théâtre, cinq ans après la création de sa dernière tragédie, *Osman*. Par le sujet qu'elle développe et la position qu'elle occupe dans l'ensemble de l'œuvre, *Amarillis* apparaît donc comme un *unicum*, de la même manière que les lettres pastorales précédemment mentionnées, et témoigne peut-être de la part de Tristan d'un projet commun : se saisir d'un genre qui, comme le souligne D. Dalla Valle, est propre à « accueillir, [à] transformer ou [à] travestir ce qui avait été son inspiration tragique[5] ». D'une composition tardive eu égard à la vogue extraordinaire que connut la pastorale dramatique durant les trente premières années du XVIIe siècle, cette pièce ne semble pas être le fruit du hasard, tout comme ne l'était pas le choix d'introduire dans un recueil composite des lettres pastorales. Ces premières observations invitent à réfléchir plus avant au rôle que joue *Amarillis* dans la production d'un écrivain dont l'appartenance aux cercles libertins est discutée[6], mais dont l'aspiration à la liberté et le goût de la *varietas* sont indéniables.

L'*Amarillis* : le manuscrit disparu

Tristan aurait pu ne pas faire le choix de la pastorale dramatique, si du moins nous prêtons foi au principe d'un brouillon que Rotrou aurait laissé inachevé et dont Tristan se serait saisi pour le compléter. L'*editio princeps* d'*Amarillis*, que publient Sommaville et Courbé en 1653, comporte en effet un « Avertissement de l'Imprimeur au Lecteur », que citent volontiers les commentateurs et qui mentionne, sur le mode métaphorique, l'existence d'un texte originel : le « crayon » d'une « pastorale imparfaite » que Rotrou aurait ébauché « il y a dix-huit ou vingt ans », avant de renoncer au projet car, précise l'imprimeur, « ce genre dramatique n'était guère du temps ». L'auteur aurait alors choisi de l'habiller en comédie sous le titre *La Célimène*, une pièce dont on sait qu'elle fut jouée en 1633 et imprimée par le même Sommaville en 1636. Le projet remonterait donc au début des années 1630, alors que la pastorale entamait son déclin, sans pour autant encore disparaître. J. Scherer[7] signale ainsi, pour la seule année 1630, la représentation sur la scène française de trente et une pastorales ; le répertoire d'Al. Riffaud[8] concernant le théâtre imprimé des années 1630-1640 mentionne la publication de trente-six *editiones principes*, auxquelles il faut ajouter trente-huit réimpressions. La déclaration de l'imprimeur paraît donc *a priori* surprenante. On sait par ailleurs que, dans son édition du *Théâtre complet* de Rotrou, parue en 1820, Viollet-le-Duc annonce la mise au jour du manuscrit initial, mais ce qu'il en dit laisse quelque peu sceptique : « Il paraît que Rotrou avait composé une pastorale sur ce même sujet, sous le titre d'*Amarillis*, car après sa mort on la retrouva dans ses papiers. Elle fera partie de notre édition[9] ». La publication annoncée restera d'ailleurs lettre morte.

À cette première bizarrerie se joint l'effacement du nom de Tristan de tous les frontispices des éditions du XVIIe siècle, ainsi que de toutes les sources documentaires de l'époque. L'« Avertissement de l'Imprimeur » parle en effet d'un « bel esprit », que quelques amis de Rotrou auraient sollicité pour qu'il achève la pièce ; mais, curieusement, cet auteur n'est nommé ni dans l'édition de 1653 due à Sommaville ni dans celle de Guillaume de Luyne datant de la même année, ni dans la contrefaçon hollandaise de 1654, ni non plus dans la réédition de Luyne de 1661.

Toutefois, dans l'un des exemplaires que nous avons consulté, le nom de Tristan apparaît, écrit à la main en une graphie qui pourrait être contemporaine de la publication de la pièce[10]. Les sources du temps, à savoir Jean Loret dans *La Muse historique*[11] et Thomas Corneille dans son *Berger extravagant*[12], font de leur côté référence l'un à une pastorale jouée en mars 1652 – durant la période du Carême étonnamment – l'autre à une pièce intitulée *Amarillis*, qui, avec la lecture de *L'Astrée*, aurait causé la folie romanesque de Lysis, ce dernier l'ayant vu représenter une centaine de fois ; mais l'auteur n'y est de nouveau jamais désigné. À notre connaissance, les premiers à citer Tristan comme co-auteur de la pièce sont les historiens du théâtre du XVIIIe siècle, les frères Parfaict (1746)[13], bientôt suivis de Mouhy (1752)[14] et de Léris (1763)[15].

Cet anonymat pourrait s'expliquer par des considérations éditoriales et commerciales. En effet, le privilège d'*Amarillis* de 1653 étant identique à celui qu'avait reçu *La Célimène* en 1636, Sommaville a peut-être voulu éviter d'avoir à solliciter une nouvelle autorisation, surtout en raison des frais qu'une seconde impression aurait engendrés. Se comprendrait ainsi mieux le fait que le titre met toujours en évidence le nom de Rotrou en taisant celui du second poète. Il semble pourtant assez curieux que Tristan – si c'est bien lui – n'ait pas été informé de la situation, lui qui pourtant suivait de très près le travail des ateliers d'imprimerie[16].

Cependant, si nous observons les deux pièces – en l'absence du manuscrit-fantôme – leur proximité frappe d'emblée. L'*inventio* et la *dispositio* leur sont en effet communes : des 1658 vers que compte *La Célimène*, 982 sont repris tels quels, ce qui correspond aux deux tiers d'*Amarillis*. Seraient donc de la plume de Tristan 600 vers environ, auxquels il faut ajouter les 82 présentant de micro-variantes, qui vont d'un hémistiche à un simple lexème[17]. Nous reviendrons sur cet aspect, pour le rapporter à la tradition théâtrale du XVIe siècle.

Tristan aurait donc pu consentir à retravailler la pièce de Rotrou, sur laquelle Sommaville avait encore des droits, en en faisant une pastorale, selon un registre qui lui était depuis longtemps cher, alors qu'il ne s'était encore jamais essayé au genre comique. En accord avec l'éditeur, il aurait accepté de reprendre une pièce à succès, sans avoir toutefois à bâtir toute l'intrigue, en une période où son état de santé commençait sérieusement à se dégrader. Quant à sa dernière pièce, *Le Parasite*, imitée d'une comédie italienne du XVIe siècle, elle doit beaucoup à l'héritage théâtral de la période antérieure[18]. Pour dissimuler le montage dont *Amarillis* semble être le résultat, aurait été convoqué un des plus anciens *topoï* – celui du manuscrit miraculeusement exhumé – afin de rendre l'affaire rentable pour l'éditeur, mais aussi pour le dramaturge lui-même, dont la situation financière n'était alors pas des plus florissantes. Peu d'efforts pour un gain possiblement conséquent donc. Sommaville n'en était du reste pas à son coup d'essai : en 1634, il avait obtenu un privilège pour la tragi-comédie de Rotrou *Cléagénor et Doristée*, qu'il publia sans nom d'auteur, et sans même l'accord de son créateur, avec un avis au lecteur expliquant que cette excellente pièce lui avait été remise par un inconnu, qui n'avait pas voulu révéler l'identité de l'auteur ! Rotrou poursuivit le libraire et gagna son procès, avant de reprendre sa collaboration avec lui[19].

Si nous jugeons ce scénario plausible, alors la lecture que nous faisons d'*Amarillis* et de ses modèles inclura le fait qu'il s'agit d'une réécriture, fondée sur le passage d'un genre à un autre, de la comédie à la pastorale. Un tel processus offrait à Tristan l'opportunité de changer de registre – en comparaison de ses tragédies précédentes – et de revivifier une catégorie de pièce qui bénéficiera, dans la seconde moitié du siècle, d'un regain d'intérêt. Celui-ci mérite néanmoins d'être modulé car, si entre 1650 et 1699 on comptabilise vingt-trois pastorales, il apparaît que quatre d'entre elles seulement ont été conçues pour la scène, les dix-neuf autres relevant avant tout de la danse et de la musique. La publication en 1659 de la première pastorale en musique, celle de Perrin et Cambert, pose ainsi les bases d'un genre de spectacle inédit, l'opéra français, promis à un riche avenir.

En installant les personnages de Rotrou dans un cadre bucolique, Tristan avait certainement à l'esprit les pastorales de ses devanciers. L'analyse des modifications introduites pour aboutir à la pièce que l'on sait permettra de mieux saisir les thèmes, les motifs ou encore les stylèmes que l'auteur d'*Amarillis* jugea décisifs pour la constitution d'un drame pastoral comme le sien. Et c'est par ce canal que sera ici posée la question de l'influence du théâtre du XVIᵉ siècle sur la dramaturgie tristanienne.

Amarillis et la pastorale française du XVIᵉ siècle : une apparente continuité

Comme l'atteste toute une littérature critique, la pastorale française de la fin du XVIᵉ et du début du XVIIᵉ siècle est largement redevable à la dramaturgie italienne de la Renaissance.

La pastorale tragique – puisque c'est elle qui permet l'irruption sur la scène française des motifs italiens – connaît un premier développement en France, de 1585 à 1610[20]. C'est durant cette période que se forme le drame pastoral, grâce à des poètes comme Nicolas de Montreux, Siméon Guillaume de La Roque et Antoine de Montchrétien, qui fixent une forme théâtrale promise à un bel avenir sous l'égide du baroque. L'ensemble de la production contribue à imposer un modèle de spectacle qui se situe dans le prolongement de la période antérieure – du moins en ce qui concerne les pratiques scéniques comme le décor à compartiments – quand il ne s'agit pas plus fondamentalement de la structure intrinsèque des pièces. Mais, à vrai dire, ce sont surtout les thèmes développés qui caractérisent le théâtre pastoral du temps : des motifs y sont repris, toujours semblables à eux-mêmes – ce qui permet véritablement au genre de se distinguer. Durant la période citée[21] vingt-trois pièces au moins sont jouées et imprimées sur le territoire français, et elles forment un corpus très homogène. Il est ici nécessaire d'en dresser la liste, afin de mieux comprendre l'originalité de Tristan en la matière. C'est la dimension esthétique qui nous importera plutôt que les enjeux politiques, auxquels *Amarillis* n'accorde guère d'importance, à la différence d'autres pastorales.

Le sujet principal, on le sait, en est l'amour, dont l'expression s'accompagne de nombreux débats et d'une véritable casuistique : l'opposition entre constance et inconstance, loyauté et déloyauté trouve à s'incarner dans des dialogues agonistiques ou des monologues lyriques, par lesquels les bergers malheureux font entendre leurs tristes voix. Dans la plupart des cas, la chaîne amoureuse repose sur l'absence de réciprocité, ce qui entraîne le désespoir de nombreux protagonistes. La tentation du suicide, qui atteint plusieurs d'entre eux, finit heureusement par disparaître, pour laisser la place à un dénouement matrimonial des plus réjouissants.

Le décor pastoral, ensuite, est celui d'une campagne idéalisée, qui se compose de champs, de bois, d'eaux mouvantes et de grottes, que viennent peupler bergers et bergères, entourés d'un personnel immuable : un magicien ou une magicienne, une vieille femme qui, en invoquant le *carpe diem*, tente d'infléchir celle qui a décidé de consacrer sa vie à la déesse Diane. On y rencontre aussi des héros mythologiques ainsi que des dieux, en particulier Diane, Apollon et Cupidon, mais aussi des dryades, des nymphes et des satyres. Ces derniers précisément se signalent par leur lubricité : alors qu'ils sont sur le point de violer une innocente bergère, un berger vole opportunément à son secours, ce qui lui vaut une éternelle reconnaissance. De manière générale, les satyres sont régulièrement aux prises avec les vertueux bergers, quand ils n'ont pas à affronter Diane et ses nymphes. Il arrive aussi que le satyre se fasse le conseiller d'un berger[22] ou qu'il soit lui-même touché par l'amour[23]. Dans une seule pièce, *La Galathée* de Fonteny, avons-nous trouvé un groupe de satyres qui, après avoir en vain aidé un berger à accomplir ses amours, se suicide avec lui[24]. La dimension mythologique constitutive de la pastorale dramatique se traduit enfin par des types de discours très codifiés : les appels à l'aide prononcés par les bergers s'adressent volontiers aux dieux de l'Olympe, qui ne sauraient dès lors exister que sous cette forme.

L'éloge de la vie champêtre et du bonheur qu'elle permet, par opposition à la vie urbaine ou curiale, constitue un des principaux *Leitmotive* de la pastorale. La scène de l'Écho, que consultent les bergers, en est aussi un passage obligé. L'idéalisation du monde campagnard, qui résulte d'une telle représentation, inclut une part de merveilleux, qui rapproche encore une fois la pastorale de la fable mythologique : la pomme empoisonnée, la fontaine d'amour ou d'oubli, les philtres magiques, les métamorphoses, l'apparition au milieu du ciel d'une main ensanglantée sont autant de motifs qui participent à la progression de l'intrigue et qui se situent de préférence à la fin de la pièce. Peu chargée dramatiquement, l'action finit par s'emballer, et l'irruption d'une force surnaturelle favorise le processus, ouvrant la voie à un dénouement nuptial multiple.

Parmi les scènes-types caractéristiques de la pastorale figure celle qui montre une bergère endormie, son amant profitant alors de la situation pour déposer un baiser sur ses lèvres ou son sein – en une posture qui enfreint clairement la règle des bienséances[25]. Lorsque le sommeil touche un personnage masculin, celui-ci est sujet à un rêve prémonitoire, qui lui annonce l'heureuse issue de ses amours. Le travestissement, enfin, est un procédé auquel les auteurs ont volontiers recours et qui joue lui-même le rôle d'adjuvant en favorisant les amours des bergers. Comme le songe, il est parfois le moyen d'animer la scène ou de révéler une vérité (un fantasme d'homosexualité) en dépit des malentendus qu'il engendre.

Sur le plan structurel, la pastorale associe aux thématiques champêtres des réminiscences du roman chevaleresque. Ainsi en est-il par exemple des débats qui, dans une pièce de Du Souhait, opposent les figures allégoriques de Beauté et d'Amour[26], ou encore de l'affrontement, qu'imagine Blambeausault dans la sienne, entre un chevalier et un berger[27]. Une seule fois, dans *La Bergerie* de Montchrétien, la situation manque-t-elle de tourner au tragique, avec la libération, obtenue *in extremis*, d'une bergère destinée au sacrifice[28].

À l'inverse, il arrive que la pastorale touche au comique le plus franc, celui de la farce ou de la sotie. L'un des exemples en est *L'Arimène* (1597) de Nicolas de Montreux, qui fait reposer le comique sur deux personnages, le premier étant le valet Furluquin, arrivé à la suite d'un naufrage qui lui a fait perdre son maître. Tenaillé par une faim irrépressible, il fait son apparition à la scène 3 du premier acte, au moment où Circimène, un vieux magicien épris d'une jeune bergère, invoque les démons dans l'espoir de guérir son mal d'amour. Furluquin ne cesse de lui réclamer à manger, ce qui provoque la colère de son interlocuteur, empêché par cette compagnie qu'il n'attendait pas. Le magicien va jusqu'à solliciter la mort du valet, qui, en retour, se moque de lui et adopte un langage familier, avant d'expliquer, sur un mode parodique, que sa disparition lui permettrait de manger d'un seul coup «les enfers, les diables et les esprits». Par la suite, le valet rencontre le pédant Assave[29] – autre type de la comédie italienne – qui s'adresse à lui en un latin de circonstances et qu'il prend pour un diable. Les deux personnages se retrouvent à la scène 5 de l'acte II, pour un véritable dialogue de sourds :

> ASSAVE. – Tu fuisti ille, qui ce matin
> M'a violé. FURL. – Que diable veux-tu dire?
> ASSAVE. – Injuriam non ferre je desire,
> FURLUQUIN. – S'il est ferré, c'est un asne ou cheval[30].

Dans la première scène de l'acte III, le valet se déclare amoureux de la bergère Argence, qui s'estime bien supérieure à ses anciennes maîtresses et le repousse au nom de sa grossièreté et de sa laideur. L'amant éconduit exprime alors sa souffrance à la manière du personnage burlesque qu'il est : «Mais la voilà ceste meschante garse / Qui m'a brulé cœur, tripe et carcasse[31]». Furluquin ne se décourage pour autant pas : il tente à nouveau sa chance en réclamant un baiser puis, après s'être vu opposer un refus, en forçant la jeune fille à l'embrasser. Celle-ci appelle à l'aide, Arimène et le magicien accourent, mettant en fuite Furluquin, en une séquence marquée du sceau de la grivoiserie[32].

Mais qu'en est-il au juste d'*Amarillis* et des liens qui l'unissent à la tradition pastorale? Comme l'a souligné R. Guichemerre[33], les apports tristaniens se limitent à des passages précis. Tristan fait le choix de noms plus habituels dans la littérature pastorale (Célimène devient Amarillis, sa sœur Félicie Daphné, et ainsi de suite). Mais le noyau de l'intrigue demeure inchangé, à savoir le travestissement entrepris par Bélise pour prouver à Tyrène, dont elle est amoureuse, qu'elle parviendra à séduire Amarillis, insensible jusqu'à présent aux charmes de l'amour malgré les sollicitations répétées du jeune homme. Sur ce triangle amoureux se greffent encore d'autres personnages : des bergers fidèles, comme ceux qui sont attachés au service d'Amarillis et de Daphné respectivement. Celle-ci succombera d'ailleurs aux beautés de Bélise, appelée désormais Cléonte, qui gagnera aussi le cœur de la première bergère. Le dénouement attendu est la célébration d'un triple mariage.

La chaîne amoureuse, l'inconstance, le déguisement sont déjà présents dans la comédie de Rotrou, qui comprend aussi des passages lyriques. Ce sont ces derniers que Tristan remplace par des compositions personnelles, poétiquement supérieures aux vers initiaux et traversées de motifs typiques de la pastorale (l'expression d'un désespoir profond, la souffrance amoureuse).

L'auteur d'*Amarillis* emprunte aussi à *L'Astrée* la mention de la fontaine de la vérité d'amour ainsi que le cadre géographique, sur les bords du Lignon ou dans le palais d'Ysoure, et non à Paris comme l'avait imaginé Rotrou.

Tristan écarte en revanche les nombreuses références mythologiques présentes initialement, comme l'illustrent les vers suivants :

> Ce bois est-il Amour, le séjour de ta Mère ?
> Est-ce le bois de Paphé ou celui de Cythère[34].

ou encore ceux-ci :

> De quelque insigne Amour qu'on ait jamais parlé,
> L'ardente passion, pour qui Troie a brûlé ;
> (...)
> Les amours de jadis, et toutes les traverses
> Qui faisaient prendre aux Dieux tant de formes diverses,
> Leurs accès les plus forts, leurs feux les plus pressants,
> Sont l'ombre seulement des ardeurs que je sens[35].

L'auteur semble avoir renoncé à cette dimension, dont la fonction, dans la pastorale, est surtout ornementale. Il ignore tout autant le merveilleux : si, comme nous l'avons dit, subsiste le motif de la fontaine de la vérité d'amour, ce dernier ne joue toutefois aucun rôle dans le dénouement de l'intrigue, à la différence de ce que l'on observe dans *L'Astrée* et les pastorales du XVIe siècle. Sa présence ici permet de respecter les bienséances : l'invitation à monter dans sa chambre, que Daphné adresse à Cléonte dans *La Célimène*, devient une rencontre auprès de la fontaine. À la fin, chacun des amants retrouvera celle qui lui était destinée, exactement comme l'avait prévu Rotrou.

Le souci de la vraisemblance n'est pas non plus étranger à Tristan, comme nous pouvons le constater dans la scène première de l'acte I d'*Amarillis*. Bélise relate sa première rencontre avec Tyrène au cours d'un bal, ce qui était aussi le cas de Florante et de Filandre dans la comédie de Rotrou. Mais Tristan ajoute à la situation les vers suivants, et avec eux, un thème nouveau :

> Il [Tyrène] fit de notre hymen entretenir mon Père.
> Pour gagner ce vieillard il ne lui manquait rien :
> Il avait le mérite, et l'esprit, et le bien.
> Ce dernier suffisait pour le pouvoir surprendre :
> Quiconque est riche enfin partout peut être gendre[36].

77

L'insistance sur la richesse, significative dans le contexte de la comédie, exprime le détachement ironique d'un auteur dont les poèmes affichent volontiers un mépris pour l'argent[37]. Par ailleurs, Tristan précise que le départ de Lyon de Tyrène avait été consécutif à un duel, dont il était sorti victorieux après avoir tué l'un de ses rivaux. Une précision qui noue un lien entre la scène et la troisième du même acte. En effet, dans *La Célimène*, Florante se retrouvait face à Filandre, qui l'avait abandonnée et qui répondait avec cynisme aux reproches de son interlocutrice :

> FILANDRE. – Me dispenserez-vous de discours superflus ?
> Le dirais-je en un mot, je ne vous aime plus.
> FLORANTE. – Ô sensible douleur ! ô perte irréparable !
> Est-il à mes ennuis un tourment comparable.
> Qui m'ouvre les enfers ? Qui me perce le sein ?
> FILANDRE. – Ô vous n'en mourrez pas[38] !

Ce passage est absent de la version de Tristan, dans laquelle l'inconstant Tyrène justifie son attitude par les circonstances que nous venons d'évoquer :

> Mais ne m'accuse point d'être à tort infidèle ;
> Puisque tu la causas, tu sais bien ma querelle.
> Dorilas étant mort, sans longtemps consulter,
> Pour venir en ces lieux il fallut s'absenter,
> Tandis que mes parents s'employaient pour ma grâce.
> Par je ne sais quel sort, m'en allant à la chasse,
> Je vis Amarillis, dont l'éclat me ravit[39].

La transformation opérée, qui consiste à éloigner l'inconstant, renforce la vraisemblance de la situation et contribue à adoucir le caractère du personnage, dans la mesure où sa fuite l'excuse partiellement et où il ne traite plus avec cynisme l'amour de Bélise. Cette attitude rappelle la douceur habituelle des bergers de pastorale, qui se distinguent en outre par leur noblesse d'âme. Le motif du duel est repris par Rotrou à l'acte IV, en une simple esquisse, que Tristan complète en mettant l'accent sur l'éthique aristocratique et les valeurs qui la fondent :

> PHILIDAS. – Arrête Celidan. Nous sommes offensés,
> Et prendre un Cavalier avec cet avantage,
> Ce serait lâchement repousser un outrage.
> Il nous en faut user avec moins de rigueur :
> Son frère a témoigné qu'il est homme de cœur,
> Il s'en pourra servir, et le moindre intervalle
> Fera voir entre nous une partie égale[40].

Ce motif accroît donc la cohésion de la pièce et lie entre elles des scènes distantes les unes des autres.

Une modification, plus cruciale encore, mérite enfin d'être relevée : il s'agit des scènes que Tristan consacre aux satyres et auxquelles la critique a été particulièrement sensible. Ces scènes ont probablement contribué au succès d'*Amarillis* auprès du public[41]. Le comique et le grotesque attachés à cette catégorie de personnages étaient bien présents dans les pastorales du xvie siècle, mais le genre tel qu'il se développe ensuite dans les années 1630 les fait tout bonnement disparaître[42]. Si Tristan se montre réticent à parsemer les discours de ses bergers de références mythologiques, l'introduction des satyres contredit en quelque sorte ce choix esthétique. Celui-ci est d'autant plus remarquable que le dramaturge confère au procédé une certaine originalité. Les inventions qui lui sont imputables ont été largement étudiées par R. Guichemerre[43], sans pour autant que l'analyse en ait été exhaustive. Aussi le dossier mérite-t-il d'être rouvert.

Les satyres mis en scène dans les pastorales françaises de 1585 à 1610 sont l'expression même de la lubricité, par opposition à l'idéal de l'honnête amour prôné par les bergers. Nous les découvrons aussi dans des situations ridicules, lorsque les défenseurs des bergères leur assénaient des coups de bâton. Il arrive néanmoins que le contraste entre Éros et Anteros, qui résulte d'une telle confrontation, soit nuancé : les satyres deviennent alors les soutiens des bergers, qui, à leur tour, peuvent se révéler mus par de puissants désirs[44]. Symétriquement, il arrive que les satyres éprouvent un amour pur et soient gagnés par un désespoir qui les conduit au suicide.

Avec la description qu'ils donnent à entendre de corps féminins fortement érotisés, les satyres peints par Tristan nourrissent l'imagination des spectateurs. Ils ne s'en hissent pas moins au rang de personnages grâce aux particularismes attachés à chacun d'eux, comme par exemple leurs caractères impulsifs ou réfléchis. Plus encore, c'est à eux que sont attribués les passages comiques d'*Amarillis*. Le burlesque, dont nous avons pu constater la rareté dans les drames pastoraux du xvie siècle, résulte donc de la part de Tristan d'un choix délibéré. Pour autant le poète ne cède pas aux facilités de la farce, comme le fait Montreux dans son *Arimène*. Le rire fait ici appel à des ressorts éprouvés : la répétition d'un mot ou d'une situation, l'évocation du bas corporel ou encore le quiproquo réunissant deux personnages ridicules (le pédant et le glouton). Il s'agit là d'une forme de comique auquel le poète n'est guère accoutumé, lui qui privilégie d'ordinaire les raffinements de la pastorale, mais le dispositif mis en œuvre dans *Amarillis* met d'autant mieux en lumière la noblesse des bergers. Ainsi paraît-il s'accorder en tous points à l'éthique que porte la société aristocratique de la seconde moitié du XVIIᵉ siècle.

Qu'il s'emploie à rendre les situations dramatiques plus vraisemblables et plus conformes au principe des bienséances, ou qu'il mobilise de nouveaux *topoï* issus de la tradition pastorale – quitte à les adapter aux normes esthétiques du temps, comme l'a montré l'amoindrissement du merveilleux et des références mythologiques, ou encore l'affirmation de valeurs propres à la société aristocratique du temps – Tristan procède donc à un travail de refonte à partir d'une pièce à laquelle il donne une coloration plus moderne.

Ce faisant, l'auteur témoigne d'une préoccupation qui le guide tout au long de sa carrière de dramaturge : assurer la réussite du spectacle dont chacune de ses pièces est issue. Les longs monologues, les jeux de stichomyhies, des figures de style tels que l'*adynaton* ou encore les échanges avec la déesse Écho – autant de procédés caractéristiques des pastorales dramatiques du XVIᵉ siècle – disparaissent de la pièce de Tristan. L'attention accordée au spectacle est également attestée par des ajouts qui fonctionnent telles des didascalies internes, quand ils n'assurent pas la transition d'une scène ou d'un acte à l'autre – un trait qui ne se rencontre pratiquement pas dans les pastorales de la Renaissance. Tout cela montre que Tristan est un dramaturge résolument moderne et qu'*Amarillis* est loin d'être la pièce archaïsante que trop de commentateurs ont cru voir en elle.

Laura RESCIA,
Università degli Studi di Torino

---

1   Article revu et corrigé par Sandrine Berrégard, Florence Orwat et Sophie Tonolo.

2   Sandrine Berrégard, « Tristan et la pastorale. Des *Plaintes d'Acante* à l'*Amarillis* », *Cahiers Tristan L'Hermite*, n°28, 2006, p. 14-30.

3   Tristan L'Hermite, *Lettres mêlées*, éd. B. Bray, *Œuvres complètes*, t. 1, Paris, Champion, « Sources classiques », 1999, lettre LVII, p. 131-136, cité p. 131.

4   Thomas Pavel, *L'Art de l'éloignement. Essai sur l'imagination classique*, Paris, Gallimard, « Folio », 1996, p. 19-58 ; Laurence Giavarini, *La Distance pastorale. Usages politiques de la représentation des bergers (XVIᵉ-XVIIᵉ siècles)*, Éditions de l'École des Hautes Études en Sciences Sociales, J. Vrin, « Contextes », 2010.

5   Daniela Dalla Valle, « Dépaysement pastoral. La fuite et le déguisement dans l'*Amarillis* », *Cahiers Tristan L'Hermite*, n°1, 1979, p. 19-27.

6   Voir notre article « Stratégies d'écriture libertine dans l'œuvre de Tristan L'Hermite », *Croyance/Incroyance au temps de Tristan L'Hermite, Cahiers Tristan L'Hermite*, n°35, 2013, p. 11-21.

7   Jacques Scherer, *La Dramaturgie classique en France*, Paris, Colin, 2014 [1950], p. 613.

8   Alain Riffaud, *Répertoire du théâtre français imprimé au xvii* siècle (1600-1699)* : https://repertoiretheatreimprime.yale.edu/ (consulté le 07/04/2020).

9   *Œuvres de Jean Rotrou*, éd. E.L.N. Viollet-le-Duc, Paris, Desoer, 1820, t. 2, p. 79.

10   Antoine de Sommaville, 1653, Bibliothèque de l'Arsenal : GD-458 (2).

11   Jean Loret, *La Muse historique*, éd. J. Ravenel, E.V. de la Pelouze, t. 1 (1650-1654), Paris, Jannet, 1857 ; t. 3, lettre onzième, v. 83-98, p. 224.

12   Thomas Corneille, *Le Berger Extravagant, pastorale burlesque*, Paris, Guillaume de Luyne, 1653, I, 3, v. 205-214, p. 9.

13   François et Claude Parfaict, *Histoire du théâtre François depuis son origine jusqu'à présent*, Paris, Le Mercier et Saillant, 1746, t. 7, p. 328-338 et t. 8, p. 160.

14   Charles de Fieux Mouhy, *Tablettes dramatiques, contenant l'abrégé de l'histoire du théâtre français*, Paris, Sébastien Jany, 1752, p. 12.

15   Antoine de Léris, *Dictionnaire portatif historique et littéraire des théâtres*, Paris, C.A. Jombert, 1763, p. 695.

16   Al. Riffaud, «Tristan L'Hermite : le page sans disgrâce», *L'Aventure éditoriale du théâtre français au xvii* siècle*, Paris, P.U.P.S., «Histoire de l'imprimé, références», 2018, p. 65-72.

17   Ces microvariantes relèvent d'un souci de modernisation dans l'expression. La ponctuation est souvent revue, l'ordre des lexèmes parfois inversé, et surtout le lexique y est modernisé ou améliorée la formulation : ainsi, par exemple, *donner* remplace *bailler, appas mérite, vous me dispenserez je sois dispensée*.

18   D. Dalla Valle, «*Le Parasite* et la comédie italienne. Della Porta et De Fornaris», *Cahiers Tristan L'Hermite*, n° 10, 1989, p. 51-56 ; Roger Guichemerre, «*Le Parasite* de Tristan. Archaïsme et modernité», *Cahiers Tristan L'Hermite*, n° 11, 1989, p. 32-46.

19   Al. Riffaud, «Jean de Rotrou : 'je demeure à seize lieues de l'imprimerie'», *L'Aventure éditoriale...*, *op. cit.*, p. 53-64, cité p 53.

20   Jules Marsan, *La Pastorale dramatique en France à la fin du xvi* et au commencement du xvii* siècle*, Paris, Hachette, 1905, p. 174.

21   Nous remercions Daniela Dalla Valle de nous avoir communiqué ses fichiers et de nous avoir permis d'accéder à sa bibliothèque personnelle. Les pièces constituant notre corpus sont les suivantes : Nicolas de Montreux, *Athlette* (1585) ; Jacques de Fonteny, *L'Eumorphopémie ou le beau pasteur* (1587) ; *id.*, *La Galathée* (1587 ?) ; Nicolas de Montreux, *La Diane* (1594) ; *id.*, *Arimène* (1597) ; Siméon Guillaume de La Roque, *La Chaste Bergère* (1597) ; Pierard Poulet, *Clorinde* (1598) ; Jacques de La Fons, *Amour vaincu* (1599) ; François Du Souhait, *Beauté et Amour* (1599) ; Antoine de Montchrétien, *Bergerie* (1601) ; Sr. De La Vallettrie, *Chasteté repentie* (1602) ; Anonyme, *Les Infidèles fidèles* (1603) ; J. D. L. sieur de Blambeausaut, *L'instabilité des félicités amoureuses* (1605) ; Pierre Troterel, *La Driade amoureuse* (1606) ; Alexandre Hardy, *Alphée, ou la Justice d'amour* (1606) ; Antoine Gautier, *L'Union d'Amour et de Chasteté* (1606) ; Jean d'Estival, *Le Bocage d'amour* (1608) ; P. du Pescher, *L'Amphithéâtre pastoral* (1609) ; Du Mas, *La Lydie* (1609) ; R. Bouchet sr. D'Ambillou, *Sidère* (1609) ; Isaac Du Ryer, *Les Amours contraires* (1609) ; Paul Ferry, *Isabelle, ou le desdain de l'amour* (1610) ; Pierre Troterel, *Theocris* (1610).

22   I. D. L. sieur de Blambeausaut, *L'Instabilité des félicités amoureuses* (1605).

23   [Anonyme], *Les Infidèles fidèles* (1603) ; Alexandre Hardy, *L'Alphée* (1606). Dans deux autres pièces, c'est Pan lui-même qui s'éprend d'une bergère : Siméon Guillaume de La Roque, *La Chaste Bergère* (1597) ; Du Souhait, *Beauté et Amour* (1599) ; Alexandre Hardy, *L'Alphée* (1606) ; Antoine Gautier, *L'Union d'Amour et de Chasteté* (1606).

24   Jacques de Fonteny, *La Galathée* (1587 ?).

25 Nicolas de Montreux, *Athlette* (1585).
26 Du Souhait, *Beauté et Amour* (1599).
27 I. D. L. sieur de Blambeausaut, *L'Instabilité des félicités amoureuses* (1605).
28 Antoine de Montchrétien, *La Bergerie* (1601).
29 Pour une étude sur le personnage du pédant, nous renvoyons à l'ouvrage de Jocelyn Royé, *La Figure du pédant de Montaigne à Molière*, Paris, Droz, «Travaux du Grand siècle», 2008.
30 Nicolas de Montreux, *L'Arimène, ou berger désespéré*, Paris, Saugrain et Guillaume des Rues, 1597, p. 52.
31 *Ibid.*, p. 60.
32 Au moyen d'un sortilège, le magicien fera «brusler le cul» de Furluquin !
33 Nous renvoyons à son introduction à *Amarillis*, éd. citée, p. 113-120.
34 Jean de Rotrou, *La Célimène* [1636], v. 652-653, éd. V. Lochert, p. 133 [*in*] *Théâtre complet.*, t. 4, Paris, S.T.F.M., 2003.
35 *Ibid.*, v. 1174-1175 et 1180-1183, p. 170.
36 Tristan L'Hermite, *Amarillis*, éd. citée, v. 125-129, p. 128.
37 Sur ce point, voir Laurence Tricoche-Rauline, *Identité(s) libertine(s). L'écriture personnelle ou la création du soi*, Paris, Champion, «Libre pensée et littérature clandestine», 2009, p. 656-657.
38 Rotrou, *op. cit.*, v. 210-215, p. 105.
39 Tristan L'Hermite, *Amarillis*, éd. citée, v. 214-222, p. 132.
40 *Ibid.*, v. 1035-1041, p. 171.
41 Parfaict, *op. cit.*, t. 7, p. 328.
42 Françoise Lavocat, *La Syrinx au bûcher : Pan et les satyres à la Renaissance et à l'âge baroque*, Paris, Droz, «Travaux d'Humanisme et Renaissance», 2005, p. 382.
43 R. Guichemerre, «Tristan poète érotique. La première scène des satyres dans *Amarillis*», *Cahiers Tristan L'Hermite*, XIX, 1997, p. 40-49.
44 Dans la *Lydie* de Du Mas (1609), inspirée de l'*Aminte*, le berger Aphée tente de violer Lydie.

CHORALITÉS TRISTANIENNES

Échos des chœurs humanistes
dans *La Mariane*, *La Mort de Sénèque* et *Osman*

«Héritier», «intermédiaire», «fondateur», autant d'épithètes que la critique a depuis longtemps associées à Tristan L'Hermite, signalant à quel point son œuvre dramatique, au carrefour de nombreuses influences – sur le plan synchronique comme sur le plan diachronique –, avait constitué en son temps un véritable «kaléidoscope» esthétique[1]. On a notamment souligné sa dette envers les auteurs du XVIᵉ siècle, et la manière dont Tristan se réapproprie plusieurs de leurs usages tout en les adaptant aux exigences de l'époque. Ont été repérés, par exemple, certains ressorts dramatiques à l'image des songes qui hantent presque toutes ses fables et qui, tout en apportant une touche «archaïque» à son théâtre[2], sont retravaillés de façon à heurter le moins possible les nouvelles exigences de vraisemblance, voire à les conforter d'une manière originale. Chez Tristan, comme ce sera le cas aussi chez Corneille et Racine, les rêves (et les oracles) servent non seulement à nourrir l'analyse psychologique des personnages, mais ils sont encore l'occasion de consolider l'unité d'action en préfigurant la fin de la pièce dès son ouverture[3].

Or, pour interroger les liens que l'œuvre tristanienne entretient avec les traditions dramatiques de la Renaissance, il convient de s'intéresser à son rapport aux chœurs tragiques. Ces derniers occupaient une place prépondérante dans l'économie des pièces du XVIᵉ siècle et jusqu'à celles d'Alexandre Hardy dont Tristan – ce n'est plus à prouver – s'inspire largement d'un point de vue thématique autant que formel[4]. Par conséquent, les choix de l'auteur vis-à-vis de la reconfiguration – ou non – des fonctions chorales peuvent éclairer sa démarche vis-à-vis des dramaturgies passées et de leur adaptation à la nouvelle poétique de la tragédie parlée. En effet, nous aimerions montrer que plusieurs des tragédies de Tristan L'Hermite sont tributaires des usages choraux du théâtre de la Renaissance, adaptés toutefois aux contraintes du nouveau théâtre régulier, à commencer par la nécessité d'effacer le personnage choral en lui-même[5]. À l'exclusion de *La Mort de Chrispe* et de *Panthée* qui, peut-être en raison de la prééminence de la dimension amoureuse, ne comportent pas de personnages collectifs, l'attachement de Tristan à une entité plurielle est flagrant dans le reste de sa production tragique, de *La Mariane*, qui reporte plusieurs fonctions traditionnellement attribuées aux chœurs sur des personnages secondaires, jusqu'à ses dernières pièces, *La Mort de Sénèque* et *Osman*. Ces trois tragédies semblent ainsi dire l'intérêt du dramaturge pour la dimension collective que portaient les groupes choraux dans le théâtre de la Renaissance, et cela malgré les exigences de réduction du nombre de personnages et de continuité de l'action fictionnelle[6]; en dépit de l'absence de chœur, elles parviennent à élaborer à chaque fois, par le biais de stratégies discursives, une forme de collectivité à l'aide de seulement trois à cinq intervenants. Cette collectivité, alors, n'interrompt en rien l'intrigue comme c'était l'inconvénient (dans une optique classique) des chants choraux de la Renaissance[7], mais elle y joue au contraire un rôle clef *en sa qualité de groupe*, tant dans le cadre de la représentation que dans celui de la fable à laquelle elle prend part en tant que véritable actrice. Aussi observerons-nous que la dette de Tristan envers les chœurs du XVIᵉ siècle se loge principalement dans la dimension collective que ceux-ci apportaient au spectacle, plutôt que dans leur fonction lyrique, dont la tragédie parlée du XVIIᵉ siècle préfère se délester.

Résurgences chorales dans *La Mariane*

En 1636, dans *La Mariane*, ainsi se termine la fameuse crise de folie d'Hérode qui clôt la pièce :

> THARÉ. – La force lui défaut, & le teint lui pâlit,
> Il est évanoui, portons-le sur un lit ;
> Possible que des sens il reprendra l'usage,
> Quand on aura jeté de l'eau sur son visage.
> NARBAL. – Ô Prince pitoyable en tes grandes douleurs !
> Toi-même es artisan de tes propres malheurs […].
> Mais les meilleurs esprits font des fautes extrêmes,
> Et les Rois bien souvent sont esclaves d'eux-mêmes. (V, 3, v. 1801-1812)[8]

N'est-il pas surprenant que les derniers mots de cette tragédie aux accents solennels soient attribués à des personnages secondaires, alors même qu'Alexandre Hardy, dont *La Mariamne* de 1610 sert de principale source à Tristan, avait confié à Hérode l'honneur de la complainte finale[9] ? Pourquoi Tristan ne suit-il pas ici son prédécesseur, lui qui s'attache pourtant à respecter, dans les grandes lignes du moins, les nouvelles conventions de la tragédie régulière fondée sur le *muthos* et le resserrement autour de héros extraordinaires[10] ? Les deux derniers vers de la pièce semblent tout spécialement surannés en ce qu'ils rappellent de manière très nette les tragédies du siècle précédent qui se terminaient par une leçon de morale, en principe délivrée par le chœur :

CHŒUR. – [...] Souvent nos maux font nos morts désirables,
Vous le voyez en ces trois misérables[11].

Typique des usages renaissants (et non antiques, ces «pauses lyriques» et sentencieuses étant une donnée «spécifique de la tragédie de la Renaissance[12]»), ce genre de morale chorale énoncée sous la forme d'une maxime paraît inspirer à Tristan la dernière réplique de Narbal ; sous l'angle de sa «fonction démonstrative», un tel épilogue, Sandrine Berrégard l'a noté, ancre par conséquent sa *Mariane* dans une esthétique néostoïcienne archaïsante[13]. C'est à raison que S. Berrégard souligne une forme d'anachronisme formel dans ce passage de la pièce, d'autant que la poétique de la tragédie rénovée tendait, depuis la fin des années 1620 déjà, à rejeter les discours sentencieux en raison de leur caractère «froid et languissant[14]» ; mais, alors que cet «archaïsme», relevé aussi par Georges Forestier, n'a jusqu'alors été associé qu'au style général de Tristan et au didactisme inhérent à ce genre de répliques[15], il nous semble qu'il déborde la simple tonalité moralisante de la tragédie. Car davantage qu'une simple résurgence du lyrisme du xvie siècle, ces dernières répliques redistribuent en fait plusieurs fonctions chorales, outre la sentence finale, à savoir la description des actes et des émotions du héros, l'apostrophe à une collectivité et la plainte des malheurs de ce même héros. Par ces reprises, le dramaturge démontre non seulement une forme de résistance à l'effacement du lyrisme par la tragédie du xviie siècle, mais encore, et peut-être plus profondément, l'importance que son théâtre accorde à la dimension collective dans le genre tragique.

Procédons pas à pas ; d'abord, les premières répliques de Tharé, en décrivant l'état et les actions d'Hérode alors en proie à un malaise, reprennent une habitude ancienne des chœurs de la Renaissance, héritée de leurs ancêtres antiques[16]. Ceux-ci avaient souvent pour rôle de détailler les émotions des personnages lors de leurs interventions au sein des épisodes de l'action – et non lors de leurs chants qui, prenant place entre les actes, constituaient plutôt des développements généraux sur le destin et la misère humaine[17]. Il en va ainsi, par exemple, dans l'*Antigone ou la Piété* de Robert Garnier :

CHŒUR DE VIEILLARDS. – En ondoyantes pleurs le visage luy noüe
Qui luy vont effaçant le vermeil de sa joüe.
Hà fille que j'ay peur[18] !

En vertu de sa position dramaturgiquement (et topographiquement, car on imagine que les chœurs se tenaient sur un promontoire séparé[19]) à part, le groupe choral étudiait les faits et gestes des protagonistes, enfermés quant à eux dans leur intériorité propre. Il pouvait dès lors fournir des informations à destination des artistes appelés à jouer la scène, ainsi qu'au public qui, selon les lieux de représentation, pouvait à peine discerner les expressions des visages[20]. Par ces interventions, le chœur remplissait une fonction de type herméneutique que Tristan récupère en l'attribuant lui aussi à un personnage indirectement touché par l'action tragique, Tharé. Mais ce dernier ne se contente pas d'observer le désarroi du roi : il enjoint ensuite, par l'ordre intimé à la première personne du pluriel («portons-le sur le lit»), une communauté à lui venir en aide. De même, ce genre de réplique semble être inspiré des chœurs tragiques qui, à la Renaissance comme dans l'Antiquité, faisaient office de soutien des héros d'un point de vue moral, mais aussi, parfois, physique, à l'instar des jeunes choreutes dans la *Soltane* de Bounin, qui pleurent la mort de Mustapha :

> CHŒUR. – […] sus doncq' sœurs venez ici près
> Entourer son corps de cyprès[21].

Peut-être ce procédé présente-t-il avant tout, chez Tristan, l'avantage de faire en sorte que le corps d'Hérode quitte le plateau (une telle réplique entraîne probablement le mouvement de plusieurs comédiens qui viennent déplacer l'acteur chargé d'incarner le roi). Néanmoins, il est également révélateur de l'importance qu'accorde l'auteur à la force du groupe sur le plan dramaturgique, malgré l'atténuation de la «dimension collective» sur le plan de la fable qu'a relevée Bénédicte Louvat-Molozay, avec le basculement d'un enjeu politique à un enjeu amoureux dans la récriture tristanienne de *La Mariane*[22].

La valeur collective de cette scène finale se manifeste en effet de différentes manières, à commencer par le choix de Tristan de mettre en scène son héros au milieu d'un groupe qui tente de le porter moralement – par ses encouragements répétés du type «Oubliez cette perte, elle est irréparable» ou encore «Vous direz quelque jour que ce trait exemplaire / Était pour votre État un mal fort nécessaire[23]» – et physiquement; la représentation d'Hérode accompagné d'un ensemble de personnages secondaires, sans compter qu'elle permet d'amplifier le «spectacle» de la situation, ainsi que le signale B. Louvat-Molozay[24], dit l'importance de la norme dont s'extrait un individu précisément hors-norme. Nous pouvons voir ainsi dans ce procédé dramaturgique une illustration du principe hégélien selon lequel un héros a besoin de la présence de subordonnés pour se démarquer et qui, comme le relève Renaud Bret-Vitoz, «passe dans un mou-

vement d'opposition [...]. Le héros cherche à retrouver la maîtrise absolue de soi en posant la "présence nécessaire d'un autrui
humain à qui être supérieur"[25]». Aussi, tout comme Racine qui,
dans des scènes similaires, représentera souvent ses protagonistes entourés d'une assemblée inquiète (on pense par exemple
à la fin d'Oreste dans *Andromaque*), Tristan, par ce contraste
entre l'individu tragique et le reste du groupe, signale la valeur
que revêt pour lui l'appui de la multitude sans lequel le héros ne
pourrait se distinguer.

En outre, le poids de la dimension collective est accentué par
la diffraction du discours de la plainte qui clôt la pièce. Alors
que Tharé aurait pu prendre seul en charge le commentaire des
malheurs d'Hérode, il n'est pas l'unique personnage à se voir
confier des fonctions chorales, et en cela Tristan se distingue
significativement de beaucoup de ses contemporains. Car, si
d'autres auteurs de la période peuvent avoir tendance à reporter
sur un personnage secondaire – généralement un confident – le
rôle consistant à décrire, à commenter ou à plaindre le destin des
héros, à l'image d'Amyntas dans l'*Iphigénie* de Jean de Rotrou[26],
Tristan L'Hermite, lui, le confie à plusieurs intervenants *à la
fois*. En déplorant les malheurs d'Hérode, Narbal s'associe à
Tharé dans l'entreprise de soutien apporté au roi, produisant dès
lors un écho dédoublé des chœurs. On aurait pu, en effet, envisager qu'un seul personnage prononce à la suite l'intégralité des
discours des deux hommes. Aucune transition n'aurait d'ailleurs
été nécessaire, et le monologue aurait ressemblé davantage encore aux chants choraux qui finissaient d'ordinaire les tragédies
du XVIe siècle, comme la *Cléopâtre captive* de Jodelle :

> CHŒUR. – Mais tant y a qu'il nous faudra ranger
> Dessous les lois d'un vainqueur étranger,
> Et désormais en notre ville apprendre
> De n'oser plus contre César méprendre.
> Souvent nos maux font nos morts désirables :
> Vous le voyez en ces trois misérables[27].

Cependant, il semble que la dette de Tristan envers les chœurs ne
concerne pas uniquement leur fonction de commentaire, mais se
reporte aussi sur leur nature même, plurielle et unifiée à la fois.
Dans le contexte d'une esthétique qui se recentre sur l'action
des protagonistes et au regard des réalités du spectacle dans le
premier tiers du XVIIe siècle (une réduction de l'espace de jeu
et une diminution des moyens financiers ainsi que du nombre
d'acteurs mobilisables[28]), Tristan déplace sur les discours de ses
personnages la dimension collective que les chœurs portaient
physiquement. Autrement dit, la pluralité des corps laisse place

à la pluralité des voix qui s'entrelacent pour fournir à sa tragédie un arrière-fond communautaire[29].

Cette division du discours en plusieurs intervenants se retrouve d'ailleurs plus en amont dans le cinquième acte de *La Mariane*. Alors qu'Hérode sombre dans la folie, toute une série de personnages présents à ses côtés, à commencer par son frère et sa sœur, s'émeut de son état :

> PHÉRORE. – Le voici qui revient troublé de sa manie.
> Mille triste pensers lui tiennent compagnie,
> Il a le teint tout pâle, & les yeux égarés.
> Observez sa démarche, & le considérez.
> SALOMÉ. – Seigneur, vos sentiments sont bien mélancoliques.
> HÉRODE. – C'est que j'ai trop de soin des affaires publiques,
> Mais je veux aujourd'hui prendre un peu de repos.
> SALOMÉ. – Ce serait fort bien fait.
> PHÉRORE. – Il serait à propos.
> HÉRODE. – […] Commandez de ma part qu'on la fasse venir.
> SALOMÉ. – Son jugement s'égare, il perd le souvenir. (V, 3, v. 1663-1674)[30]

Ces derniers sont accompagnés des mêmes Tharé et Narbal qui, un peu plus loin, font également écho à leurs inquiétudes :

> NARBAL. – L'excès de cet ennui brouille sa fantaisie.
> THARÉ. – En effet l'on dirait qu'il est en frénésie. (V, 3, v. 1743-1744)[31]

Si l'on retrouve quelques fonctions chorales déjà observées plus haut, dont la description des gestes et des émotions du héros, la reconfiguration de l'identité plurielle du chœur est renforcée par le jeu des stichomythies. Non seulement le commentaire des malheurs d'Hérode est réparti entre quatre personnages alors qu'un seul d'entre eux aurait pu s'en charger, mais encore l'unité de leurs voix est amplifiée par la complémentarité de leurs répliques ; celles-ci se répondent jusqu'à se faire écho à la fois thématiquement et formellement – les discours de Salomé et Phérore s'associent même, au vers 1670, pour former une antilabe. À nouveau, cet usage semble bien être propre à Tristan qui se distingue ici d'Alexandre Hardy. Dans la même scène de sa *Mariamne*, qui comportait aussi des personnages-spectateurs, ce dernier ne déployait pas autant d'entrelacs discursifs. Chez Hardy, seuls trois intervenants, Salomé, Phérore et le messager, assistaient à la crise du roi. Leurs réactions, relativement brèves en comparaison des longues tirades d'Hérode, n'étaient pas aussi nombreuses et, surtout, se répondaient moins, chacun semblant parler pour lui-même sans entendre ou prendre acte des paroles de ses compagnons. Tandis que Phérore, alerté par les cris d'Hérode, venait lui reprocher ses «soupirs féminins», le messager racontait la mort de Mariamne et ne réagissait à la fureur du roi que pour prier Dieu d'y mettre fin. Seule Salomé s'adonnait véritablement à la déploration des malheurs de son frère au cours d'une longue réplique qu'elle entamait ainsi : «Ô d'un parfait amour exemple déplorable[32]!». Dès lors, si Tristan s'inspire de Hardy du point de vue de la structure générale de la scène (un héros en proie au désespoir, conseillé par ses proches), l'auteur, préférant le multiple au singulier, s'en distingue vis-à-vis du traitement du discours des personnages secondaires ; par son caractère combinatoire, celui-ci permet l'esquisse d'une collectivité proche du personnage pluriel que constituait le chœur tragique.

Personnage collectif et diffraction du discours : La Mort de Sénèque et Osman

Le procédé déployé par Tristan pour conférer à son théâtre la dimension collective que portaient les chœurs à la Renaissance se retrouve dans deux de ses tragédies ultérieures, *La Mort de Sénèque* et *Osman*, malgré le fait que ces dernières s'éloignent significativement des traditions littéraires passées. En effet, comme l'a bien souligné Sandrine Berrégard, en raison du durcissement des règles d'unité et du principe de vraisemblance, Tristan abandonne de nombreux modèles qui nourrissaient ses premières pièces. Aussi remarquons-nous une diminution du nombre de personnages et une atténuation du lyrisme qui caractérisait ses premières œuvres[33]. Pour autant, le dramaturge parvient à ressaisir une forme de collectivité en usant, une fois encore, de ressorts discursifs. Dans *La Mort de Sénèque*, écrite en 1644, cette collectivité est naturellement induite par le choix même du sujet, une conjuration, qui implique le rôle central d'un groupe dans l'action fictionnelle. Seulement, il était possible de ne faire exister ce groupe que par l'intermédiaire du récit des protagonistes. Corneille, en 1641, en usait ainsi dans sa propre tragédie de la conjuration, *Cinna*, où seuls les conjurés qui constituaient le triangle amoureux de la pièce (Maxime, Cinna, Émilie) avaient accès à la scène. En dehors de ces trois héros qui formaient le nœud de l'intrigue secondaire (la principale étant la décision politique d'Auguste quant à son éventuel renoncement au pouvoir), les rebelles étaient relégués dans le hors-scène et n'avaient pas l'honneur d'être nommés individuellement, l'auteur leur préférant la simple mention de «conjurés[34]». La collectivité, laissée dans un état d'indétermination numérique, n'était donc présente que de manière idéale et morale, telle une force menaçante pesant sur le destin des protagonistes, et surtout du personnage d'Auguste. Elle servait avant tout de moyen à Corneille pour le développement d'une action politique héroïque : la clémence de l'empereur[35].

Dans *La Mort de Sénèque* de Tristan, en revanche, les membres de la conjuration sont non seulement présents en nombre dans la fable – treize noms sont cités (II, 2), sans compter Sénèque – mais encore matérialisés sous la forme de cinq conjurés, qui apparaissent chacun un minimum de deux fois entre les deuxième et cinquième actes : une affranchie (Épicaris), un capitaine d'armée (Rufus), un noble (Lucain, neveu de Sénèque) et deux sénateurs (Pison et Sévinus). Tandis que Corneille mettait l'accent sur la réaction du héros au projet d'attentat qui le visait, Tristan, plus proche alors de Scudéry qui faisait également apparaître un grand nombre de conjurés dans *La Mort de César*, choisit donc de focaliser davantage l'attention des spectateurs sur l'action de la conjuration. Évidemment, nombreuses sont les différences entre ces personnages et les groupes choraux : alors que ces derniers restaient en principe spectateurs de l'action tragique, la conjuration en est un agent actif et son opposition politique au héros contraste avec le soutien moral que représentaient les chœurs pour des protagonistes. Toutefois, la proximité entre ces deux entités collectives demeure forte, d'abord parce que la conjuration, notamment en vertu de la mixité sociale de ses membres, représente la norme, en opposition au destin hors-norme du héros. Selon B. Louvat-Molozay, le chœur se faisait en effet, «conformément à la tradition antique, le porte-parole de la cité» confronté qu'il était aux valeurs individuelles des héros[36]. Aussi établissait-il un contraste, dans la fable, entre la collectivité humaine et les héros tragiques, un contraste que nous retrouvons dans la tragédie de Tristan L'Hermite.

Ensuite, la manière dont les interventions des conjurés sont mises en scène rappelle une fois encore les usages choraux. Comme les chants des chœurs qui intervenaient entre les actes, au début de l'acte II, c'est sur une scène vide de tout protagoniste qu'apparaissent pour la première fois Rufus, Sévinus et Pison, bientôt rejoints par Lucain et Épicaris. Les cinq personnages ont donc le champ (et le temps) libres pour discuter et s'accorder sur la manière de procéder :

> PISON. – Nous voyant éclairés des yeux d'un colonel
> Qui ne peut consentir à rien de criminel ?

RUFUS. – Pour tous ses ennemis j'ai beaucoup d'indulgence,
Et je n'éclaire ici que d'un feu de vengeance [...].
SÉVINUS. – C'est pour cette leçon que Milicus dérouille
Un fer que dans son sang il faudra que je souille :
De tant de lâcheté il nous fera raison.
PISON. – Mais où le prendrons-nous ?
RUFUS. – En ta propre maison. (II, 1, v. 319-328)[37]

Tous sont mus par le même désir de vengeance. La parole, alors, circule de l'un à l'autre, la revendication de chaque personnage faisant écho à celle du précédent, si bien que les répliques s'articulent entre elles pour former une longue plainte qui n'est pas sans rappeler les discours tantôt élégiaques tantôt révoltés des chœurs du XVIe siècle, comme par exemple dans *La Soltane* de Bounin :

CHŒUR. – O Fier destin, o destinées
De Moustapha qui gist ici
Pourquoi avez-vous accourci
Le tendre cours de ses années ?
Helas Libentine impiteuse
Pourquoi as-tu ainsi permis
Que son cors enervé fut mis
Au creus de la tombe oublieuse[38] ? ...

Intervenant à un moment où le groupe est laissé seul sur le théâtre, entre deux épisodes de l'action des protagonistes Néron et Sénèque, la scène de réunion des conjurés qui ouvre le deuxième acte de *La Mort de Sénèque* peut ainsi être assimilée à un chant choral du point de vue de son contenu thématique comme de sa place dans la composition de la tragédie.

Mais la parenté entre les conjurés et les chœurs tragiques ne s'arrête pas à ces similitudes structurelles. En observant plus en détail la composition des répliques, on retrouve le même procédé de diffraction du discours qui, dans *La Mariane*, permettait à l'auteur de recréer une collectivité soudée verbalement. À nouveau, Tristan se plaît à élaborer des résonances entre les interventions des personnages secondaires à l'aide d'antilabes et de stichomythies, qui se multiplient d'ailleurs au fil de la scène :

PISON. – La gloire y serait grande !
ÉPICARIS. – Et le péril aussi.
SÉVINUS. – Il vaudrait mieux le prendre à trente pas d'ici... (II, 2, v. 455-456)[39]

Réparties entre trois intervenants (Épicaris, Pison et Rufus), ces répliques combinatoires permettent d'unir les personnages d'un point de vue dramaturgique comme symbolique, et d'élaborer une forme d'unité à travers la pluralité des voix. À cet instant de la pièce, les conjurés apparaissent par conséquent comme les membres d'un même corps qui s'oppose à l'empereur Néron[40]. Cette ressemblance dramaturgique paraît plus évidente encore dans *Osman*. S'il comporte un nombre important de personnages dont Kirsten Postert a souligné qu'ils servaient, par les noms turcs qu'ils portaient, à envelopper la tragédie «d'un sentiment d'exotisme[41]», la dernière pièce de Tristan met à nouveau en scène une discussion de groupe qui a lieu, cette fois, entre des soldats (les *bassa*) :

> ORCAN. – Le Sultan vient de faire une belle action.
> SÉLIM. – Elle est épouvantable.
> MAMUD. – Elle est assez étrange.
> ORCAN. – Mais elle est à sa gloire, elle est à sa louange [...].
> MAMUD. – Ce sont des coups d'État de son conseil secret.
> SÉLIM. – Ce sont des procédés qu'on voit avec regret (II, 4, v. 564-572)[42]

Remarquons l'évolution que connaît l'écriture de l'auteur quant à ce genre de scènes ; alors que, dans *La Mariane*, les personnages se lamentaient chacun pour soi et que le discours de la plainte, ininterrompu, semblait pouvoir être pris en charge par une seule instance, l'auteur, dans *Osman*, singularise les interventions. Au lieu de s'enchaîner à tour de rôle à la manière d'une complainte continue, ces dernières s'opposent et se répondent, Sélim et Mamud tentant de convaincre Orcan de l'illégitimité de l'action du souverain. Aussi Tristan rompt-il avec les usages de sa première pièce comme de celles de ses prédécesseurs de la Renaissance, mais son recours réitéré aux stichomythies ainsi qu'aux antilabes continue de signaler son envie de faire exister un personnage pluriel semblable aux chœurs[43]. Ce choix dramaturgique rapproche alors l'auteur d'Alexandre Hardy qui, lui aussi, comme le remarque B. Louvat-Molozay, «a remplacé parfois le chœur par une troupe [...], marquant par là-même qu'il souhaitait conserver la dimension collective que le chœur apporte dans un drame qui se joue autour d'individus[44]». Ainsi, Tristan, jusqu'à la fin de sa carrière dramatique, produit un théâtre qui, s'il respecte en grande partie la nouvelle esthétique de la tragédie parlée, suit souvent une démarche proche de celle des auteurs du XVIe siècle en élaborant une dramaturgie qui repose pour beaucoup sur l'élément collectif.

De *La Mariane* à *Osman*, la dramaturgie de Tristan, évidemment, évolue. Alors que sa première pièce, encore très influencée par les usages dramatiques passés, se construit sur des répliques longues et empreintes d'un lyrisme qui ne tarde pas à devenir démodé, ses tragédies ultérieures, *La Mort de Sénèque* et *Osman*, font état d'une transformation quant à la durée et à la tonalité des échanges ; ceux-ci, plus courts, perdent leur caractère sentencieux pour mieux correspondre à la nouvelle poétique de la tragédie régulière reposant sur la préséance du *muthos*. Cependant, un élément, au moins, demeure constant entre ces trois pièces et rapproche le théâtre de Tristan d'une esthétique renaissante, jusqu'à son ultime tragédie : le recours à un personnage collectif. Et, bien que celui-ci se déleste au fil du temps des fonctions qui rendaient plus évidente sa proximité avec ses ancêtres choraux, à l'image des vérités générales qu'il délivrait en fin de scène dans *La Mariane*, son identité même, multiple et unifiée à la fois, perdure jusqu'à *Osman*, obtenue notamment par des jeux de stichomythies et d'antilabes lors de scènes de groupe. La présence récurrente d'une instance plurielle, que Tristan fait advenir par le biais de ces procédés discursifs, d'abord avec quatre à cinq personnages, puis seulement trois dans *Osman*, semble alors suggérer l'attachement de l'auteur à une forme de dimension collective dans le genre tragique, dont l'effet pourrait se lire sur deux plans. D'une part, Tristan paraît avoir à cœur de mettre en scène, matériellement, l'opposition entre la multitude ordinaire et un héros extraordinaire, entre la norme et le hors-norme ; d'autre part, l'importance dramaturgique que Tristan accorde à ces groupes dans les trois pièces, leur fournissant à chaque fois un temps et un espace de parole, peut constituer l'un des facteurs qui a souvent conduit la critique à assimiler son théâtre à une esthétique privilégiant les motifs « susceptibles d'étonner le lecteur [et le spectateur] et de frapper son imagination[45] ». Présenter Hérode enfermé dans sa folie au milieu d'un public, montrer des conjurés et des *bassa* en pleine fomentation d'attentat, permet à Tristan de saisir ses spectateurs en composant des tableaux propres à les toucher. Et n'était-ce pas déjà le rôle des chœurs, antiques comme renaissants, d'avoir sur l'assistance un « impact pragmatique direct, d'ordre esthétique et émotionnel[46] » ?

Josefa TERRIBILINI,
Université de Lausanne

1 Sandrine Berrégard, *Tristan L'Hermite, « héritier » et « précurseur »*. *Imitation et innovation dans la carrière de Tristan L'Hermite*, Tübingen, Gunter Narr Verlag, « Biblio 17 », 2006, p. 173. Cette étude constitue notre source principale pour penser les questions d'influences (antiques, renaissantes et baroques, italiennes, espagnoles et anglaises) et de (co-)fondation de l'esthétique classique chez Tristan.

2 *Ibid.*, p. 278-280.

3 Sur les rêves et les oracles comme procédé dramaturgique dans la tragédie régulière du XVIIe siècle, se référer à Bénédicte Louvat-Molozay, « Mise en scène et dramaturgie de l'oracle chez Corneille », *Les Mises en scène de la parole aux XVIe et XVIIe siècles*, dir. B. Louvat-Molozay et G. Siouffi, Montpellier, P.U.L.M., 2007, p. 225-247. Sur les songes dans le théâtre de Tristan en particulier, voir Daniela Dalla Valle, « Les songes tragiques de Tristan », *Cahiers Tristan L'Hermite*, n° 22, 2000, p. 62-78.

4 Voir S. Berrégard, *op. cit.*, ch. 2.

5 S. Berrégard rappelle la régression des éléments lyriques du théâtre de la Renaissance au XVIIe siècle, parmi lesquels figurent les chœurs et les stances (*op. cit.*, p. 261).

6 À ce propos, voir Madeleine Lazard, *Le Théâtre en France au XVIe siècle*, Paris, P.U.F., « Littératures modernes », 1980, p. 125.

7 Pierre Corneille, en 1660, considère que l'intervention des chœurs entre les actes est « incommode » parce qu'elle tend à dissiper l'attention du spectateur « par la longueur du chant » (*Trois discours sur le poème dramatique* [1660], éd. M. Escola et B. Louvat-Molozay, Paris, Flammarion, « GF », 1999, p. 140).

8 Tristan L'Hermite, *La Mariane* [1637], p. 120 [*in*] *Les Tragédies*, éd. R. Guichemerre, Paris, Champion, « Sources classiques », 2009. Toutes les citations des pièces de Tristan seront tirées de cette édition.

9 « HÉRODE : Que cesses-tu meurtrier ? donnes-tu déjà trêve / Aux assauts redoublés de l'ennui qui te grève ? / [...] Dessus l'heure content je la vais retrouver, / Heure qui ne saurait assez tôt arriver » (Alexandre Hardy, *La Marianne* [1625], éd. S. Berrégard, p. 651-652 [*in*] *Théâtre complet*, t. 2, Paris, Classiques Garnier, « Bibliothèque du théâtre français », 2015, V, v. 1683-1684 et 1713-1714).

10 S. Berrégard souligne ce respect des conventions « classiques » chez l'auteur, malgré sa fidélité à certains modèles littéraires (*op. cit.*, p. 381).

11 Étienne Jodelle, *Cléopâtre captive* [1574], éd. Fr. Charpentier, J.-D. Beaudin et J. Sanchez, Mudron, Éditions José Feijóo, 1990, V, v. 1553-1554, p. 88.

12 Charles Mazouer, *Le Théâtre français de la Renaissance*, Paris, Champion, « Dictionnaires et références », 2013 [2001]. Il semble dès lors que, si Tristan s'inspire d'œuvres tragiques passées, il s'agisse plutôt des pièces de la Renaissance que de celles de l'Antiquité ; selon S. Berrégard, seuls quelques textes latins influencent en effet le dramaturge, et principalement du point de vue du contenu des intrigues (Tacite, par exemple, pour *La Mort de Sénèque*) (S. Berrégard, *op. cit.*, p. 144-146).

13 *Ibid.*, p. 278.

14 L'Abbé d'Aubignac, *La Pratique du théâtre* [1657], éd. H. Baby, Paris, Champion, « Champion classiques », 2011 [2001], p. 438. Notons avec Georges Forestier que Jean Chapelain conseillait, en 1628 déjà, de « faire passer » l'instruction de manière invisible pour éviter le didactisme (*Passions tragiques et règles classiques. Essai sur la tragédie française*, Paris, P.U.F., 2003, p. 50).

15 G. Forestier, *op. cit.*, p. 49.

16 Sur les caractéristiques du chœur dans la Grèce antique et notamment sa fonction de médiation entre le drame et le public, voir Claude Calame, *La Tragédie chorale. Poésie grecque et rituel musical*, Paris, Les Belles Lettres, « Mondes anciens », 2017.

17 À propos des thématiques privilégiées par les chants choraux à la Renaissance, voir B. Louvat-Molozay, *Théâtre et musique. Dramaturgie de*

l'insertion musicale dans le théâtre française (1550-1680), Paris, Champion, «Lumière classique», 2002, ch. 2.

18 Robert Garnier, *Antigone ou la Piété* [1580], éd. J.-D. Beaudin, Paris, Champion, «Textes de la Renaissance», 1997, IV, v. 1888-1890, p. 137.

19 C'est la théorie que défend, entre autres, M. Lazard (*op. cit.* p. 153).

20 Voir Nadia Thérèse Van Pelt, *Drama in Medieval and Early Modern Europe : Playmakers and their Strategies*, New York, Routledge, «Themes in Medieval and Early Modern History», 2019.

21 Gabriel Bounin, *La Soltane*, Paris, Guillaume Morel, 1561, V, p. 74, édition originale en ligne sur le site Gallica : https://gallica.bnf.fr/ark:/12148/bpt6k1514037x/f96.image (consulté le 27/03/2020). On ignore si cette intervention impliquait concrètement un mouvement du chœur, mais elle induisait dans tous les cas l'idée d'un soutien physique de sa part en dessinant dans l'imagination des spectateurs le tableau d'un héros entouré d'une collectivité.

22 B. Louvat-Molozay, *L'« Enfance de la tragédie » (1610-1642). Pratiques tragiques françaises de Hardy à Corneille*, Paris, P.U.P.S., «Theatrum mundi», 2014, p. 177.

23 Remarques de Phérore et Salomé à la scène 3 de l'acte V, v. 1704 et 1707-1708, éd. citée p. 116.

24 B. Louvat-Molozay, *L'Enfance de la tragédie*, *op. cit.*, p. 154.

25 Renaud Bret-Vitoz, *L'Éveil du héros plébéien (1760-1794)*, Lyon, P.U.L., «Théâtre et société», 2018, p. 44.

26 Amyntas, confident d'Agamemnon, s'exclame par exemple : «Ô malheureux instinct qui nous attache tant / À l'aveugle pouvoir de ce sexe inconstant !» (Jean de Rotrou, *Iphigénie* [1641], éd. Al. Riffaud, p. 418 [*in*] *Théâtre complet*, t. 2, Paris, S.T.F.M., 1999, I, 5, v. 195-196). Notons toutefois qu'un auteur comme Jean Mairet emploie également ce genre de confidents multiples dans ses pièces, à l'instar de son *Marc-Antoine* (voir acte V, scène 6).

27 Jodelle, *Cléopâtre captive*, V, v. 1549-1554, éd. citée, p. 88.

28 Voir à ce sujet Pierre Pasquier et Anne Surgers, dir., *La Représentation théâtrale en France au XVIIe siècle*, Paris, Armand Colin, «Lettres supérieures», 2011.

29 Cette diffraction du discours fait peut-être également écho à ce que Sarah Nancy a qualifié d'«effondrement d'un modèle stable et unitaire de la parole» dans une pièce qui dirige alors l'écoute vers «les frémissements d'un nouveau langage commun» («Violence et voix : les accents du conflit dans *La Mariane* de Tristan L'Hermite», *Littératures classiques*, n°73, 2010/2, p. 413).

30 Tristan, *La Mariane*, éd. citée, p. 114-115.

31 *Ibid.*, p. 117.

32 Hardy, *La Mariamne*, V, éd. citée, p. 649-651.

33 Voir à ce sujet S. Berrégard, *op. cit.*, ch. 6.

34 *Cinna* [1643], p. 917 [*in*] *Œuvres complètes*, t. 1, éd. G. Couton, Paris, Gallimard, «Bibliothèque de la Pléiade», I, 3, v. 148.

35 Comme l'a montré G. Forestier, la dramaturgie cornélienne construit l'action de la pièce à partir du dénouement. Dans le cas de *Cinna*, la «matrice» de la pièce, fournie par les sources latines, est bien «la découverte par Auguste du complot, son indécision [...] et la clémence finale», la conjuration constituant un «épisode» élaboré «à rebours» pour mener à cette clémence exemplaire (*Essai de génétique théâtrale : Corneille à l'œuvre*, Paris, Droz, «Titre courant», 2004, p. 136-138).

36 B. Louvat-Molozay, *Théâtre et musique*, *op. cit.*, p. 197.

37 Tristan, *La Mort de Sénèque* [1645], éd. citée, p. 261.

38 Bounin, *op. cit.*, p. 72.

39 Tristan, *La Mort de Sénèque*, éd. citée, p. 266.

40 On pourra noter que c'est justement parce que certains de ces personnages se désolidarisent du reste du groupe dans la suite de la pièce que la conjuration échoue ; pour le rendre sensible, Tristan ne les représente plus jamais ensemble

après le deuxième acte et abandonne les jeux d'antilabes et de stichomythies qui suggéraient leur unicité initiale.

41 Kirsten Postert, *Tragédie historique ou Histoire en Tragédie ? Les sujets d'histoire moderne dans la tragédie française (1550-1715)*, Tübingen, Narr, « Biblio 17 », 2010, p. 333.

42 Tristan, *Osman* [1656], p. 494-495 [*in*] *Œuvres complètes*, t. 4, Paris, Champion, « Sources classiques », 2001.

43 Remarquons d'ailleurs que, si ce recours à un discours diffracté tend à rapprocher les collectivités tristaniennes des chœurs *en général*, sous l'angle de l'unicité du groupe que Tristan atteint par la complémentarité de quelques voix, il est au moins une tragédie humaniste qui préfigure ce genre d'instance plurielle, le *César* de Jacques Grévin, où l'on peut observer une répartition d'un discours plaintif parmi un groupe de soldats signalés chacun par un chiffre, du premier au quatrième (voir notamment les vers 243-250) ; quoique Grévin ne les qualifie pas de « chœur » par refus de toute dimension lyrique, leur rôle dramaturgique dans la pièce s'y apparente en raison de la répartition et du contenu de leurs interventions qui ont lieu entre les actes et consistent en des réflexions morales et des rappels de mythes passés. Bien qu'on ne puisse savoir si Tristan a effectivement pu lire cette pièce de 1561, il est possible d'imaginer qu'il ait eu connaissance, sinon de cette tragédie-ci, du moins de ce type d'usage dramaturgique.

44 B. Louvat-Molozay, *Théâtre et musique, op. cit.*, p. 217.

45 S. Berrégard, *op. cit.*, p. 143.

46 Cl. Calame, *op. cit.*, p. 107.

LA REPRÉSENTATION DU *FUROR POETICUS*
AU THÉÂTRE DE JODELLE À TRISTAN L'HERMITE

> AMIDOR. – Profane ; éloigne-toi,
> j'entre dans ma fureur.
> ARTABAZE. – La rage le possède :
> Contre les furieux la fuite est le
> remède.
> DESMARETS, *Les Visionnaires*, I, 2.

Au début des *Visionnaires*, une comédie parue en 1637 qui présente en action une galerie de personnages extravagants, Desmarets fait entrer en scène « un poète bizarre, sectateur passionné des poètes français qui vivaient devant ce siècle[1] » – c'est-à-dire des poètes de la Pléiade. Sitôt sur le théâtre, celui-ci met en fuite Artabaze, le capitan vantard de la pièce, en lui déclamant des vers, inspirés par sa *fureur*, qui constituent un véritable centon des traits jugés les plus archaïques de l'élocution ronsardienne. Tout l'intérêt de la scène tient ainsi à la conjonction d'un comique de mots fondé sur la parodie du style de la Pléiade et d'un comique de situation reposant sur la confusion entre deux formes de fureur : la fureur poétique et la fureur tragique, la première inspirant au poète ses vers sublimes, la seconde faisant sombrer les héros tragiques dans des accès de violence incontrôlés. Or avec cette scène de comédie, Desmarets ne faisait qu'illustrer, consciemment ou non, un processus à l'œuvre dans le champ dramatique : celui de l'assimilation, de la confusion et enfin du remplacement de la fureur inspiratrice issue de la tradition platonicienne par cette forme plus violente et tragique de fureur issue de l'esthétique sénéquienne[2]. En effet, à mesure que la tragédie s'affirme comme un genre indépendant, régi par ses propres codes, les dramaturges délaissent la thématique du *furor poeticus*, plus propre à la poésie lyrique, au profit de la mise en scène de héros tragiques furieux. La mise à distance du lyrisme dans le drame rendait futile la mise en scène de la fureur inspiratrice et cette dernière ne devait plus apparaître que dans une poignée de pièces. Pour autant, si anecdotique que puisse paraître la représentation de l'inspiration poétique au théâtre, celle-ci n'en demeure pas moins toujours révélatrice d'un certain rapport à la question du lyrisme à une époque ou chez un auteur donné.

À l'origine, le *furor poeticus* constitue la traduction latine de l'une des quatre formes de *mania* – c'est-à-dire de délires ou de possessions divines – définies par Platon dans son *Phèdre*, à savoir le délire prophétique, associé à Apollon, le délire amoureux associé à Aphrodite et à Éros, le délire dionysiaque associé à Dionysos et, enfin, le délire poétique associé aux Muses. Pour Platon, cette inspiration divine serait nécessaire pour produire une véritable œuvre poétique :

> [...] l'homme qui, sans le délire des Muses, arrive aux portes de la poésie en étant convaincu que le métier suffira pour qu'il soit bon poète, est un poète manqué, et la poésie composée de sang-froid est éclipsée par la poésie de ceux qui délirent[3].

Dans l'*Ion*, Platon revient sur la nature de cette inspiration en en faisant une marque d'élection du poète qui ne saurait composer le moindre vers sans que son être ne cède sa place à ce ravissement divin :

> C'est chose légère que le poète, ailée, sacrée ; il n'est pas en état de créer avant d'être inspiré par un dieu, hors de lui, et de n'avoir plus sa raison ; tant qu'il garde cette faculté, tout être humain est incapable de faire œuvre poétique et de chanter des oracles[4].

Cette idée connaîtra par la suite différentes déclinaisons au cours de l'Antiquité gréco-latine avant que les humanistes italiens du *Quattrocento* ne la reprennent et ne la développent[5]. Marsile Ficin, l'un des principaux commentateurs de Platon à la Renaissance, donnera ainsi une inflexion décisive au *furor* platonicien en l'associant à la mélancolie aristotélicienne. Dans le *Problème* XXX, Aristote – ou le Pseudo-Aristote – cherchait à répondre à la question suivante : «Pourquoi les hommes qui se sont illustrés dans la philosophie, la politique, la poésie ou les arts, sont-ils tous manifestement des gens chez lesquels prédomine la bile noire [...][6]?». Or la réflexion du Stagirite devait ramener l'enthousiasme poétique à une forme de maladie du tempérament – au sens médical du terme –, proche de la folie ou de l'ivresse. Il écrit ainsi :

> Beaucoup même, du fait que cette chaleur est proche du siège de l'intelligence, sont atteints de maladies qui les rendent fous ou inspirés, d'où les sibylles, les devins et tous les possédés lorsque leur état ne vient pas d'une maladie mais d'un tempérament naturel. Maracos de Syracuse était bien meilleur poète quand il était hors de soi[7].

Bien que ces deux modèles d'inspiration poétique semblent radicalement opposés – l'un supposant une influence divine emportant l'âme, l'autre une prédisposition corporelle liée à la théorie des humeurs –, tous deux ont en commun l'idée que le poète ne peut déployer ses dons que lorsqu'il est hors de raison. La synthèse ficinienne de ces deux théories de l'inspiration héritées de l'Antiquité grecque sera largement popularisée auprès des poètes de l'époque moderne comme Du Bellay qui, dans sa *Défense et illustration de la langue française* parue en 1549, évoquera «cete fureur divine, qui quelquesfois agite, & echaufe les Espris Poëtiques, & sans la quele ne fault point que nul espere faire chose, qui dure[8]», ou, surtout, Pontus de Tyard qui, en 1552, dans son *Solitaire premier* au sous-titre explicite – *Prose des muses & de la fureur poëtique*[9] – compilera divers éléments de philosophie néo-platonicienne[10].

D'une manière générale, la question de l'inspiration poétique va rapidement confondre toutes les notions qui lui sont associées. D'une part, fureur et mélancolie se mêlent et, d'autre part, les fureurs amoureuse, prophétique et dionysiaque qui, chez Platon, se situaient à côté de la fureur poétique vont elles-mêmes devenir des aiguillons de la fureur poétique ; et il en est de même pour l'ivresse et la folie propres à la mélancolie qui, toutes deux, prédisposeront à la poésie. Les vecteurs de l'inspiration poétique se multiplient ainsi tout en se regroupant sous la notion de fureur qui acquiert dès lors une extension bien plus large que le concept original de *furor poeticus*. Mais, surtout, l'expansion du concept va modifier sa nature en profondeur puisque, d'un signe d'élection divine du poète, la fureur va en venir à expliquer comment quelqu'un qui n'est pas poète peut être amené à faire de la poésie. Ainsi, dans son traité consacré à la question de l'ingéniosité poétique, *Il Cannocchiale aristotelico*, paru en 1654, Emanuele Tesauro, le grand théoricien italien de la poésie baroque, détaille en ces termes les différents cas de figures qui peuvent faire acquérir des talents poétiques à ceux qui n'en étaient pas doués :

> [...] j'en viens à la fureur, qui désigne une altération de l'esprit provoquée soit par la passion, soit par l'inspiration, soit par la folie. Trois sortes de personnes, même si elles n'étaient guère ingénieuses ni subtiles, peuvent ainsi le devenir : les passionnés, les inspirés et les fous[11].

Le concept de fureur poétique constitue donc à l'époque moderne une sorte de pot-pourri mêlant des influences, des concepts et des idées diverses afin d'englober toutes les formes possibles d'inspirations poétiques.

Alors, en quoi ce concept purement théorique essentiellement lié à la poésie lyrique a-t-il pu intéresser les dramaturges de l'époque moderne ? Il convient tout d'abord de rappeler que, d'un point de vue historique, le drame est né de la poésie lyrique, et, s'il cherche toujours à s'en extraire, il semble également toujours vouloir y retourner : la tragédie grecque viendrait des dithyrambes ; la tragédie humaniste a été créée, au milieu du XVIᵉ siècle, par Étienne Jodelle, un poète associé à la Pléiade ; le renouvellement de la scène dramatique dans le premier tiers du XVIIᵉ siècle fut marqué par l'influence déterminante de Théophile et Racan... À chaque génération, les dramaturges semblent revenir aux sources lyriques de leur art pour mieux les contester et définir une écriture purement dramatique qui résiste à toute tentation lyrique. Or, il apparaît que la présence au sein du drame de la thématique du *furor poeticus* témoigne toujours d'une forme de porosité entre poésie lyrique et poésie dramatique, porosité qui sera plus ou moins bien acceptée selon les époques. La plasticité même de la notion est mise à profit par les dramaturges qui sauront utiliser le *furor poeticus* et ses ambiguïtés pour traduire une vision différente des rapports qui doivent régir poésie lyrique et poésie dramatique. C'est pourquoi nous souhaiterions étudier les différentes modalités de la présence de ce motif au théâtre à trois moments qui nous semblent emblématiques de l'inscription du lyrisme dans le drame : l'époque de la tragédie humaniste et, en particulier, sa création sous l'égide de Jodelle ; le tournant de la modernité dramatique dans les années 1620-1630 ; et, enfin, le théâtre de Tristan L'Hermite qui, entre la fin des années 1630 et le début des années 1640, propose une synthèse tout à fait originale de la question de l'inspiration poétique au théâtre.

Furor poeticus et fureur prophétique dans le théâtre humaniste

La tragédie humaniste, en particulier dans ses premières créations, était éminemment lyrique et avait su reprendre au sein du genre dramatique l'ensemble des conceptions poétiques propres aux jeunes poètes de la Brigade. Cette porosité générique explique que l'on puisse retrouver dans le théâtre de l'époque des références au *furor poeticus*. Par exemple, dans sa seconde tragédie, *Didon se sacrifiant*, probablement représentée vers 1555, Étienne Jodelle semble avoir voulu déplacer et adapter la conception traditionnelle du *furor poeticus* dans l'énonciation dramatique de sa pièce en faisant progressivement évoluer la colère de son héroïne éponyme, amante abandonnée par Énée, en fureur prophétique voire poétique[12]. De cette façon, dès l'acte II, l'indignation de Didon envers Énée se change en une fureur qui ôte en partie à la reine sa raison, comme elle le reconnaît elle-même : «presque les fureurs / Me jettent hors de moy[13]». Par la suite, Didon sera sans cesse décrite comme « insensee[14] », ou « forcenee[15] », autrement dit, comme étant littéralement hors de la raison. Or, cette perte du sens commun va prendre véritablement une dimension oraculaire lorsque Didon, s'apprêtant à mourir, va prophétiser, dans la malédiction qu'elle adresse à Énée, les malheurs futurs de Rome rongée par les guerres civiles ; et la reine de remarquer que « la fureur derniere / Prophetise souvent[16] ». Prise entre la folie et la fureur, la parole de Didon n'est donc déjà plus tout à fait humaine et elle se charge de résonances quasi surnaturelles. Les interlocuteurs de l'héroïne ne peuvent plus dès lors que constater l'impuissance de la langue ordinaire à rendre compte de cette voix, à l'image de Barce qui ne peut l'évoquer que par prétérition : « Pourra ma foible voix de sa fureur conceuë / Exprimer les accens[17] ? » ; la fureur de Didon ne peut plus être appréhendée par les artifices de la rhétorique. Quant à Énée, l'objet de cette fureur, il reste tout confus face au souffle divin qu'il sent passer dans les paroles de son amante :

Quels propos furieux m'a elle degorgez ?
Le courroux fait la langue : et les plus outragez
Sont ceux, qui bien souvent poussent de leurs poitrines
Des choses, que l'ardeur fait sembler aux divines[18].

La fureur prophétique de l'héroïne tragique est ainsi la parfaite image, dans le cadre de l'énonciation dramatique, des pouvoirs de la fureur poétique du poète lyrique. De plus, la force des vers d'inspiration divine pourrait avoir été subtilement évoquée par Jodelle au sein même de sa pièce. Comme le suggère Yvan Loskoutoff[19], l'échange entre Anne et Barce sur la magie, à l'acte IV, pourrait en effet être une métaphore des pouvoirs de la poésie, puisque les personnages distinguent la magie des potions, impuissante, de celle, efficace, des mots et des formules nommée par le terme de « vers » :

L'âge tousjours apprend, et n'est pas qu'ancienne
Tu n'ayes pratiqué l'horreur magicienne :
Donc à l'escart tournant trois ou sept ou neuf tours,
De beaux vers remachez encharme les amours.
L'amour qui plus qu'au corps en nostre ame domine,
Ne se guarist jamais du jus d'une racine :
Mais on dit que *le vers qui est du ciel appris*,
Domine sus l'amour et dessus nos esprits[20].

Si le terme de « fureur » constituait ainsi une sorte de syllepse faisant se rejoindre l'inspiration enthousiaste du poète et la folie oraculaire de son héroïne, celui de «vers» pourrait être une nouvelle syllepse évoquant simultanément la magie mythologique au sein de la fiction et la *vis verborum*, les pouvoirs du langage, dans la conception démoniaque de la poésie jodellienne. Enfin, ultime jeu réflexif au sein de la pièce, lorsque, au dénouement, Barce explique au chœur que Didon a dissimulé son intention de se suicider sous le prétexte d'un rituel magique, elle emploie à propos de la reine une expression qui pourrait tout aussi bien désigner Jodelle : «feignant par vers tragiques / D'enchanter ses fureurs[21]». Comme le dramaturge, Didon, en proie à la fureur, aurait ainsi réalisé une mise en scène «tragique» de sa propre mort.

D'une manière générale, la prophétie, dans la tragédie humaniste, fait régulièrement appel au thème du *furor poeticus* pour s'exprimer. Par exemple, dans la *Clytemnestre* de Pierre Matthieu, parue en 1589, tous les discours qui entourent les dons de divination de Cassandre font appel à un vocabulaire d'ordre poétique qui assimile sa fureur prophétique à une forme de fureur poétique. La Troyenne relie ainsi explicitement son don divin à une forme d'inspiration lyrique lorsqu'elle déclare :

Celuy qui m'a donné la voix propheteresse,
M'ordonne de *chanter*, car je suis sa prestresse[22].

Et, de fait, ces paroles servent à introduire dans le cours du drame des vers lyriques dans lesquels la prophétesse annonce la mort prochaine d'Agamemnon. De plus, tant Cassandre que le Chœur commentent ces paroles prophétiques en termes poétiques. La prophétesse décrit ainsi sa prédiction à l'aide d'un vocabulaire d'ordre stylistique :

L'univers
De mes vers
Méprise la phrase,
Mais Phœbus
Sans abus
Entend telle emphase[23].

Tandis que le Chœur souligne les qualités lyriques de la parole de Cassandre en parlant de «[s]a fureur [...] Qui l'oreille charme[24]».

Les tragédies humanistes, qui mettaient en scène les héros des mythes ou les grands personnages de l'histoire, n'avaient guère l'occasion de présenter des personnages de poètes inspirés ; aussi le thème du *furor poeticus* en est-il venu à se déplacer, dans le drame, de l'énonciation poétique à l'énonciation prophétique – l'idée d'inspiration divine assurant le lien. Le personnage doué de dons prophétiques peut ainsi en venir à constituer, dans le drame, une image symbolique du poète-dramaturge qui, bien souvent, était également un poète lyrique comme Jodelle. L'originalité du recours au mythe du *furor poeticus* dans la tragédie humaniste tient au fait que la fureur poétique est presque explicitement mentionnée par les personnages dans leurs discours bien que leur parole ne soit pas censée représenter de la poésie au sein de la fiction. S'ils s'expriment poétiquement, ils ne le font qu'en vertu des conventions de l'écriture dramatique propre au xvie siècle, à une époque où la spécificité du mode dramatique par rapport au lyrique n'avait pas encore été formellement établie et où la question de la vraisemblance ne se posait pas véritablement. Le *furor poeticus* constitue donc, en quelque sorte, une métaphore destinée à décrire des personnages rendus hors d'eux-mêmes par d'autres formes de fureurs : la fureur tragique pour Didon ou la fureur prophétique pour Cassandre.

Furor poeticus et vraisemblance dramatique dans le théâtre du xviie siècle

L'avènement de la réforme malherbienne dans le premier tiers du xviie siècle devait marquer – outre, évidemment, l'adoption d'une nouvelle esthétique – l'émergence d'une nouvelle conception de la poésie fondée non plus sur l'inspiration mais sur le travail, la technique, tournant ainsi résolument le dos aux vieilles idées de la poésie humaniste et donc au mythe du *furor poeticus*. La poésie ne se concevait plus comme une création spontanée, rendue possible par le seul enthousiasme ou l'échauffement de l'esprit. Ainsi, si Pierre Deimier – l'auteur de l'*Académie de l'art poétique* paru en 1610 – reconnaissait que la poésie constituait «un don de Nature[25]», c'était pour ajouter immédiatement après que celui-ci devait être «perfectionné de l'Art[26]» car, dit-il :

> [...] ce seroit en vain, que le plus beau naturel du monde, oseroit entreprendre de faire quelque œuvre parfaicte, en quelle science ou discipline que ce soit, s'il vouloit mespriser & negliger toutes les raisons & les exemples de ceux qui ont aquis de la reputation en l'exercice ou science qu'il auroit fait dessein de pratiquer & d'aquerir[27].

Certes, le *furor poeticus* ne disparaît pas du jour au lendemain, mais, d'une manière générale, il devient un simple lieu commun poétique vidé de toute substance. Comme le signale Carine Luccioni :

[…] la théorie de la fureur divine a perdu au début du XVIIᵉ siècle le crédit dont elle jouissait chez les poètes de la Pléiade. Mise au service de l'*elocutio* poétique, elle fournit un vocabulaire et des images et n'a plus qu'une fonction d'illustration[28].

La question de l'inspiration se posait encore, bien évidemment, mais, d'une manière générale, on assiste à un déplacement de la question : il ne s'agissait plus de se demander ce qui pouvait élever les poètes au-dessus du commun des mortels mais plutôt de se demander comment le commun des mortels pouvait momentanément se hisser au niveau des poètes. Dès lors, la question de l'enthousiasme divin, issu de la tradition platonicienne, devait s'effacer devant la tradition aristotélicienne de la mélancolie créatrice. Ainsi, lorsque Deimier évoque la possibilité pour quelqu'un qui ne serait pas poète de faire de la poésie, il attribue ce talent spontané aux passions qui agiteraient cette personne :

> [...] par accident on peut se treuver quelques fois à faire des vers : mais c'est au moyen de quelques passions qui agitent vivement l'Esprit, car on voit que les transports de l'amour, ou de l'ire, ou de l'ennuy, occasionnent que ceux qui jamais n'avoient faict des vers en composent tout à coup, & deviennent comme Poëtes. Et ceste raison est appuyee de l'authorité des anciens Latins, qui disoient que celui qui est en colère fait des vers bien que la Nature luy en ait desnié la vertu[29].

Si la poésie constituait un art cultivé par ceux qui possédaient un don naturel, elle pouvait éventuellement être pratiquée par un non-initié si celui-ci y était poussé par quelque passion.

Si abstraites soient-elles, ces théories devaient intéresser les dramaturges de l'époque dans la mesure où ceux-ci se complaisaient alors à mettre en scène des personnages s'exprimant de manière éminemment poétique sans que rien ne justifiât parfois un tel langage. Aussi n'est-il guère rare de voir dans les pastorales et les tragi-comédies des années 1620 ou 1630 des personnages expliquer le caractère poétique de leurs discours. Or deux raisons sont systématiquement mises en avant : soit le personnage a travaillé en amont son expression poétique, soit celle-ci lui a été inspirée par une forme de fureur ou de mélancolie. Par exemple, dans *Iris* de Coignée de Bourron, une pastorale parue en 1620, le berger Clarin va prendre soin, avant de chanter des vers lyriques au milieu des bois, de préciser que ceux-ci constituent une œuvre composée au préalable :

Mais cependant que seul je me promène
Parlant à moi des accès de la peine,
Je veux chanter la chanson que je fis
Pour ma bergère hier quand je la vis[30].

Inversement, dans la *Climène*, une tragi-comédie pastorale publiée par La Croix en 1629, un autre berger, Liridas, va conclure le long monologue lyrique qu'il vient de débiter par une réflexion sur la capacité de l'amour à rendre éloquente une personne pourtant sans instruction :

Mais voyez qu'un amant
Inspiré de l'amour parle patiemment,
Je suis simple Berger sans aucune science,
Et qui n'en eus jamais la moindre connaissance :
Toutefois éloquent je dis ce que je veux,
Car ce n'est pas d'avoir appris un mot ou deux
De deux savants Bergers qui sont dans ce village,
Il faut donc confesser que j'ai cet avantage
De l'Amour seulement, qui grand maître m'apprit
Ce que je viens de dire et m'a poli l'esprit.
C'est lui qui peut montrer sans aller aux écoles
À s'exprimer ainsi par de belles paroles[31].

Ce sont encore des considérations du même ordre qui seront plus tard mises en avant par Brosse dans *Les Songes des hommes éveillés*, parus en 1646. Mettant en scène un ivrogne enthousiaste – Du Pont, qui improvise un véritable hymne lyrique au vin – le dramaturge aura soin de glisser dans son monologue poétique une mention de la fureur éthylique qui vient, en quelque sorte, justifier l'élocution de ce personnage :

En fin tu fais, dit-on, composer de bons vers,
Et le meilleur Poëte est lent à la besongne,
S'il n'a premierement enluminé sa trongne[32].

À partir des années 1620, la question de la vraisemblance du langage poétique au théâtre commençait à se poser et certains dramaturges avaient déjà le souci de justifier la présence d'une élocution lyrique par le recours à une fiction dérivée de la question de l'inspiration – quelle que soit sa nature – ou du travail.

Mais c'est à partir des années 1630, au moment où s'élabore la dramaturgie régulière, que le problème de l'expression poétique au théâtre sera clairement débattu. Les poéticiens vont en effet se démarquer de la dramaturgie humaniste ou baroque en établissant une distinction très nette entre le genre dramatique et les autres genres poétiques en mettant en avant la question du mode spécifique de l'imitation propre au drame. En réalité, ils ne faisaient que remettre au goût du jour la distinction, établie par Platon au troisième livre de *La République*, entre les genres poétiques dans lesquels le poète s'exprimait directement et ceux dans lesquels il faisait s'exprimer des personnages[33]. Le rappel de cette spécificité du mode dramatique par rapport aux autres formes de poésie – la poésie lyrique et la poésie épique – constituera ainsi le point de départ de toute réflexion sur l'élocution propre au théâtre. Mairet déclare par exemple que :

> L'ouvrage Dramatique, autrement dit Actif, Imitatif, ou Représentatif, est celui-là qui représente les actions d'un sujet par des personnes entreparlantes, et *où le Poète ne parle jamais lui-même*[34].

De la même façon, La Mesnardière va souligner la confusion fréquente que font les dramaturges de son temps entre l'élocution propre à l'épopée et l'élocution attendue au théâtre :

> Il est certain que les fautes dont le théâtre est chargé contre l'article du langage procèdent principalement de ce que les écrivains ne comprenant pas comme ils doivent la nature de leur poésie, font parler leurs personnages comme parle un poète héroïque, lorsque, agissant de soi-même dans une pleine liberté de mouvements et de pensées, il divertit son esprit par les descriptions fleuries dont il pare ses épopées, capables de tous ornements.
> Il faut donc considérer que *le poète dramatique ne parle jamais de soi-même* ; qu'il est toujours sur la scène, et jamais dans le cabinet ; que toutes ses productions sont des discours perpétuels des personnes introduites ; et qu'ainsi il est obligé d'entrer dans leurs sentiments, de se vêtir de leurs passions et d'épouser leurs intérêts, pour les faire passer ensuite dans l'esprit de ses acteurs et enfin, par leur ministère, dans l'âme de son auditeur[35].

La même idée sera encore reprise sous une forme plus concise par Corneille dans ses discours poétiques :

> [...] le langage doit être net, les figures placées à propos et diversifiées, et la versification aisée et élevée au-dessus de la prose, mais non pas jusqu'à l'enflure du poème épique, puisque *ceux que le poète fait parler ne sont pas des poètes*[36].

Tout l'art du dramaturge consiste à s'effacer derrière son personnage et on considèrerait comme une faute le fait de mettre en scène des discours trop fleuris dans la mesure où ceux-ci ne feraient que trahir la présence du poète derrière le personnage qui s'exprime. C'est pourquoi le constat de cette spécificité du mode dramatique devait sonner le glas de l'élocution lyrique au théâtre.

Un point en particulier devait retenir l'attention de l'abbé D'Aubignac et l'amener à débattre avec Corneille : la question des stances, c'est-à-dire l'introduction sur le théâtre de vers lyriques. Un cas spécifique posait problème au poéticien : celui des célèbres stances du *Cid*, lorsque Rodrigue improvise une tirade en vers lyriques au milieu de la rue entre deux scènes. En effet, si Corneille admettait les stances comme une pure convention au même titre que la versification en alexandrins[37], D'Aubignac, lui, refusait de les voir autrement que comme des vers lyriques conçus comme tels *au sein de la fiction*. Partant, il estimait que, au nom de la vraisemblance, tout dramaturge se devait de justifier dans le drame le fait qu'un personnage qui ne serait pas présenté comme un poète s'exprime en vers lyriques. Or D'Aubignac n'envisage que deux possibilités, les mêmes qui étaient déjà parfois mises en avant dans les drames poétiques des années 1620-1630 : le fait que le personnage ne fasse que réciter un poème composé au préalable ou qu'il s'improvise poète sous le coup de la mélancolie ou du *furor poeticus*. D'Aubignac admettait ainsi qu'un personnage puisse réciter des stances à condition qu'il «ait eu quelque temps suffisant pour y travailler, ou pour y faire travailler[38]». De fait, il était très fréquent que les stances soient placées à l'ouverture d'un acte et, partant, un critique par trop rationnel pouvait toujours se raconter à lui-même que le personnage avait pris le temps durant l'entracte d'écrire et d'apprendre ces vers avant de venir les réciter sur le devant de la scène – une idée que Corneille devait trouver tout bonnement ridicule[39]... Il y a cependant un cas que D'Aubignac admet, dans lequel un personnage puisse improviser des stances de manière vraisemblable : il s'agit précisément du cas d'un personnage représenté comme étant saisi par le *furor poeticus* – que le poéticien mêle ici à la mélancolie aristotélicienne :

> Il en est de même d'un Acteur que l'on supposerait avoir été sur le champ surpris de quelque grand et noble Enthousiasme, ou que l'on feindrait avoir la facilité de composer à l'improviste, ou qu'une fièvre chaude eût rendu Poète, comme il est arrivé à quelques-uns, ou qui dans sa frénésie eût accoutumé de faire des vers, comme on écrit du Tasse Italien, et Aristote d'un autre Poète de son temps, qui ne faisaient point de vers que durant l'accès de leur fureur[40].

Toutefois – faut-il le préciser ? – D'Aubignac n'évoque ce cas de figure que comme un cas particulier, presque un cas hypothétique, et non comme un phénomène appelé à jouer un rôle fréquent sur les planches.

L'instauration des principes réguliers au cours des années 1630 entérine une séparation beaucoup plus stricte qu'elle ne l'avait jamais été entre les modes lyrique et dramatique. On n'accepte plus désormais que des personnages s'expriment de manière poétique, comme si de rien n'était, au nom d'une quelconque convention dramatique. C'est pourquoi les critiques les plus vétilleux estiment que tout fragment poétique présent en scène – qu'il s'agisse de stances ou d'un discours trop fleuri – doit être considéré comme de la poésie par les personnages eux-mêmes au sein de la fiction. Or, par souci de vraisemblance, on estime nécessaire de justifier les modalités de production de ce discours poétique fictif, soit en le faisant intervenir de telle sorte que l'on puisse penser que le personnage a eu le temps de composer un poème voire de préciser qu'il s'agit bien d'une œuvre écrite au préalable, soit en faisant découler ces vers d'une forme d'inspiration spontanée. C'est donc la question de la vraisemblance qui, bien souvent, explique l'intervention du *furor poeticus*, que celui-ci découle de l'amour, de l'ivresse ou de toute autre cause jugée acceptable. Cependant, le simple fait de refuser de considérer toute forme d'élocution jugée trop poétique autrement que comme une forme de poésie devant être envisagée comme telle dans la diégèse ne pouvait qu'écarter l'expression poétique – et donc la thématique du *furor poeticus* – des genres sérieux. Qui imaginerait en effet un roi de tragédie confronté à une grave crise d'État s'amuser à composer ou improviser de la poésie en scène ? Seul un dramaturge de l'époque nous semble être parvenu à exploiter de manière pertinente le principe du *furor poeticus* dans des pièces sérieuses : Tristan L'Hermite qui, tout au long de sa carrière de poète et de dramaturge, n'a eu de cesse d'interroger la question de l'inscription du lyrisme au sein d'une œuvre dramatique.

L'ambivalence du *furor poeticus* dans le théâtre sérieux de Tristan L'Hermite

Alors que le mouvement amorcé par la rénovation de la tragédie fondé sur la régularité devait entraîner une dépoétisation générale du théâtre sérieux, l'œuvre dramatique de Tristan L'Hermite constitue un cas tout à fait original dans la mesure où il s'inscrit dans ce mouvement général tout en s'efforçant de laisser une place importante à l'expression poétique. Trois pièces en particulier semblent constituer un point d'observation privilégié pour étudier le thème de l'inspiration poétique : *Panthée*,

La Mort de Sénèque et *La Folie du sage*, soit deux tragédies et une tragi-comédie. Ces trois œuvres mettent respectivement en scène un amoureux passionné, un personnage touché par la grâce et un fou, trois configurations qui, dans la pensée du XVIIᵉ siècle, étaient jugées propres à faire naître le *furor poeticus* et donc justifier l'emploi sur scène d'une langue poétique sans contrevenir à la vraisemblance.

Il apparaît ainsi que le dramaturge – peut-être par tempérament personnel[41] – s'est employé avec constance à construire des personnages prédisposés à la mélancolie ou à la poésie. L'intrigue de *Panthée* s'attache à la passion indiscrète que nourrit Araspe pour l'héroïne éponyme, une captive dont la sûreté – et la chasteté – lui ont été confiées par son empereur, Cyrus. Avec cette tragédie, Tristan reprenait un sujet déjà porté à la scène par Alexandre Hardy quelques années plus tôt. Or il est révélateur de voir que le dramaturge a fait subir de légères inflexions à son personnage par rapport à son modèle. En premier lieu, Araspe est implicitement présenté par Tristan comme une figure de poète dans la mesure où, pour déclarer sa flamme à Panthée, il compose un poème qu'il lui déclame en affirmant n'avoir fait que «composer en faveur d'un amant / De qui la passion [le] touche tendrement[42]». Mais, surtout, chez Hardy, la passion d'Araspe relevait de la fureur au sens criminel et infernal du terme, celui-ci se présentant comme étant «Agité du flambeau d'une aveugle furie[43]». Tristan, lui, fait tendre la fureur d'Araspe vers la mélancolie en la définissant comme une maladie de l'âme voire une folie. C'est le constat que fait Cyrus en observant son subordonné :

> Il a perdu le sens : voyez quelle *manie*,
> Comme l'Amour le traite avecque tyrannie ;
> L'état où je le vois me donne du regret ;
> Mais il faut le traiter en *malade* indiscret,
> Puisqu'il nous a fait voir par un trait si sensible
> Qu'à d'importants sujets sa *folie* est nuisible[44].

D'une part, le dramaturge semble avoir atténué la condamnation morale qui pesait sur Araspe en le rendant en quelque sorte pénalement irresponsable, et, d'autre part, il créait les conditions nécessaires pour faire s'exprimer son personnage de manière poétique sous le coup de l'inspiration. *La Folie du sage* met quant à elle en scène Ariste, un sage érudit, rendu fou par la mort supposée de sa fille. Or, la rencontre de la sagesse et de la folie va entraîner le personnage dans une forme de délire verbal et poétique qui fait précisément tout l'intérêt de cette tragi-comédie. Or, là encore, Tristan s'emploie à justifier par la vraisemblance les développements poétiques et métaphoriques qu'il met en scène. Ainsi, avant même qu'Ariste ne commence à délirer, le dramaturge prend soin d'indiquer le tempérament mélancolique du personnage dans des termes qui font directement écho aux *Problemata* aristotéliciens :

> Ce que vous imputez à quelque affliction
> Est possible un effet de sa complexion.
> Cette mauvaise humeur se tourne en habitude
> En ceux qui comme lui s'appliquent à l'étude[45].

Fort de ces prédispositions mélancoliques, Ariste, une fois devenu fou, va métamorphoser son érudition philosophique en pure fantaisie verbale[46]. Enfin *La Mort de Sénèque* met en scène les derniers moments du philosophe et précepteur de Néron, obligé de se suicider sur l'ordre de l'empereur. Or – faut-il le rappeler ? – Sénèque fut un grand orateur ainsi qu'un poète tragique réputé. Et Sabine, la concubine de Néron, s'empresse de rappeler au spectateur, dès la scène d'exposition, la parfaite maîtrise de la langue dont témoigne le héros éponyme, se plaignant de « sa vaine éloquence[47] », de « son style énervé[48] » ou encore des « inventions » de « sa parole attrayante[49] ». Certes, il s'agit de rhétorique et non de poésie, mais cela suffirait largement à justifier que le personnage s'autorise à s'exprimer de manière un tant soit peu poétique. Chacun de ces trois personnages va être amené à incarner en scène une modalité spécifique du *furor poeticus* à laquelle correspondra une forme d'élocution lyrique spécifique.

Comme la plupart des tragédies de l'époque, différents passages de *Panthée* s'inspirent de la poésie épique ou élégiaque, qu'il s'agisse de récits de batailles ou de l'expression du deuil de l'héroïne éponyme pleurant son mari défunt. Cependant seul Araspe, l'amoureux passionné jusqu'à la folie, s'exprime au moyen de pointes et autres figures ingénieuses, telles qu'on peut les observer, par exemple, dans la poésie de Marino. Or, comme le soulignera Tesauro, la passion amoureuse est l'un des vecteurs possibles de l'ingéniosité poétique :

> Il est certain que les passions de l'âme aiguisent la pointe de l'ingéniosité humaine et que, pour le dire avec notre auteur, le trouble donne de la force à la persuasion. La raison en est que l'émotion embrase les esprits, qui sont les petits flambeaux de l'intellect ; et l'imagination, fixée sur ce seul objet, concentre sur lui seul la minutieuse observation de tous les éléments circonstanciels, fussent-ils éloignés. Alors, comme altéré lui-même, l'intellect les altère étrangement, les intensifie et les ac-

couple, s'en servant pour forger des conceptions hyper-
boliques et bizarrement figurées[50].

Araspe construit ainsi ses discours à partir de *topoï* voire de clichés issus de la lyrique pétrarquiste qu'il combine sous la forme
d'antithèses :

> Voyant ses bras captifs sous de honteux liens,
> J'allais tarir ses pleurs, elle me mit en flamme ;
> Je rassurai son cœur, elle troubla mon âme,
> Et me donna des fers quand je rompis les siens[51].

Et de ces antithèses il déduit différents sophismes faussement
paradoxaux tels :

> Je sais bien que je sers une ingrate beauté
> Et qu'aimant sans espoir j'ai des feux sans clarté[52].

> Je veux jusqu'à la mort l'adorer en mon âme
> Et dans ma cendre encore en conserver la flamme[53].

De même, en bon poète mariniste, Araspe s'amuse à filer les
clichés métaphoriques propres à la lyrique amoureuse. Ainsi,
par exemple, l'amoureux mélancolique métamorphose-t-il en
phénomènes météorologiques le changement de couleur du visage de Panthée sous le coup de la colère et de la confusion
lorsqu'elle prend conscience des sentiments d'Araspe à son
égard :

> Madame, je vous aime. Ô Cieux ! Le teint vous change
> À la confession de cette erreur étrange,
> Et l'insolent aveu d'un crime sans pareil
> Pour ma confusion fait rougir un Soleil.
> Mais l'ombre de ma mort fût-elle en ce nuage
> Qui trouble l'air serein de votre beau visage,
> Et l'éclair que vos yeux me viennent d'envoyer
> Ne fût-il allumé que pour me foudroyer[54].

Une telle élocution ingénieuse n'aurait rien eu d'exceptionnel en
soi dans une tragi-comédie autour des années 1628-1634, mais,
dans une tragédie rénovée, elle reste tout à fait sensible. Mais,
surtout, la langue poétique n'a plus le même sens. Dans la tragi-
comédie, l'ingéniosité poétique ne faisait que caractériser la
langue enjouée associée à la tendresse du sentiment amoureux,
comme le soulignait La Mesnardière :

> Je n'improuverai jamais qu'un amant victorieux ex-
> prime ses contentements par des paroles recherchées et
> par des manières fleuries, qui marquent cet heureux état
> où l'âme noyée dans la Joie n'a que des visions agréables
> et des pensées délicieuses[55].

Dans la tragédie de Tristan, en revanche, une telle expression
devient le symptôme du mal de la passion amoureuse, d'une
forme d'altération de l'esprit.

Si le sujet de *La Mort de Sénèque* ne prêtait pas *a priori* à
l'expression du *furor poeticus*, toute la pièce semble néanmoins
avoir été le prétexte, pour Tristan, à représenter une forme
d'enthousiasme divin, illustrant ainsi la deuxième forme de fureur poétique envisagée par Tesauro qui écrivait :

> La deuxième fureur dotée de finesse est l'inspiration,
> qu'en grec on appelle « enthousiasme ». En ont témoigné
> clairement les prophètes sacrés, dont les visions mer-
> veilleuses n'étaient rien d'autre que des symboles méta-
> phoriques et des subtilités divines, suggérées par l'Esprit
> saint[56].

Pour comprendre comment cette tragédie romaine marquée
par la politique a pu constituer le véhicule de l'expression de
l'enthousiasme poétique, il convient d'étudier la place – somme
toute très restreinte – de la poésie dans son économie générale. En
effet, ce n'est pas le lyrisme qui, à première vue, est mis en avant
dans cette tragédie mais la rhétorique. L'art oratoire constitue un
thème central dans la pièce : la rhétorique est mise en scène en tant
que telle et commentée de manière technique par les personnages
de l'action. De fait, Sénèque était un orateur réputé en son temps et
considéré comme l'un des principaux représentants du style pointu
durant l'Antiquité latine. Or, en marge de ce fil rhétorique et politique de la pièce, Tristan va esquisser un autre fil, d'abord plus
discret, consacré à la conversion au christianisme du philosophe,
suivant une idée répandue au xviie siècle comme le signale Jean-
Pierre Chauveau dans son édition de la pièce[57]. On sait ainsi dès
le deuxième acte de la tragédie que le philosophe a rencontré saint
Paul et qu'il manifeste de l'intérêt pour la doctrine chrétienne :

> Aussi bien j'ai promis d'aller voir cette nuit
> Un vieux Cilicien aux bonnes mœurs instruit,
> Un prophète nouveau dont la doctrine pure
> Ne tient rien de Platon, ne tient rien d'Épicure,
> Et s'éloignant du mal veut introduire au jour
> Une loi de respect, de justice et d'amour[58].

Et la conversion de Sénèque au christianisme sera entérinée à la fin de la pièce, dans le récit rapporté à Néron de la mort de son ancien précepteur, lorsque le messager transmettra les *ultima verba* du philosophe qui prennent la forme d'une prière chrétienne :

> Alors levant les yeux,
> Il a dit en poussant sa voix faible et tremblante,
> Dans le creux de sa main prenant de l'eau sanglante
> Qu'à peine il a jetée en l'air à sa hauteur :
> « Voici ce que je t'offre, ô Dieu libérateur,
> Dieu dont le nouveau bruit a mon âme ravie,
> Dieu qui n'es rien qu'amour, esprit, lumière et vie,
> Dieu de l'homme de Tarse où je mets mon espoir ;
> Mon âme vient de toi, veuille la recevoir[59]. »

Ce qui nous intéresse, ici, c'est le fait que Tristan a choisi de rendre sensible l'action de la grâce au moyen de la forme poétique qui vient incarner la conversion de Sénèque à la religion chrétienne. En effet, ce sont les stances prononcées par le personnage éponyme de la tragédie à l'ouverture du cinquième acte, lorsque Sénèque sait qu'il doit mourir, qui marquent cette conversion. Or ces stances tournent volontairement le dos au style travaillé de la rhétorique mise en œuvre jusqu'alors par Sénèque au profit d'une élocution inspirée de la poésie religieuse de l'époque. Elles semblent en particulier s'inspirer du style simple de l'esthétique malherbienne, et ces vers ne sont pas sans rappeler certains accents de la *Paraphrase du psaume CXLV* de Malherbe :

> Mon âme apprête-toi pour sortir toute entière
> De cette fragile matière
> Dont le confus mélange est un voile à tes yeux :
> Tu dois te réjouir du coup qui te menace,
> Pensant te faire injure on te va faire grâce :
> Si l'on te bannit de ces lieux
> En t'envoyant là-haut, c'est chez toi qu'on te chasse,
> Ton origine vient des Cieux[60]. *Etc.*

Témoignage de l'action de la grâce, ces stances pourraient ainsi être considérées comme le fruit du *furor poeticus* qui inspirerait au philosophe, au moment d'accueillir la mort, une nouvelle forme d'expression poétique totalement éloignée de ses anciens penchants stylistiques et rhétoriques : touché par l'esprit saint, l'ingénieux rhéteur est devenu un poète inspiré. De plus, ce temps lyrique et spirituel est particulièrement mis en valeur par la construction dramatique de la pièce. Cette tragédie est en effet construite sur une forme de *crescendo* qui suit les développements d'une conjuration contre Néron, sa découverte et sa violente répression. L'acmé tragique de cette construction se situe ainsi à l'acte IV, lorsque l'Empereur étouffe dans le sang cette conjuration : torture, trahison, cruauté... le rideau se referme sur le spectacle de la vaine et pitoyable agitation humaine, la joie de tyrans sanguinaires et la souffrance d'hommes à la vertu médiocre. Mais lorsqu'il se rouvre à l'acte suivant, il dévoile la figure du philosophe, calme, en paix, celui-ci se voyant touché par l'esprit saint. Le contraste est sublime : en mettant la poésie au service du drame, il rend tangible la sérénité du croyant qui, sûr de son salut, a déjà abandonné tout souci terrestre. Si ce moment d'enthousiasme religieux et poétique reste relativement bref et bien circonscrit dans l'économie de la pièce, il n'en constitue pas moins le pivot majeur de la tragédie, le moment qui vient lui donner son unité et sa cohérence. Les stances inspirées par l'enthousiasme divin constituent bien la pierre de touche d'un édifice dramatique destiné à rendre sensible l'action de la grâce.

Enfin, comme son titre oxymorique l'indique, *La Folie du sage* met en scène la dernière modalité de la fureur inspiratrice définie par Tesauro, c'est-à-dire celle déployée par les fous :

> La dernière fureur est celle des fous, qui (le croirait-on?) sont mieux placés que les sains d'esprit pour forger dans leur imagination de plaisantes métaphores et des symboles subtils; disons même que la folie n'est rien d'autre que métaphore, celle-ci prenant chaque chose pour une autre. Il en résulte que d'ordinaire les fous ont un esprit remarquable, et que les esprits les plus fins – tels les poètes ou les mathématiciens – sont davantage enclins à la folie. Car plus l'imagination est gaillarde, plus elle est susceptible en vérité d'imprimer en elle-même les images qu'offrent les sciences; mais qu'une image s'imprime trop profondément, avec trop de chaleur, et souvent elle devient une vision fantastique – qui avec le temps devient folie. Tu comprends, dès lors, dans quel fragile vaisseau est conservé le précieux trésor, tant la sagesse est proche de l'insanité[61].

Le fruit poétique d'une telle fureur procèdera à la fois de la fantaisie verbale et de la poésie baroque. Par exemple, lorsque la mort de sa fille lui fera éprouver la vanité de toute la sagesse antique, Ariste, devenu fou, jettera un à un les livres de sa bibliothèque sur scène en annonçant leur auteur. L'accumulation sans fin de ces noms célèbres, ordonnées sous la forme rythmique de l'alexandrin, métamorphosera ainsi l'ensemble de ces philosophes et de leurs doctrines en une pure litanie verbale :

> Esprits, dont la doctrine en erreurs si féconde,
> S'est acquis tant de gloire en trompant tout le monde,
> Nous donnant la Vertu pour un souverain bien,
> Que déterminez-vous d'un sort tel que le mien ?
> Ah ! Voici ces docteurs de qui l'erreur nous flatte :
> Aristote, Platon, Solon, Bias, Socrate,
> Pytaque, Périandre, et le vieux Samien,
> Xénophane, et Denis le Babylonien.
> Revisitons un peu cette troupe savante,
> Gnyde, Eudoxe, Épicarme, Alcidame et Cléanthe,
> Démocrite, Thalès d'un immortel renom,
> Possidoine, Caliphe, Antistène et Zénon ;
> Consultons Xénocrate, et consultons encore
> Phérécide, Ariston, Timée, Anaxagore,
> Chrisipe, Polémon, le docte Agrigentin,
> Clytomaque, Architas, Anaxarque et Plotin.
> Reconfrontons encor tous ces auteurs de marque,
> Aristippe, Sénèque, Épictète et Plutarque[62].

Si Ariste peut transformer l'érudition en poésie par le jeu des rythmes et des sonorités, il le fait également par son imagination métaphorique qui relève de l'esthétique baroque. De fait, comme le souligne Tesauro, « la folie n'est rien d'autre que métaphore ». Par exemple, alors qu'on lui demande son identité, le philosophe va délivrer une définition de l'Homme construite par une accumulation de métaphores, d'antithèses et d'oxymores qui donne de l'être humain une image instable, changeante et fragile, entre le sublime et le grotesque :

> [...] Qui je suis ? Je m'en vais te l'apprendre :
> Un sujet merveilleux fait d'une âme et d'un corps,
> Un pourceau par dedans, un singe par dehors,
> Un chef-d'œuvre de terre, un miracle visible,
> Un animal parlant, raisonnable et risible ;
> Un petit univers en qui les éléments
> Apportent mille maux et mille changements ;
> Une belle, superbe et frêle architecture
> Qui doit son ordonnance aux mains de la nature,
> Où des os, tenant place et de pierre et de bois,
> Forment les fondements, le faîte et les parois ;
> Un mixte composé de lumière et de fange,
> Où s'attachent sans fin le blâme ou la louange ;

Un vaisseau plein d'esprits et plein de mouvements,
Revêtu de tendons, de nerfs, de ligaments,
De cuir, de chair, de sang, de moelle et de graisse,
Qui se mine à toute heure et se détruit sans cesse,
Où l'âme se retire et fait ses fonctions,
S'imprime les vertus, ou trempe aux passions ;
À qui toujours les sens, ses messagers volages,
Des objets reconnus rapportent les images.
[...] Un jouet de la mort et du temps,
Du froid, de la chaleur, du foudre et des autans,
Et sur qui la Fortune établit son empire
Tandis qu'il peut souffler jusqu'à ce qu'il expire[63].

La «folie [...] fort sage[64]» d'Ariste consiste ainsi à transformer en pure poésie le savoir et la sagesse sous l'effet de la mélancolie.

Le théâtre sérieux de Tristan L'Hermite met bien en scène divers morceaux de bravoure lyriques dont l'introduction semble parfaitement respecter la règle de la vraisemblance telle que définie par d'Aubignac puisque chaque personnage qui met en œuvre cette élocution poétique le fait sous le coup d'un «noble enthousiasme» ou d'une «fièvre chaude» susceptible de l'avoir «rendu Poète». De plus, le dramaturge a pris soin de définir pour chaque personnage une forme de poésie liée à sa fureur spécifique : l'ingéniosité mariniste pour l'amoureux passionné, la poésie religieuse malherbienne pour le personnage touché par la grâce et, enfin, une forme de fantaisie verbale baroque pour le philosophe devenu fou. Toutefois, une différence de taille apparaît entre le modèle proposé par d'Aubignac et la mise en œuvre faite par Tristan : à aucun moment les paroles poétiques prononcées par ces personnages ne sont décrites dans la fiction comme de la poésie et le *furor poeticus* n'est jamais thématisé en tant que tel dans ces pièces même si les conditions de son intervention sont savamment mises en place. Autrement dit, bien que rendue vraisemblable dans la fiction, l'élocution lyrique de ces personnages reste une pure convention dramatique. Tristan semble ainsi avoir suivi un raisonnement inversé par rapport à celui de d'Aubignac : si la fureur amoureuse, la folie mélancolique ou l'inspiration divine sont à même de rendre poète, alors le fait de faire s'exprimer ces personnages comme des poètes permet de rendre sensible l'effet de l'inspiration divine, de la folie mélancolique ou de la fureur amoureuse. Ce faisant, le dramaturge a su mettre en œuvre une forme de poésie lyrique pleinement dramatique dans le sens où celle-ci ne constitue ni une pure convention sans justification ni un simple élément de la diégèse, mais une convention vraisemblable chargée de traduire des états dramatiques spécifiques.

Le *furor poeticus* entendu au sens restreint du terme reste une thématique relativement peu exploitée dans le théâtre des XVIe et XVIIe siècles, et ce pour une raison évidente : à moins de mettre en scène un personnage de poète inspiré, ce motif n'a *a priori* pas réellement lieu d'être. Aussi, à quelques exceptions près, comme le personnage d'Amidor dans *Les Visionnaires*, les dramaturges qui se sont intéressés à ce thème ont-ils plutôt suivi une interprétation très large de la fureur afin de mettre en scène des personnages momentanément « rendus poètes ». Si les modalités d'intervention du *furor poeticus* varient énormément d'une époque à l'autre, celui-ci témoigne toujours de la conception des rapports alors admise entre les modes lyrique et dramatique. Au XVIe siècle, alors que le mode dramatique n'est pas encore parfaitement distingué du mode lyrique et que l'on accepte donc sans difficulté, comme une convention, le fait que des personnages s'expriment poétiquement sur les planches, le *furor poeticus* est en quelque sorte utilisé comme un signifiant métaphorique pour exprimer d'autres formes de fureurs comme la rage tragique ou les dons prophétiques. Au XVIIe siècle, en revanche, on établit une séparation théorique radicale entre le mode dramatique et le mode lyrique et l'on n'accepte donc le style poétique que si celui-ci est intégré à la diégèse ; c'est pourquoi le *furor poeticus* intervient en principe dans son sens référentiel afin de rendre vraisemblable toute prise de parole poétique, que celle-ci soit provoquée par l'amour, l'ivresse ou toute autre cause jugée acceptable. Enfin, Tristan L'Hermite va mettre en œuvre une synthèse de ces deux traditions en entérinant dans son théâtre le système de la vraisemblance classique sans pour autant renoncer à la part d'expression poétique conventionnelle héritée de la dramaturgie humaniste. Le *furor poeticus* lui permet ainsi de construire implicitement une sorte de « métonymie » dans laquelle l'élocution lyrique servirait par convention à rendre sensible ce qui serait susceptible de la causer, à savoir diverses formes de fureurs comme la passion amoureuse, la folie ou l'enthousiasme divin.

Sylvain GARNIER,
Sorbonne Université, CELLF 16-18

1   Jean Desmarets de Saint-Sorlin, *Les Visionnaires, comédie* [1637], éd. Cl. Chaineaux [*in*] *Théâtre complet : 1636-1643*, Paris, Champion, «Sources classiques», 2005, «Argument», p. 197.

2   Sur cette question, lire Frédéric Sprogis, *Le Cothurne d'Alecton : la fureur dans la tragédie française (1553-1653)*, thèse de doctorat, dir. G. Forestier, Sorbonne Université, 2019, p. 60-61.

3   Platon, *Phèdre*, 245 a, éd. L. Robin et Cl. Moreschini, trad. P. Vicaire, p. 31 [*in*] *Œuvres complètes*, IV, 3, Paris, Les Belles lettres, 1985.

4   Platon, *Ion*, 534 b, éd. et trad. L. Méridier, Paris, Les Belles lettres, 1989 (7ᵉ tirage), p. 36.

5   Pour se faire une idée des principaux auteurs ayant formalisé l'idée du *furor* poétique durant l'Antiquité et le *Quattrocento*, voir Donatella Coppini, «Des dieux et des papyrus. Figures de l'inspiration dans la poésie humaniste du *Quattrocento*», A.-P. Pouey-Mounou, p. 47-50 [*in*] *Inqualifiables fureurs : Poétique des invocations inspirées aux XVIᵉ et XVIIᵉ siècles*, dir. A.-P. Pouey-Mounou, Paris, Classiques Garnier, «Études et essais sur la Renaissance», 2019.

6   Aristote, *Problèmes*, XXX, éd. et trad. P. Louis, Paris, Les Belles lettres, 1994, p. 29.

7   *Ibid.*, p. 33.

8   Joachim Du Bellay, *La Deffence et illustration de la langue françoyse* [1549], éd. Fr. Goyet et Ol. Millet, p. 70 [*in*] *Œuvres complètes*, t. 1, dir. Ol. Millet, Paris, Champion, «Textes de la Renaissance», 2003, II, 11.

9   Pontus de Tyard, *Solitaire premier, ou Prose des muses & de la fureur poëtique*, Lyon, Jean de Tournes, 1552.

10   Sur ce point, voir, par exemple, Jean Lecointe, *L'Idéal et la différence : la perception de la personnalité littéraire à la Renaissance*, Genève, Droz, «Travaux d'Humanisme et Renaissance», 1993, p. 359-360.

11   Emanuele Tesauro, *Il Cannocchiale aristotelico* [1654], extraits traduits par Yves Hersant, p. 91 [*in*] *La Métaphore baroque d'Aristote à Tesauro*, Paris, Seuil, 2001.

12   Pour une analyse plus développée de cet aspect de la pièce, on lira avec profit l'article d'Emmanuel Buron, «La renaissance de la tragédie ou le spectacle de la parole : vue et parole dans les tragédies d'Étienne Jodelle», *L'Inscription du regard (Moyen Âge-XVIᵉ siècle)*, éd. M. Gally et M. Jourde, Fontenay-aux-Roses, E.N.S. éd. Fontenay Saint-Cloud, 1995, p. 127-168 (sur cette question, lire «Le courroux fait la langue», p. 150-157).

13   Étienne Jodelle, *Didon se sacrifiant* [1574], éd. J.-Cl. Ternaux, Paris, Champion, «Textes de la Renaissance», 2002, v. 911-912, p. 66.

14   *Ibid.*, v. 1681, p. 98.

15   *Ibid.*, v. 1961, p. 110.

16   *Ibid.*, v. 2170-2171, p. 117.

17   *Ibid.*, v. 1664-1665, p. 97.

18   *Ibid.*, v. 975-978, p. 68.

19   Voir Yvan Louskoutoff, «Magie et tragédie : la *Cléopâtre captive* d'Étienne Jodelle», *Bibliothèque d'Humanisme et Renaissance*, LIII, 1991, p. 78-79.

20   Jodelle, *Didon se sacrifiant*, v. 1617-1624, éd. citée, p. 95-96. (Nous soulignons).

21   *Ibid.*, v. 2307-2308, p. 122-123.

22   Pierre Matthieu, *Clytemnestre, tragédie*, Lyon, Benoist Rigaud, 1589, p. 56. (Nous soulignons).

23   *Ibid.*, p. 58.

24   *Ibid.*, p. 59.

25   Pierre de Deimier, *L'Académie de l'art poétique*, Paris, Jean de Bordeaulx, 1610, p. 1.

26   *Ibid.*

27   *Ibid.*, p. 3-4.

28 Carine Luccioni, *Les Rencontres d'Apollon et Saturne*, Paris, Classiques Garnier, «Lire le xviiᵉ siècle», 2012, p. 686.

29 Deimier, *op. cit.*, p. 3.

30 Hélie de Coignée de Bourron, *Iris, pastorale*, Rouen, D. Du Petit Val, 1620, p. 23.

31 La Croix, *La Climène, tragi-comédie pastorale*, Paris, J. Corrozet, 1629, p. 27-28.

32 Brosse, *Les Songes des hommes éveillés, comédie* [1646], éd. G. Forestier, Paris, STFM, 1984, I, 5, v. 304-306, p. 108.

33 Voir Platon, *République*, III, 394b-394c.

34 Jean Mairet, *La Silvanire, ou La morte-vive* [1631], éd. J.-P. Van Elslande, p. 409 [*in*] *Théâtre complet*, t. 2, Paris, Champion, «Sources classiques», 2008, «Préface». (Nous soulignons).

35 Hippolyte Jules Pilet de La Mesnardière, *La Poétique* [1639], éd. J.-M. Civardi, Paris, Champion, «Sources classiques», 2015, p. 435-436. (Nous soulignons).

36 Pierre Corneille, *Discours de l'utilité et des parties du poème dramatique* [1660], p. 134 [*in*] *Œuvres complètes*, t. 3, éd. G. Couton, Paris, Gallimard, «Bibliothèque de la Pléiade», 1987.

37 Voir Corneille, «Examen» d'*Andromède* [1660], p. 455 [*in*] *Œuvres complètes*, t. 2, éd. citée, 1984.

38 D'Aubignac, *La Pratique du théâtre* [1657], éd. H. Baby, Paris, Champion, «Sources classiques», 2001, p. 385.

39 Voir Corneille, «Examen» d'*Andromède*, éd. citée, p. 456-457.

40 D'Aubignac, *op. cit.*, p. 386-387.

41 Sur la dimension mélancolique de l'inspiration poétique de Tristan, voir Stéphan Bouttet, «De l'inquiétude à la sagesse : mélancolie et création poétique», *Cahiers Tristan L'Hermite*, nᵒ 9, 1987, p. 12-18.

42 Tristan L'Hermite, *Panthée, tragédie* [1639], éd. R. Guichemerre, p. 179 [*in*] *Œuvres complètes*, t. 4, Paris, Champion, «Sources classiques», 2001, II, 3, v. 519-520.

43 Alexandre Hardy, *Panthée, tragédie* [1624], éd. S. Berrégard, p. 364 [*in*] *Théâtre complet*, t. 1, Paris, Classiques Garnier, «Bibliothèque du théâtre français», 2012, II, 1, v. 209.

44 Tristan L'Hermite, *Panthée*, III, 6, v. 939-944, éd. citée, p. 198. (Nous soulignons).

45 Tristan L'Hermite, *La Folie du sage, tragi-comédie* [1645], II, 1, v. 343-346, éd. D. Dalla Valle, p. 41 [*in*] *Œuvres complètes*, t. 5, Paris, Champion, «Sources classiques», 1999.

46 Sur la dimension mélancolique du personnage d'Ariste, voir Patrick Dandrey, *Les Tréteaux de Saturne : scènes de la mélancolie à l'époque baroque*, Paris, Klincksieck, «Le Génie de la mélancolie», 2003, p. 129-161.

47 Tristan L'Hermite, *La Mort de Sénèque, tragédie* [1645], I, 1, v. 57, éd. J.-P. Chauveau, p. 251 [*in*] *Œuvres complètes*, t. 4, éd. citée.

48 *Ibid.*, I, 1, v. 63, p. 251.

49 *Ibid.*, I, 1, v. 59, p. 251.

50 Tesauro, *op. cit.*, p. 91.

51 Tristan L'Hermite, *Panthée*, II, 1, v. 379-382, éd. citée, p. 174.

52 *Ibid.*, I, 4, v. 329-330, p. 170.

53 *Ibid.*, III, 6, v. 923-924, p. 197.

54 *Ibid.*, II, 3, v. 549-556, p. 181.

55 La Mesnardière, *op. cit.*, p. 421.

56 Tesauro, *op. cit.*, p. 91-93.

57 Voir l'Introduction de *La Mort de Sénèque*, éd. citée, p. 238.

58 Tristan L'Hermite, *La Mort de Sénèque*, II, 4, v. 703-708, éd. citée, p. 277.

59 *Ibid.*, V, 4, v. 1830-1838, p. 335.

60 *Ibid.*, V, 1, v. 1419-1426, p. 317.
61 Tesauro, *op. cit.*, p. 95.
62 Tristan L'Hermite, *La Folie du sage*, III, 4, v. 941-958, éd. citée, p. 64-65.
63 *Ibid.*, IV, 2, v. 994-1018, p. 67-68.
64 *Ibid.*, V, 5, v. 1575, p. 92.

LE POUVOIR DESTRUCTEUR DES PASSIONS DANS LA *TRAGÉDIE D'AMNON ET TAMAR* DE CHRÉTIEN DES CROIX ET *LA MARIANE* DE TRISTAN

Nous nous proposons de rapprocher la *Tragédie d'Amnon et Tamar* de Chrétien des Croix, publiée en 1608[1], et *La Mariane* de Tristan L'Hermite, jouée en 1636[2]. Ces œuvres sont apparentées par la peinture dévastatrice des passions et la violence qui en découle.

Nous examinerons la structure de ces pièces et le mode d'insertion des conflits au sein de chaque configuration dramatique, puis nous mettrons en parallèle les figures-clés des deux actions (Amnon et Hérode, les persécuteurs passionnés ; Tamar et Mariane, les héroïnes victimes). Nous montrerons que la mise en place des effets tragiques dans ces œuvres repose sur des procédés dramaturgiques diversifiés, à travers lesquels on repère les indices d'une évolution esthétique entre Chrétien des Croix et Tristan.

La structure des pièces
et le mode d'expression des conflits

Transposition théâtrale d'un épisode biblique (2S 13) – le viol de Tamar, fille de David, par son demi-frère Amnon, ensuite tué par Absalon, le frère vengeur de la jeune fille[3] –, la pièce de Chrétien des Croix s'inscrit dans le schéma d'une tragédie de la vengeance, même si une pluralité de voix (les suivantes de Tamar, le chœur de jeunes filles, IV) jugent sévèrement le fait de se venger. Quant à la pièce de Tristan, inspirée entre autres des *Antiquités judaïques* (Livre XV) de Flavius Josèphe[4], elle montre la condamnation à mort, souvent interprétée comme un «martyre» avant la lettre, de Mariane[5], la femme d'Hérode, roi de Judée[6], à la fois victime des excès d'amour jaloux de son époux, et des machinations de sa belle-sœur.

Chaque pièce s'ouvre sur le constat d'une passion paradoxale, dont l'exacerbation mènera à la violence. Dans la première, l'amour incestueux d'Amnon pour sa demi-sœur Tamar est à l'origine des événements désastreux qui suivront. La seconde montre une perversion du lien conjugal : Hérode aime passionnément et jalousement sa femme Mariane qui le hait, le sachant responsable des morts de son frère et de son aïeul. C'est sur cet arrière-fond de tensions et de désirs que se greffent les ruses dirigées contre les héroïnes. Chez Chrétien des Croix, Amnon, feignant une maladie sur le conseil de son cousin Jonathas, attire Tamar dans sa chambre, sous prétexte de lui demander de cuisiner des gâteaux, et la viole. Chez Tristan, c'est le plan ourdi par Salomé, sœur d'Hérode et ennemie jurée de Mariane, qui précipite le destin tragique de la Reine : les accusations mensongères de l'Échanson contre celle-ci provoquent la fureur du Roi ; animé de nouveaux soupçons, celui-ci finit par la condamner à mort. Après quoi, la violence subie par Tamar et Mariane se retourne contre leurs auteurs. Amnon est tué par les serviteurs d'Absalon, au cours d'un banquet offert par celui-ci. Hérode qui s'est autodétruit en faisant exécuter Mariane, se débat dans un chaos intérieur aux confins de la folie.

Si des parallélismes peuvent être esquissés de façon très générale entre les intrigues et les ressorts dramatiques des deux œuvres, celles-ci ont toutefois des structures très dissemblables.

La longue pièce de Chrétien des Croix[7] présente des traits typiques d'une tragédie de la Renaissance. Des chœurs de jeunes filles ou de soldats interviennent (fin des actes I, II et IV pour commenter l'action ou prodiguer des avertissements). Centrés sur les figures d'Amnon (I et III) et d'Absalon (II), les trois premiers actes posent les fondements de l'action. Ils mettent en avant les désirs incestueux d'Amnon, le fils aîné du Roi, et la soif de pouvoir d'Absalon, son cadet[8], dans une alternance de monologues et de débats (souvent sous forme de stichomythies) des deux frères avec leurs conseillers-confidents, tandis que les tirades pieuses et pacifiques de David et de Tamar (début des actes I et II, fin de l'acte III) louent le Créateur, l'harmonie du monde et la vertu. Le viol (non-représenté) de Tamar a lieu entre les actes III et IV. À l'acte IV, rejetée par Amnon, celle-ci crie son désespoir et son désir de vengeance, malgré les efforts de ses suivantes pour la freiner, puis conte son outrage à Absalon. À l'acte V, la mort d'Amnon, limitée à trois répliques peut-être prononcées hors-scène, est évoquée à travers l'anticipation haineuse et suggestive qu'en fait Absalon, et dans un long récit rétrospectif d'Ethay à David. Celui-ci, dont la foi ne se dément pas, ne tente rien pour punir Absalon et implore le pardon de Dieu pour Amnon.

Ce qui frappe dans la construction de cette pièce est la longueur de la phase préparatoire à l'action, qui couvre trois actes, avec une focalisation alternée sur les deux frères, Amnon (présent aux actes I et III) et Absalon (présent à l'acte II), qui livrent, avant d'agir, leurs sentiments et leurs pensées dans des soliloques et des discussions à huis-clos. L'accent est mis sur le secret des consciences, et sur les conflits intérieurs propres à chacun, qui se trouvent dévoilés au public. Tiraillés entre un résidu de morale et l'envie de satisfaire leurs aspirations, ces personnages résistent aux avis les plus sages. Dans chaque joute verbale (ou *agôn*) étayée d'exemples bibliques, les conseillers contradicteurs d'Amnon (Ethay, I) et d'Absalon (Cusay, II) incarnent la modération face à l'excès, prônent les principes de la vertu et la vertu des lois, et redisent la valeur du pouvoir exercé sur soi-même. Cependant les deux frères privilégient des conseillers plus accommodants ou audacieux : Absalon ne repousse pas les avis d'Architofel, le flatteur machiavélique[9] (II). Amnon trouve en Jonathas un interlocuteur sévère qui, pris de compassion, devient ensuite son allié (III). Ce dispositif cloisonné met l'accent sur l'individualisme et l'aveuglement égoïste des deux frères.

La contrepartie en est la rareté des affrontements ou des échanges entre les protagonistes. La pièce de Chrétien des Croix en compte très peu : la séquence dans laquelle Amnon chasse de sa chambre Tamar qui proteste, et l'échange entre celle-ci et Absalon (IV), figurent parmi les temps forts de l'action ; cependant ce même acte comporte aussi de longs débats entre la jeune fille et ses suivantes. Hormis cela, les personnages principaux semblent pratiquer l'évitement. Jamais Absalon ne parle à Amnon ; jamais celui-ci ne tente de manœuvre de séduction envers sa sœur. Jamais non plus David n'adresse la parole à ses enfants, sinon dans quatre vers où il commande à Tamar de se rendre au chevet d'Amnon (fin de l'acte III).

À l'inverse, la tragédie de Tristan, qui compte 1814 vers[10] – tous des alexandrins, si l'on excepte dix octosyllabes inclus dans les stances de Mariane (IV, 2) – n'inclut pas de phase préparatoire : l'ouverture de l'intrigue se fait *in medias res*, ce n'est qu'après le réveil d'Hérode (I, 1) et sa discussion sur les songes avec Phérore et Salomé (I, 2) que les données initiales en sont révélées au public. L'action s'ordonne de façon linéaire depuis le songe d'Hérode (I) jusqu'à ses délires après la mort de Mariane (V). La trame événementielle reprend les faits rapportés notamment par Flavius Josèphe et *La Cour sainte* du Père Caussin, avec des éléments repris à *Mariamne* d'A. Hardy[11]. Si Mariane s'épanche auprès d'une dame d'honneur (II, 1), Hérode pour sa part n'a pas de véritables confidents. Sa sœur Salomé et son frère Phérore tiennent parfois ce rôle, quand il leur conte le rêve qui l'a troublé ou leur dépeint son insatisfaction conjugale (I, 3), mais ces deux personnages de haut rang, farouches opposants à Mariane, semblent davantage des conseillers en quête d'influence sur le Roi. Salomé prend par la suite une part active à l'intrigue, en enrôlant l'Échanson en qualité de faux témoin. Ni Narbal ni le Capitaine des gardes ne sont des confidents, mais seulement de fidèles serviteurs[12], qui tentent de préserver leur maître dans ses ultimes égarements.

Un des corollaires de l'entrée rapide dans l'intrigue et de la raréfaction des confidents est la place dévolue à l'extériorisation des conflits dans *La Mariane*. L'action est sous-tendue par une véritable dynamique de l'affrontement. Salomé et Phérore, dénigrant et calomniant Mariane, puis insistant pour qu'elle soit exécutée au plus vite (IV, 1) exercent des pressions sur Hérode. Des face-à-face d'une tension extrême opposent ce dernier à Mariane (III, 2) puis à Soême et à l'Eunuque, lors du procès (III, 3-4). Si des scènes équivalentes existent chez Hardy, Tristan en ajoute d'autres d'une forte efficacité dramatique : le duel verbal chargé d'ironie entre Salomé et Mariane (II, 2); la rencontre entre Alexandra, agressive par lâcheté, et sa fille Mariane en chemin vers son exécution (IV, 6). Tristan choisit une dramatisation qui tire parti des face-à-face et de leur retentissement émotionnel sur le public. Les conflits entre les personnages se trouvent ainsi mis en valeur par des procédés aux antipodes de la parole *in absentia* et de l'évitement qui caractérisent la *Tragédie d'Amnon et Tamar*. Aussi la surchauffe passionnelle précédant les explosions de violence use-t-elle d'une grammaire dramatique différente chez Chrétien des Croix et Tristan. Si le premier exhibe les tentations d'Amnon et d'Absalon dans le cadre de discussions fermées avec leurs confidents, on assiste en revanche dans *La Mariane* à une multiplication des séquences conflictuelles ou dramatiques.

Quant au traitement des conflits intérieurs, il revêt également une place primordiale dans *La Mariane*, où Hérode est un personnage partagé entre des sentiments et des options opposés. La comparaison entre Amnon et Hérode mettra en évidence la complexité du Roi de Judée, dont les contradictions dominent la tragédie de Tristan.

Amnon et Hérode, les persécuteurs passionnés

Amnon et Hérode sont comparables à divers titres. Placés dans une position de puissance – à venir pour Amnon, bien acquise dans le cas d'Hérode –, ils sont aussi en proie aux affres d'une passion dévorante, insatisfaite. Amnon, tout fils de roi qu'il est, sait que l'inceste est un luxe interdit pour lui :

> Mais qu'ai-je dit aimer ? mais qu'ai-je dit jouir
> D'un bien de qui jamais je ne puis m'éjouir ?
> Aimer ? jouir ? avoir une chose contraire
> Au Ciel, aux lois, au temps, à la nature mère !
> Aimer ? mais qui aimer ! Tamar, ha c'est ma sœur,
> Et ce nom peut assez pour causer mon malheur. (*Amn. et Tamar*, I, p. 8)

Dans la pièce de Tristan, l'amour extrême qu'Hérode porte à sa femme n'est payé que par des refus et du mépris. Les crimes passés commis par le tyran sur des membres de la famille de Mariane, et son aversion pour lui, font obstacle à toute réciprocité et rendent la position du Roi intenable. Ce désir obsessionnel d'union avec une femme qu'ils ne peuvent posséder amène Amnon et Hérode à relativiser, voire mépriser la gloire, le pouvoir ou les ambitions.

> AMNON. – Que veux-je pour mon bien? qu'est-ce que je souhaite
> Pour le plaisir entier de ma gloire parfaite? [...]
> Est-ce un Sceptre puissant, une riche couronne [...]?
> Est-ce un juste désir de sembler à mon père,
> Et de rendre des vœux au grand Dieu tutélaire?
> Est-ce un brave désir, un magnanime cœur
> D'étendre plus avant l'état de sa grandeur? [...]
> Non, ce n'est point cela; une fureur plus grande
> À mes sens égarés insolemment commande. (*Amn. et Tamar*, I, p. 5-6)

> HÉRODE. – Dans ma condition, je serais trop heureux,
> Si je n'étais pressé d'un tourment amoureux,
> D'un feu continuel, d'une ardeur sans mesure,
> Qui tient incessamment mon âme à la torture. [...]
> C'est avecque raison que mon humeur est sombre,
> Ma gloire n'est qu'un songe, et ma grandeur qu'une ombre,
> Si lorsque tout le monde en redoute l'effet,
> Je brûle d'un désir qui n'est point satisfait. (*Mar.*, I, 3, p. 53)

L'amour-passion pour une femme inaccessible et belle qu'ils semblent préférer à tout, est un paradoxe relevé par Amnon, Hérode ou leur entourage. Cette femme aimée et non aimante constitue un point d'achoppement, se situe dans un au-delà du pouvoir dévolu à chacun. Aussi leurs désirs, aiguisés par l'incompatibilité ou l'interdit, semblent-ils s'exacerber précisément pour ce motif. Le pouvoir de la passion paraît éclipser les attraits de la puissance politique.

Le désir d'Amnon s'exprime en termes de fureur, de rage et de feu :

> Que sens-je qui me cuit, quelle rage félonne
> À sacquets renaissants dans mes veines bouillonne?
> Quel brasier éclatant rampe autour de mes os,
> Pour consommer ma vie avecque mon repos?
> Que sens-je qui me tue? et quelle ardente flamme

Brûle, consomme, et rampe à l'entour de mon âme?
(*Amn. et Tamar*, I, p. 5)

Très vite le jeune homme déclare qu'il «aime mieux demeurer en [s]on crime» (I, p. 16) et traite cet amour qui l'obsède comme une nécessité vitale :

Je vis tout seulement pour jouir de ma sœur,
Si je n'ai point ce bien, je n'ai plus de vigueur. (I, p. 19)

Faut jouir de Tamar ou mourir en peu d'heures. (I, p. 21)

Mêmes souffrances chez Hérode, qui déplore les dispositions de sa femme :

Faut-il que deux moitiés soient si mal assorties?
Qu'un tout soit composé de contraires parties?
Que je sois si sensible, elle l'étant si peu?
Que son cœur soit de glace et le mien soit de feu? (*Mar.*, I, 3, p. 53)

À diverses reprises, le Roi affirme que la mort de Mariane entraînerait la sienne :

Et si dans un moment je n'arrêtais ton deuil,
Je sens bien qu'avec toi j'irais dans le cercueil.
Je mourrais de ta mort [...]
Vois de quelle façon mon sort dépend du tien. (III, 2, p. 83)

Comment? veux-tu mourir pour m'empêcher de vivre?
(III, 2, p. 84)

Ma perte est enchaînée avecque sa disgrâce (IV, 1, p. 92)

En revanche, c'est un amour différent qui anime ces personnages. Amnon, en quête de jouissance, veut posséder le corps de Tamar, et revendique son droit au plaisir :

AMNON. – Car la fin de tous biens, où tout chacun aspire,
C'est d'avoir le plaisir qu'à plaisir on désire. [...]
ETHAY. – Appelez-vous un bien, que forcer l'équité,
De servir aux fureurs de la brutalité?
AMNON. – Appelez-vous un mal, que guérir son martyre,

Et jouir du plaisir qui tous plaisirs attire ? (*Amn. et Tamar*, I, p. 20-21)

AMNON. – Car le parfait de l'heur
Est vivre à son plaisir, toute autre chose est vaine.
JONATHAS. – C'est un vivre de brute, et la raison humaine
Ne permet de plaisir que ce qui l'est de loi.
AMNON. – Chacun a son plaisir particulier à soi. (III, p. 62)

Hérode, de son côté, n'aspire pas seulement à reprendre possession du corps que Mariane lui refuse, mais souhaite aussi qu'elle mette fin à ses paroles dures et reconnaisse ses prévenances :

Tu demandes sa grâce, Amour, je te l'accorde :
Mais veuille agir près d'elle, et lui faire accorder
Un bien qu'en même temps je lui veux demander ;
Fais qu'à jamais son cœur repentant de son crime,
Réponde à mes bontés avecque plus d'estime. (*Mar.*, III, 2, p. 82-83)

Amnon, qui ne voit en Tamar qu'un objet sexuel, recourt à la force et au viol. Hérode, quoique offensé et irrité des refus de Mariane, ne la contraint pas. Les « mises à la porte » auxquelles l'on assiste dans les deux pièces ont donc un contexte et des enjeux différents. Même si les paroles prononcées sont tout aussi brutales (« Retire-toi d'ici, malheureuse insensée ! », clame Amnon, *Amnon et Tamar*, IV, p. 68 ; « Sors vite de ma chambre, et n'y reviens jamais », ordonne Hérode, *Mar.*, II, 4, p. 71), la colère masculine dans ces scènes répond à des motifs opposés : Amnon expulse Tamar de sa chambre parce qu'elle n'a plus de valeur à ses yeux, une fois violée. Hérode chasse Mariane parce qu'elle s'est refusée à lui. L'image du « Temple » dans les deux œuvres est également significative. Avant la condamnation définitive, Hérode rappelle le culte qu'il a toujours voué à sa femme :

HÉRODE. – Pourrai-je me résoudre à foudroyer un Temple
Que j'ai tenu si cher, et qui n'a point d'exemple ? (*Mar.*, IV, 1, p. 93)

Après la mort de Mariane, redevenue sacrée pour lui (il voudra lui ériger un véritable « temple », V, 3), il dira qu'elle représentait le sanctuaire de la vertu :

Quoi ? dans si peu de temps aurait-on abattu
Le Temple le plus beau qu'eût jamais la Vertu ? (V, 2,
p. 105)

Chez Chrétien des Croix, le «temple» est la virginité physique et morale, l'Éden à jamais détruit dont Tamar pleure la
perte après le viol :

> TAMAR. – Je suis un Temple obscur, de péchés et de
> maux,
> Où de mon cher honneur paraissent les Tombeaux.
> (*Amn. et Tamar*, IV, p. 75)

Amnon et Hérode sont tous deux traversés par des mouvements d'amour et de haine, qui ne les affectent pas de la même
manière. Ayant ardemment désiré sa sœur sans qu'elle le sache
et sans la consulter, malgré les conseils reçus[13], Amnon, par ruse
et par force, se rend enfin maître du corps tant convoité, mais son
désir n'y survit pas. «Après avoir joui, mon amour est passée[14]»,
constate-t-il (IV, p. 68). L'égoïsme d'Amnon, foudroyant Tamar
de son mépris, la relègue dans l'invisibilité et le non-être :

> Car la fille qui est de vrai dépucelée
> Semble une fleur qu'on voit par la grêle affolée,
> On n'en fait plus de cas. Sus donc, va-t'en d'ici.
> [...] Jonathas, ferme l'huis, et laisse lamenter
> Cette folle qui vient mon repos agiter. (*Amn. et Tamar*,
> IV, p. 68)

Tandis que l'amour et la haine extrêmes et sans mélange
d'Amnon envers Tamar se succèdent selon une chronologie aisément repérable, chez Hérode ces deux sentiments cohabitent
ou plutôt alternent dans des laps de temps réduits, causant force
revirements durant la pièce. Cette particularité avait été soulignée par Flavius Josèphe :

> [...] Son extrême amour pour elle lui rendait ce mépris
> insupportable. Mais en même temps sa colère se trouvait
> tellement combattue par son affection, qu'il passait de la
> haine à l'amour et de l'amour à la haine. Ainsi flottant
> entre ces deux passions il ne savait quel parti prendre,
> parce qu'en même temps qu'il se portait à la faire mou-
> rir pour se venger de son ingratitude, il sentait dans son
> cœur que sa mort le rendrait le plus malheureux de tous
> les hommes[15].

De ces fluctuations, Tristan tire magistralement parti. Plus composite qu'Amnon, le personnage d'Hérode tire sa richesse de ses passages de l'éloge au blâme, de l'amour aux fureurs de la haine, de l'indulgence à l'extrême sévérité, puis du châtiment au remords. Irascible, le monarque reconnaît lui-même sa jalousie («Serpent couvert de fleurs, dangereuse vipère ...», V, 1) qui le porte à croire en les pires trahisons de la part de Mariane, voire à en soupçonner d'autres, comme l'adultère qu'elle aurait commis avec Soême. La méfiance maladive du Roi le rend d'autant plus vulnérable aux manipulations, comme Salomé le rappelle à l'Échanson :

> Tu sais bien que le Roi croit assez de léger,
> Et que c'est un esprit que je sais ménager.
> Ton rapport va surprendre une âme défiante,
> Crédule, furieuse, et fort impatiente [...] (*Mar.*, II, 3, p. 69)

Les divisions internes des deux personnages ne sont pas du même ordre et ne s'expriment pas de façon semblable. Chez Chrétien des Croix, Amnon, qui reste en mesure de raisonner sur sa passion, s'interroge au départ sur ses manquements à la morale, hésitant même entre les avis des deux figures antithétiques, l'Ange et Mégère, qui le visitent dans un songe à l'acte I. S'il se montre plus enclin à suivre Mégère, qui lui a vanté la suprématie du plaisir, ses discussions avec ses confidents-contradicteurs (I et III) sont orientées vers la déontologie, les devoirs auxquels il entend se soustraire, la *Tragédie d'Amnon et Tamar* étant celle où l'on discute le plus du bien, du mal et des lois humaines et divines.

Dans le cas d'Hérode, en effet, les mouvements intérieurs plus troubles, – à l'instar de son rêve, moins limpide que celui d'Amnon –, et les contradictions toujours présentes («Mes pensers divisés en deux partis contraires...», IV, 1) l'érigent en figure de désordre. À ce niveau, l'ordonnance dramatique de la tragédie de Tristan a peu à voir avec la répartition de la parole chez Chrétien des Croix, où les passions et les projets coupables d'Amnon et d'Absalon sont exprimés seulement devant leurs hommes de confiance. Loin d'être cantonnés à des scènes précises ou confiés à des personnages de son choix, les élans passionnels opposés qui affectent et bouleversent Hérode déferlent sur l'intrigue entière, dont ils sont le principe directeur et la force motrice. Le souverain les étale en toutes circonstances, quels que soient ses interlocuteurs, la tonalité des scènes ou leur intensité dramatique. Il y a moins de place pour le raisonnement et l'argumentation ordonnée, pour les joutes oratoires que dans la *Tragédie d'Amnon et Tamar*. Au reste, les débats qui ont lieu dans *La Mariane* portent sur la culpabilité supposée de la Reine et les options de vie ou de mort, de la punition ou du pardon qui s'offrent au Roi. La logique du sentiment prévaut sur la rationalité. Par ailleurs, si la première discussion opposant Hérode à Salomé et Phérore au sujet de Mariane (I, 3) rappelle un peu celles auxquelles nous assistons dans la pièce de Chrétien des Croix entre les fils de David et leurs confidents – à ce stade de l'action, la «raison» a encore sa place –, par la suite, les flux et reflux des aspirations contradictoires qui agitent et déchirent Hérode débordent largement le cadre de l'échange argumenté, pour revêtir des formes plus tumultueuses ou plus âpres. Les mépris affichés de Mariane et les prétendues révélations de l'Échanson, les tensions croissantes de l'intrigue favorisent de plus en plus les accès de fureur vengeresse, les sursauts d'amour, les cris de l'amour-propre blessé, et les retournements du Roi. Nous entendons celui-ci par exemple redire son amour à Mariane et exprimer son désir de pardon après l'avoir condamnée (III, 2), avant qu'il ne retombe dans son impulsivité et sa logique meurtrière. Après la mort de Mariane, à l'acte V, Hérode tombe en faiblesse, pleure sa mort, réclame sa femme comme si elle était encore en vie, et, comme son entourage lui rappelle la réalité, sombre dans les délires, souhaite lui-même se tuer, appelle de ses vœux le peuple à se soulever contre lui pour le «punir», puis exhorte le Ciel à châtier la lâcheté du peuple qui n'en fera rien («Punissez ces ingrats qui ne m'ont pont puni», V, 2), dans ses monologues frénétiques auxquels assistent des témoins impuissants.

Hérode, comme Amnon, cède aux passions qui l'habitent; cependant, tandis que le fils de David ne connaît que deux aspirations successives (jouir/haïr), les mouvements intérieurs de l'époux de Mariane, désordonnés et sporadiques, incluent des avancées et des reculs, pour aboutir à des effets dévastateurs qui ne l'épargnent pas lui-même. Aucun des deux personnages ne fait d'ailleurs d'effort pour atteindre la maîtrise de soi. Mais, à l'inverse d'Amnon, qui, encore jeune, reçoit, sans toutefois les entendre, les leçons d'Ethay lui recommandant de se dominer («Amnon, c'est un(e) erreur perverse et infidèle, / Que croire qu'on ne peut adoucir la fureur... / [...] Corrigez-vous, Amnon / Et ne perdez votre âme et votre saint renom», *Amn. et Tamar*, I, p. 17-18), dans la pièce de Tristan personne ne prêche au Roi cette vertu qui lui fait si cruellement défaut. On se souvient de la «moralité» de la pièce, énoncée aux derniers vers par Narbal, alors que le Roi a sombré dans l'inconscience :

> Toi-même es l'Artisan de tes propres malheurs,
> [...] Tu sais donner des lois à tant de Nations,

Et ne sais pas régner dessus tes passions.
Mais les meilleurs esprits font des fautes extrêmes,
Et les Rois bien souvent sont esclaves d'eux-mêmes.
(*Mar.*, V, 3)

Si une passion dévorante, non-réciproque et lourde de conséquences tend à rapprocher Amnon et Hérode, ces personnages néanmoins se différencient par la plus grande complexité du second et les divers modes d'intervention qui lui incombent au cours d'une action dramatique où ses réactions et ses décisions, quelles qu'elles soient, sont centrales. D'autres symétries se dessinent, avec également des nuances, du côté des personnages féminins.

Tamar et Mariane, les héroïnes victimes

Ni les destinées, ni le mode de présence des héroïnes des deux pièces ne sont identiques. Leurs sorts, leurs objectifs mêmes semblent inverses. Mariane, souffrant de son mariage avec Hérode dont elle repousse l'amour, souhaite mourir ou du moins ne refuse pas une mort «à la fois contrainte et volontaire» (*Mar.*, IV, 5). Des actes II à IV, elle franchit les étapes d'un parcours tragique : elle révèle son état d'esprit à Dina et défie Salomé, refuse son corps à Hérode (II), subit un procès (III), connaît la prison puis marche courageusement vers le supplice (IV) ; à l'acte V, on apprend par le récit de Narbal que la mort de Mariane, qui s'est tournée vers Dieu, a été exemplaire. Injustement condamnée, Mariane, qui n'a jamais voulu attenter aux jours d'Hérode, incarne davantage les valeurs chrétiennes que Tamar. Toute autre est l'histoire de cette dernière. Peu présente aux premiers actes de la pièce de Chrétien des Croix où elle apparaît douce et paisible, celle-ci ne «se révèle» qu'à l'acte IV, après le viol qui l'a souillée. Elle s'affirme alors comme une femme blessée, vindicative, étrangère à la clémence. Au reste, sa figure domine seulement l'acte IV. Relayée sur le terrain de la vengeance par Absalon, elle ne prend plus la parole à l'acte V. Malgré toutes ces disparités, des points communs se dessinent dans les caractéristiques et la construction de ces deux personnages féminins.

Dans les pièces comme dans leurs textes-sources, Tamar et Mariane au départ sont parées de toutes les qualités : «sages», pieuses, de noble naissance – l'une est fille de David, l'autre descendante des Maccabées. Ces perfections vont de pair avec une beauté qui cause leur malheur – une beauté contrebalancée d'emblée par une rigueur morale, une chasteté défensive traduite par l'image du rocher. La froideur et l'insensibilité de Mariane sont une arme contre Hérode, qui persiste cependant à l'aimer :

131

HÉRODE – Si le divin objet dont je suis idolâtre,
Passe pour un rocher, c'est un rocher d'albâtre. (*Mar.*,
I, 3, p. 55)

Pour Ethay, relatant l'histoire d'Amnon et de Tamar à David,
le «rocher», par sa dureté inexorable, renvoie au principe de
l'honneur qui a toujours gouverné la jeune fille :

ETHAY. – Il sut qu'il ne pourrait par pitié ni parole
L'émouvoir à guérir son amour sale et folle ;
Que c'était un Rocher roide contre les flots
Que son cœur, où l'honneur avait son siège enclos. (*Amn.
et Tamar*, V, p. 96)

Lui-même en avait averti Amnon, quand celui-ci, pour se justifier, citait l'exemple de Loth, amant incestueux de ses filles :

ETHAY. – Par ses filles il fut à ce mal incité.
AMNON. – Et j'y suis par Tamar, excellente en beauté.
ETHAY. – Ses filles le voulaient, Tamar ne le désire.
AMNON. – Que sais-tu si son âme à pareil bien aspire ?
ETHAY. – L'honneur le lui défend qui la guide toujours.
(I, p. 19-20)

L'image du rocher pourrait bien symboliser, non seulement la
chasteté et la constance, mais encore l'attitude morale de ces
personnages féminins.
   Chastes et pures, parangons de beauté et de vertu, Mariane
et Tamar, après le viol, se caractérisent en effet par leur inflexi-
bilité et leur intransigeance. Loin d'être partagées, elles se révèlent monolithiques. Mariane, révoltée des meurtres de ses
proches ordonnés par Hérode quelques années plus tôt, le fait
savoir par des paroles rudes et un refus du devoir conjugal. Tamar, bouleversée du viol qui lui a ravi sa chasteté, aspire à une
vengeance à venir. Elles redisent l'innocence flétrie, le bon droit
outragé par les abus de pouvoir d'un homme désigné comme
«traître» et «cruel». Sans souci des conséquences, elles fus-
tigent le responsable de l'injustice. Leur parole de victimes se
mue en une voix dénonciatrice. «Cruel tu m'as forcée, et lâche
tu me chasses», crie Tamar à Amnon (IV, p. 69). Mariane, qui
voit Hérode comme «un parricide, un scélérat, un traître» qui la
tient prisonnière en son palais (II, 1), contre-attaque lors de son
propre procès, reprochant au Roi sa basse naissance et les morts
de son aïeul et de son frère (III, 2).
   Libres du moins dans leurs paroles, Tamar et Mariane restent
hostiles à tout compromis, comme elles l'affirment devant leurs

suivantes, dans les phases où l'action reste suspendue. Campées dans leur posture douloureuse, elles entretiennent leur deuil et le souvenir de leurs maux, et extériorisent leur souffrance, tandis que leurs suivantes regrettent de les voir raviver les offenses et s'arc-bouter sur la pensée des torts subis. La scène où Mariane discute avec Dina (*Mar.*, II, 1) comporte sur ce plan des analogies avec la séquence mettant aux prises Tamar et les jeunes filles qui l'accompagnent (*Amn. et Tamar*, IV). Les subalternes prônent un silence dicté par des impératifs de dignité et de décence, ou par la prudence :

> 1ʳᵉ FILLE – Madame, ôtez ces cris ; il n'est pas raisonnable
> Qu'une fille de Roi, d'un public soit la fable,
> Que chacun vous écoute à foison lamentant,
> Et que l'œil du public vous voie tourmentant. (*Amn. et Tamar*, IV, p. 74)
> DINA - Madame, parlez bas.[…]
> Madame, le Palais est tout plein d'espions
> Qui veillent jour et nuit dessus vos actions. (*Mar.*, II, 1, p. 59-60)

Orgueilleuses, déterminées à braver les périls et à bafouer les usages, Tamar et Mariane soulignent leur droit et leur désir de crier haut et fort les injustices qu'elles ont connues. Pour signifier un deuil et une souffrance chevillés à son être, la première utilise d'ailleurs une image sexuelle :

> TAMAR. – Comme l'eau suit toujours le murmurant Tonnerre
> Soit qu'il demeure au Ciel, ou roule sur la Terre,
> Pour être unie à lui, et ne faire qu'un corps,
> Ainsi toujours les cris sont unis à mes torts.
> Je crierai jour et nuit, et mon sort misérable
> N'aura de plaint hautain, qui ne lui soit semblable,
> Comme mon mal est grand en toute extrémité,
> Ainsi sera mon pleur parfait en cruauté. (*Amn. et Tamar*, IV, p. 76-77)

Mariane fait valoir un rang qui la place au-dessus de toute conduite qui l'abaisserait :

> MARIANE. – Si mon corps est captif, mon âme ne l'est pas :
> Je laisse la contrainte aux serviles personnes,
> Je sors de trop d'aïeux qui portaient des Couronnes
> Pour avoir la pensée, et le front différents,

Et devenir Esclave en faveur des Tyrans. (*Mar.*, II, 1,
p. 60)

Les suivantes défendent des options pragmatiques : Tamar,
selon ses compagnes, n'a pas commis de faute puisqu'elle n'a pas
consenti et n'a nul besoin de chercher la vengeance, ni même
d'attacher un tel prix à l'honneur[16]. Mariane, d'après Dina, de-
vrait feindre d'aimer Hérode et tirer parti de l'amour qu'il lui
porte, dans son intérêt et celui de ses enfants. Toutes blâment
l'acharnement de leurs maîtresses à persister dans un deuil destructeur et s'accordent à prêcher l'oubli :

> 2de FILLE. – Si nous sommes auteurs de cette douleur
> blême,
> Pour l'avoir engendrée et nourrie en nous-mêmes,
> Pourquoi ne pourrons-nous de même la chasser
> Puisque défaire on peut ce qu'on a pu tracer ? (*Amn. et
> Tamar*, p. 78)
> 1re FILLE. – Si faut-il que le temps, ce mal cruel emporte.
> TAMAR. – Le temps n'en fera rien, sa douleur est trop
> forte.
> 2de FILLE. – Si tout change de sort on vous verra changer.
> TAMAR. – On ne me verra point de mon mal m'étranger.
> 1re FILLE. – Être toujours en peine ? hé, c'est chose im-
> possible.
> TAMAR. – Las ! J'y serai toujours, puisque tout m'est nui-
> sible.
> 2de FILLE. – Qui vous nuit que vous-même ?
> TAMAR. – Un parjure, un cruel,
> Qui fait voler mes cris jusque contre le Ciel. (IV, p. 80-
> 81)

De la part de Dina, l'exhortation s'enrichit de nuances rappelant
le *carpe diem* :

> DINA. – Tous ces traits de malheur depuis longtemps
> passés
> De votre souvenir doivent être effacés :
> Faut-il qu'à tous propos cette triste peinture
> Renouvelle vos pleurs sur une vieille injure ?
> Que toujours votre esprit en vos ans les plus beaux
> Erre si tristement à l'entour des tombeaux ?
> Madame, faites trêve avecque ces pensées,
> Vos célestes beautés y sont intéressées,
> Votre teint composé des plus aimables fleurs
> Sert trop longtemps de lit à des ruisseaux de pleurs.

Le temps et la raison sans doute vous invitent
À bannir ces ennuis qui vos jours précipitent. (*Mar.*,
II, 1, p. 62)

Des similitudes apparaissent donc entre ces figures féminines, dans leurs discussions avec les confidentes «raisonnables». Les héroïnes de Chrétien des Croix et de Tristan ne font aucune concession à l'opportunisme prudent des suivantes, soucieuses de les rappeler à la vie, tandis qu'elles-mêmes persistent dans une fidélité à leurs valeurs qui mènera à leur mort ou à celle d'autrui. Ces dialogues entre les héroïnes et des figures féminines moins téméraires rappellent les échanges entre Antigone et Ismène, ou Électre et Chrysothémis chez Sophocle. En outre, l'obstination de Tamar face à ses compagnes fait écho à celle de ses frères face à leurs conseillers aux actes précédents. La souffrance et l'obsession de son honneur perdu nourrissent un désir qu'elle aussi brûle d'assouvir, celui de la mort du coupable[17].

Si la construction du dialogue entre Mariane et Dina comporte plus de souplesse rythmique et de variété que les échanges, souvent construits sur des stichomythies[18] et des quatrains alternés, entre Tamar et ses suivantes moralisatrices, l'épouse d'Hérode s'y montre aussi d'une opiniâtreté indubitable. Comme l'écrit Sarah Nancy, «Mariane, plus proche en cela du portrait qu'en fait l'historien juif Flavius Josèphe que de celui fait par Caussin, n'est pas un parfait modèle de patience[19].» Par la suite, lors de son procès, elle clame son «envie» de mourir (III, 2) et, si le souvenir de ses enfants lui arrache des larmes qui attendrissent Hérode, elle ne tire pas parti des bonnes dispositions du Roi, qu'elle attaque de nouveau, n'hésitant pas à mettre Soême en danger. Pas plus que Tamar, Mariane ne connaît les doutes.

L'homme qui compte le plus aux yeux des héroïnes est un frère beau comme elles, une sorte de double masculin. Le texte de Chrétien des Croix souligne que Tamar et Absalon sont «Enfants de même Père, et de Mère enfantés, / Se ressemblant de fronts extrêmes en beautés» (V, p. 99). Tous deux semblent se confondre en se liguant contre Amnon :

ABSALON. – Un ventre tout pareil nous porta gracieux,
Et un même dessein nous vengera tous deux.
Pareils en riches fronts, et en faces royales,
Nous le serons encore en vengeances égales. (*Amn. et
Tamar*, V, p. 93)

Absalon organise une vengeance conforme au vœu de Tamar. Reprises à la Bible, les circonstances de la mort d'Amnon font écho à celles du viol. Absalon invite traîtreusement son demi-frère Amnon à festoyer, de même que celui-ci avait abusé de Tamar, qu'il avait invitée chez lui pour lui préparer de la nourriture. C'est ce que souligne Absalon, dans la pièce de Chrétien des Croix : «Un banquet lui servit à violer ma Sœur, / Et un banquet tuera ce lâche ravisseur» (V, p. 92). Dans la pièce de Tristan, Mariane garde un lien affectif avec son frère Aristobule, tué sur l'ordre d'Hérode, dont le fantôme – qui poursuit aussi celui-ci en rêve – ne cesse de la hanter, et dont le souvenir la conforte dans son opposition à l'époux qu'elle exècre :

Sa grâce, sa beauté, sa parole, et son port
Ravissaient les esprits dès le premier abord.
Il était de mon poil, il avait mon visage,
Il était ma peinture, ou j'étais son image.
Puis les Cieux en son âme avaient mis des trésors
Qui répondaient encore à ceux d'un si beau corps. (*Mar.*, II, 1, p. 61)

Ces frères ont un rapport étroit avec les destins de leurs sœurs. Aristobule, qui dans le songe d'Hérode appelle Mariane par son nom (I, 2), semble attirer celle-ci dans la mort : elle sera comme lui une victime. À l'inverse, Tamar obtient d'Absalon, justicier sans scrupules, la vengeance sanglante qu'elle recherchait. En même temps, toutes deux s'engluent au leurre de cette relation avec un double trompeur, qui semble exercer sur elles une emprise d'entraînement mortifère. En soutenant la cause d'Aristobule contre Hérode, Mariane perd le sens de sa situation présente et mourra également. De son côté, Tamar ignore que son frère Absalon, si dangereusement complaisant envers elle, voit aussi dans la vengeance l'occasion de servir ses propres intérêts, comme il le dit dans une apostrophe fictive à Amnon :

ABSALON. – […] Est-ce ainsi que tu rends témoignage de toi,
Que tu seras un jour capable d'être Roi ?
Je t'en empêcherai. Ce que j'eus tant d'envie
De trouver à sujet de te ravir la vie,
Se présente à mon œil. (*Amn. et Tamar*, IV, p. 87)

Plus «simples» que leurs partenaires masculins, constantes dans leur vision du juste et de l'injuste, Tamar et Mariane présentent des ressemblances réelles, quoique limitées par les caractéristiques de leurs rôles. Intervenant en un face à face ironique avec Salomé (II, 2), en des accusations contre Hérode (III, 2) et en des déclarations stoïques lorsqu'elle se voit condamnée (IV, 2 et 5), Mariane tient des discours aux tonalités plus diversifiées que ceux de Tamar.

Par ailleurs, la propension des héroïnes à négliger les avis en s'aveuglant, volontairement ou non, sur leur situation ou les conséquences de leurs actes, les rapproche d'autres personnages. Force nous est de constater que l'échec des échanges est un facteur commun aux deux pièces. L'absence de communication pèse sur l'intégralité des intrigues. Les actes I à IV de la pièce de Chrétien des Croix, comme on le sait, montrent des échanges cloisonnés où la parole des conseillers ou conseillères modérés, quelle que soit la subtilité des arguments, n'a pas de prise sur les désirs violents qui animent respectivement Amnon et Absalon, puis Tamar. Dans *La Mariane*, « les difficultés qu'ont les personnages à parler et à écouter sont flagrantes[20]. » Hérode s'indigne des reproches de son épouse, qui de son côté n'écoute pas les paroles de Dina et surtout refuse de reconnaître la sincérité de l'amour que le Roi lui porte.

> Mariane n'entend pas le désarroi, la demande, le désir dans les propos d'Hérode, mais seulement l'égoïsme et l'art trompeur d'un « style doux et décevant [...] Comme Hérode, donc, Mariane est coupée de la communication efficace et constructive[21].

Les deux pièces se recoupent donc à ce niveau. Sans doute l'isolement de Mariane dans ses *a priori* et sa résistance à son époux et à la Cour, l'enfermement d'Hérode dans ses supputations jalouses, puis dans ses remords et des délires auxquels nul ne peut répondre (V), correspondent-ils au cloisonnement observé dans la pièce de Chrétien des Croix. Le deuil prolongé de Mariane et les passions contradictoires d'Hérode semblent fermer leur conscience à la possibilité d'échanges salvateurs, de même que les figures principales de la *Tragédie d'Amnon et Tamar* sont prises au piège d'une cécité individualiste. Les deux œuvres sont des espaces dramatiques où les voix du désir insatisfait et des passions dévastatrices (Hérode, Amnon, Absalon) se croisent avec les cris d'un deuil (Mariane, Tamar) qui aspire aussi à une libération violente. Tout plaidoyer est vain dans ces univers déréglés par les passions.

Nous avons confronté la *Tragédie d'Amnon et Tamar* et *La Mariane* sous l'angle de leurs structures et des figures tragiques. Cette mise en regard nous a permis d'appréhender les écarts séparant les deux pièces et de mieux dégager les procédés constitutifs de la seconde. Si les deux pièces sont comparables par la violence des passions masculines, par la construction des figures féminines, et plus généralement par l'échec de la communication et de l'argumentation, il apparaît que la tragédie de Tristan, brisant le moule des cloisonnements, rompant avec l'usage systématique des débats avec les confidents, use d'une dramatisation plus riche et multiplie les affrontements, réalisant aussi, avec la figure d'Hérode, un personnage d'une grande complexité. Sur le plan esthétique, une évolution est donc lisible à travers cette diversification dans l'expression des antagonismes et des dérèglements passionnels.

Catherine DUMAS,
Université de Lille, Alithila

1   Nous utilisons l'édition d'origine : *Tragédie d'Amnon et Tamar* [*in*] *Les Tragédies* de Nicolas Chrétien, Sieur des Croix, Rouen, Théodore Reinsart, 1608, consultable sur Gallica. Nous modernisons l'orthographe.

2   Édition utilisée : Tristan L'Hermite, *La Mariane* [1637], éd. G. Peureux, Paris, Flammarion, «GF», 2003.

3   Le sujet a été traité au théâtre espagnol dans deux pièces d'inspiration biblique, *La Vengeance de Tamar* de Tirso de Molina, publiée en 1634, et *Les Cheveux d'Absalon* de Calderón qui présente, outre le viol de Tamar et la mort d'Amnon, la rébellion d'Absalon contre David, jusqu'au moment où il meurt, suspendu à un arbre par ses longs cheveux, sous les coups d'un partisan de son père. Sur la comparaison entre la pièce de Chrétien des Croix et celle de Tirso de Molina, voir notre article «Le masque et le désir : l'adaptation théâtrale par Nicolas Chrétien des Croix et Tirso de Molina», p. 91-108 [*in*] *Les Amours entre frère et sœur. L'inceste adelphique du Moyen Âge au début du XIXᵉ siècle*, dir. M. Closson et Fr. Raviez, Paris, Classiques Garnier, «Masculin/féminin dans l'Europe moderne», 2020.

4   Écrit initialement en grec, le texte de Flavius Josèphe était divulgué en latin au XVIᵉ siècle. Plusieurs traductions françaises, partielles ou complètes de son œuvre, furent également réalisées à l'époque, notamment l'*Histoire de Fl. Josephe*, de François Bourgoing, Lyon, 1588, ou la traduction d'A. de La Faye, Paris, 1597.

5   Ce sujet a notamment été traité dans *Mariamne* d'Alexandre Hardy. Voir l'édition critique de Sandrine Berrégard dans Hardy, *Théâtre complet*, t. 2 [1625], Paris, Classiques Garnier, «Bibliothèque du théâtre français», 2015, p. 531-653, et celle d'Alan Howe (Exeter, University of Exeter, «Textes littéraires», 1989). – Une quarantaine de pièces européennes, dont la *Marianna* de Lodovico Dolce (1565) ont été écrites sur ce thème à la Renaissance. Voir Maurice Jacques Valency, *The Tragedies of Herod and Mariamne*, New York, Columbia University press, 1940.

6   Hérode apparaît aussi dans le Nouveau Testament, où il ordonne le massacre des Saints Innocents (Matthieu, 2, 16-18).

7   Selon notre décompte, la *Tragédie d'Amnon et Tamar* compte 2982 vers, presque tous des alexandrins. L'octosyllabe est utilisé dans les chœurs ou le cantique situé peu avant la fin de l'acte III.

8   Dans la Bible, le chapitre 13 du second Livre de Samuel impute le geste fratricide d'Absalon au seul désir de venger Tamar. Mais les chapitres suivants révèlent l'appétit de pouvoir du jeune homme, qui prend les armes contre son père. Le meurtre d'Amnon, héritier du trône de David, est donc motivé, chez

Chrétien des Croix et chez les auteurs espagnols, à la fois par la vengeance et l'ambition.

9   Architofel conseille à Absalon d'éliminer Amnon, avant que celui-ci ne le tue lui-même par jalousie (II).

10   L'édition réalisée par Guillaume Peureux contient de légères erreurs dans le décompte des vers.

11   Le songe d'Hérode – qui est plutôt une vision chez Hardy – et le fait que l'héroïne dirige elle-même l'esprit jaloux de son mari vers le secret trahi par Soême (III, 2), (tandis que chez les historiens, c'est l'eunuque qui, sous la torture, livre l'information au Roi), figurent déjà dans *Mariamne* de Hardy.

12   « Et vous mes vrais amis et mes chers serviteurs, / Qui n'êtes point comme eux, ni traîtres, ni flatteurs » dit Hérode (V, 3).

13   ETHAY -- Faut voir premièrement s'elle aura agréable / De plaire à votre vœu infidèle, et damnable, / À qui la loi résiste, et la nature aussi (*Amn. et Tamar*, I, p. 19). -- JONATHAS -- Le Roi vous l'enverra, vous pourrez alors faire / Que peut-être elle aura gré de vous satisfaire. (III, p. 63).

14   « Lui faisant violence, il coucha avec elle. Alors Amnon se prit à la haïr très fort – la haine qu'il lui voua fut plus grande que l'amour dont il l'avait aimée – et Amnon lui dit : 'Lève-toi, va-t'en !' ». *Bible de Jérusalem*, 2S 13, 14-15.

15   Traduction consultée : *Histoire des juifs, écrite par Flavius Josèphe sous le titre Antiquités judaïques, traduite sur l'original grec revu sur divers manuscrits par M. Arnauld d'Andilly*, III, Livre XV, chap. 11, 653, Paris, chez Pierre Le Petit, 1674, p. 44. Texte consultable sur les sites Overnia et Gallica.

16   1re FILLE – Mais si l'honneur est vain, sa perte aussi est vaine. / TAMAR – Appelez-vous l'honneur Enfant de vanité ?
2de FILLE – S'il règne en notre Idée, il n'a rien d'arrêté. (*Amn. et Tamar*, p. 79).

17   « Ainsi mourra Amnon, et son sang et sa vie / De maint sang offensé assouvira l'envie », dira très justement Absalon (*Amn. et Tamar*, V, p. 92).

18   Chez Tristan, les stichomythies se trouvent surtout dans l'échange ironique entre Mariane et Salomé (II, 2).

19   Sarah Nancy, « Violence et voix dans *La Mariane* de Tristan L'Hermite », p. 403-413 [*in*] *Le Théâtre, la violence et les arts en Europe*, dir. Chr. Biet et M.-M. Fragonard, *Littératures classiques*, n°73, cité p. 405.

20   *Ibid.*, p. 406.

21   *Ibid.*, p. 407-408.

VERS UNE NOUVELLE BIOGRAPHIE
DE TRISTAN L'HERMITE

Depuis quelques années, la poésie française du début du XVIIe siècle suscite un regain d'intérêt de la part des historiens de la littérature[1]. Tristan L'Hermite est maintenant reconnu comme un des meilleurs poètes de sa génération. Les critiques littéraires semblent satisfaits de l'énorme travail biographique produit par N.-M. Bernardin en 1895[2] ; en tout cas très peu de nouveaux détails sur la vie de Tristan ont vu le jour depuis cette date. Dans le présent article je voudrais présenter l'ébauche d'une nouvelle biographie de Tristan où je tracerai le parcours de sa vie en m'appuyant sur les recherches de Bernardin, mais en intégrant aussi des éléments inconnus révélés par mes propres recherches dans les archives.

Les nouveaux documents les plus importants pour la biographie de Tristan sont les suivants :

i) Archives de la Creuse, 3E, 579. Vingt-neuf documents concernant la famille L'Hermite.

ii) Archives Nationales, Minutier Central, XIV, 45, le 23 juin 1636. Élizabeth Miron, mère de François L'Hermite, demande le recouvrement des 12.000 livres que René de Chaussecourte lui devait selon un contrat qu'il avait « extorqué d'elle » en 1629 et par lequel elle lui avait cédé ses terres. Elle cède ses droits à son fils François à qui elle demande de poursuivre en justice René de Chaussecourte.

iii) Archives Nationales, Minutier Central, CV, 781, le 19 août 1639. La transaction finale entre François Tristan L'Hermite, Élizabeth Miron et René de Chaussecourte.

iv) Bibliothèque Nationale, Cabinet des Titres, Pièces Originales, 1711, le 17 février 1640. Un reçu holographe signé Tristan L'Hermite où il reconnaît avoir reçu 330 livres pour obtenir le remboursement de la somme dépensée pour l'impression et la reliure du *Ballet de Mademoiselle*.

v) Archives Nationales, Minutier Central, LXVI, 108, le 17 mai 1645. Accord entre François Tristan L'Hermite et Augustin Courbé.

Dans les documents cités ci-dessus, on trouve huit signatures de Tristan, ainsi qu'une quittance manuscrite entièrement de sa main. Jusqu'à présent on n'avait découvert que trois signatures et aucun manuscrit original[3].

On a pu tracer la généalogie de François Tristan L'Hermite jusqu'à son ancêtre Jean L'Hermite, né vers la fin du XIVe siècle. En effet, le 20 mars 1424 Jean L'Hermite reçut le droit de construire un château fort « en son dit lieu de Solier », près de

Bourganeuf dans La Haute-Marche[4]. De son mariage avec Berthe Bordet naquirent trois fils et une fille. Un document que nous avons trouvé dans les Archives de la Creuse confirme le nom de Berthe Bordet[5], soupçonné par Bernardin, qui l'avait trouvé dans « un acte en patois, non daté, mais que tout porte à croire du commencement du xve siècle[6] ». Gaussier, le fils aîné, hérita du château du Solier, et, à son tour, il le légua à son fils Jacques. Bernardin pensait que Jacques L'Hermite mourut avant 1527[7], mais un autre document des Archives de la Creuse réfute cette supposition. Le 10 février 1532 trois hommes témoignèrent à Drouilles « qu'il estoit besoin [...] de procurer et maintenir à la personne dudit Jacques L'Hermite [...] en raison de son très grand âge un Curateur, qui s'occupera de ses biens[8] ». La grande vieillesse de son père peut donc expliquer pourquoi, dans le document cité par Bernardin et datant de 1527, Jean, le fils de Jacques L'Hermite, est déjà signalé comme seigneur du Solier[9]. Jean et Magdelaine Esmoingt eurent huit enfants, sept filles et un fils. Leur fils aîné, Jacques, hérita du château du Solier à l'âge de vingt-cinq ans. Il se maria avec Jehanne de Texières en 1535[10]. Selon le testament de son père, il devait partager le reste des biens et la fortune de la famille, à parts égales, avec ses sept sœurs. Les difficultés qu'il rencontra sont expliquées en détail dans un document, inconnu, semble-t-il, de Bernardin, document parfois rocambolesque de quatorze pages où cinq sœurs de Jacques – Gabrielle, Magdelaine, Claude, Renée et Peyronelle – déclarent qu'elles veulent toucher leur part de l'héritage « affin qu'elles se puissent marier avec leurs dictes parts et porcions et partyes[11] ». Elles accusent leur frère d'avoir gaspillé les biens de la famille, et surtout pendant la période de leur minorité. Elles notent avec précision tous les déboires de leur frère, l'argent perdu en troquant des chevaux, l'argent gaspillé sur « une jeune femme lubricque laquelle menoit par les champs avecque lui attifée en habillements d'homme[12] ». Mais Jacques prétend que chacune de ces jeunes femmes n'a le droit qu'à un huitième de l'héritage parce que les deux sœurs déjà mariées, Catherine et Françoise, avaient figuré, elles aussi, dans le testament de leur père. Enfin, en 1541, quand Magdelaine épousa Geoffroy de Tenailles[13], Jacques accorda aux cinq autres sœurs ce qu'elles demandaient. C'est, d'ailleurs, dans ce même contrat de mariage que nous avons découvert le nom de Magdelaine Esmoingt, la femme de Jean L'Hermite et arrière-arrière-grand-mère de Tristan.

Dans *Le Page disgracié*, Tristan parle de « deux partages qui s'étaient faits en notre maison, dont l'un fut entre neuf enfants[14] ». Ce deuxième partage eut lieu quand les neuf enfants de Jacques L'Hermite se répartirent, à leur tour, les biens et la fortune de la famille[15]. Jean, le fils aîné, deviendra seigneur du Solier – et grand-père de Tristan. Jean épousa Jeanne du Verdier en 1570[16], mais elle a dû mourir peu de temps après parce que, vers 1574, Jean L'Hermite est désigné comme époux de Jeanne de La Roche-Aymon. Bernardin conjecturait que cette dernière était la grand-mère de Tristan, mais n'en trouva aucune preuve tangible[17] ; un document que nous avons découvert dans les Archives de la Creuse désigne Pierre L'Hermite comme « fils à defunct Jehan de L'Hermite [...]et de damoyselle Jehanne de la Rochémon ses pere et mere[18] », révélant que, encore une fois, Bernardin n'avait pas tort.

Avant l'âge de vingt ans, Pierre, leur fils unique, et deux oncles furent impliqués, dans un meurtre politique. Après plusieurs mois en prison, Pierre et son oncle, Louis L'Hermite, furent jugés devant la cour d'assises de Paris et condamnés à mort le 18 février 1595[19]. Heureusement, Louis de Crevant et Gabrielle d'Estrées intercédèrent en leur faveur et le roi les gracia. Bien des années plus tard, dans son roman plus ou moins autobiographique, *Le Page disgracié*, Tristan fit allusion avec une certaine émotion à cet épisode de la vie de son père :

> Il suffira que je vous dise qu'un des plus grands capitaines de notre siècle, et des plus belles, et des plus excellentes femmes du monde, s'employèrent pour son salut, et qu'à la faveur de ses amis, il survint miraculeusement une grâce du roi qui le fit sortir glorieusement d'une si dangereuse affaire[20].

Pendant ce même procès, le courage et l'intelligence de Pierre L'Hermite avaient attiré l'attention de Pierre Miron, sieur de Malabry ; c'est grâce à ce dernier que Pierre L'Hermite rencontra Élizabeth Miron et qu'il épousa cette fille de Pierre Miron peu après sa sortie de prison en 1597 :

> Pardevant Nicolas Robinot et Claude Filessac notaires du roy, nostre sire en son Chastellet de Paris soubzignés furent présents en leurs personnes Messire Pierre Myron chancelier seigneur de Malabry demeurant à Paris rue Transnonain paroisse Saint Nicolas au nom et comme stippullant en ceste partye pour damoyselle Ysabeau Myron fille du dict sieur de Malabry et de dame Denise de Saint Priest sa femme ses pere et mere pour ce present de son voulloir et consentement d'une part et Pierre de L'Hermitte escuyer sieur de Solliers paroisse de Janailhac pays de la Marche gentilhomme servant du roy fils a deffunct Jehan de L'Hermitte luy vivant sieur dudict Solliers lieutenant de la compagnie des gens d'armes de Monsieur le Viconte de Thurenne

à present maréchal de France et de damoyselle Jehanne de La Rochémon ses pere et mere d'autre part lesquelles partyes confessent avoir voluntairement faict les traictés accords de mariage dons douaire conventions et choses qui ensuivent[21].

Ce contrat de mariage, que n'avait pas repéré Bernardin, fut signé le 18 juin 1597; un mois plus tard eut lieu la cérémonie de mariage.

1601 est généralement retenu pour être l'année de naissance de Tristan. De sérieuses objections à cette hypothèse furent formulées par Antoine Adam dès 1935[22]. En essayant d'identifier François Tristan L'Hermite avec un Tristan L'Hermite, drapier peu recommandable vivant à Amsterdam en 1613[23], Adam affirma que Tristan était probablement né en 1596, ou même avant. Cette théorie, objet de controverse jusqu'en 1955[24], est maintenant d'autant moins valable que le contrat de mariage date de 1597. Tout de suite après le mariage, Pierre et Élizabeth partirent de Paris pour le château du Solier, et, ajouta Tristan, « deux ou trois ans ensuite, je vins au monde[25] ».

Les biens de la famille avaient beaucoup diminué, mais, confronté à ce revers de fortune, Tristan fit preuve d'une tolérance stoïque :

> Mais comme on aperçoit en toutes les choses une vicissitude perpétuelle, et que, selon les secrètes et justes lois de la divine providence, les petites fortunes sont élevées et les grandes sont anéanties, j'ai vu comme disparaître en naissant la prospérité de mes pères. Deux partages qui s'étaient faits en notre maison, dont l'un fut entre neuf enfants, diminuèrent beaucoup sa grandeur[26].

Tristan n'avait que trois ans quand il rejoignit sa grand-mère, Denise de Saint-Prest, à Paris :

> À peine avais-je trois ans, que mon aïeule maternelle vint voir sa fille, et, portée de cette ardente et naturelle amour qui descend du sang, me demanda pour m'élever; ainsi je commençai à me dépayser, et n'ayant aperçu jusqu'alors que des arbres et la tranquillité de la campagne, je vins à considérer les divers ornements et le tumulte d'une des plus célèbres villes du monde[27].

Quelques années plus tard, Henri IV invita Pierre L'Hermite à envoyer son fils à la cour comme enfant d'honneur et compagnon du fils du roi, Henri de Bourbon, duc de Verneuil.

Cet enfant-là arriva lui-même à la cour en 1604. Tristan avait les mêmes tuteurs que les enfants royaux, participait à leurs activités et les accompagnait dans leurs voyages à Fontainebleau. Dans *Le Page disgracié*, Tristan raconte plusieurs des moments où ils s'amusèrent ensemble. Une fois, par exemple, Tristan, désireux de plaire au petit enfant royal, entreprit de livrer bataille contre un fantôme. L'expérience réussit d'une manière inespérée :

> Ce fantôme épouvantable était notre précepteur que la puante odeur de notre lumière artificielle avait fait descendre de sa chambre pour venir voir ce que c'était. Il s'était approché de nous sans faire de bruit pour nous surprendre ; ayant une serviette nouée à l'entour du col contre le rhume, sur une camisole rouge et son bonnet à la tête, qui le faisait voir sans cheveux, parce que le bonhomme portait le jour une perruque ; enfin il était en équipage d'un vieillard qui se met au lit[28].

Cette période de sa vie fut brutalement interrompue le jour où, pris de colère le petit page blessa mortellement un cuisinier. Tristan s'enfuit alors de Fontainebleau.

S'il est presque impossible de départager le vrai du faux dans *Le Page disgracié*, c'est surtout le cas dans les chapitres où le narrateur raconte sa fuite de Fontainebleau, son voyage romanesque en Angleterre et un périple plein de péripéties qui le mena en Écosse puis en Norvège pour terminer avec son retour en France[29]. Les plus sceptiques préfèrent croire qu'il resta tout simplement en France et retourna probablement dans le château familial[30].

Vers 1617 Tristan obtint un poste au service de l'écrivain Nicolas de Sainte-Marthe à Poitiers[31]. Il raconte dans *Le Page disgracié* qu'il avait un libre accès à la bibliothèque de son maître, et que chaque jour il devait traduire pour lui une épigramme latine ou un sonnet de Pétrarque. Peu de temps après, Nicolas de Sainte-Marthe présenta Tristan à son oncle Scévole de Sainte-Marthe. Quand cet humaniste célèbre demanda au jeune homme : «Dis-moi qui tu es, et ce qui t'oblige à souhaiter d'être à moi ?», Tristan réagit avec franchise :

> Je lui répondis à cela que j'étais né d'assez bon lieu et que j'avais des sentiments qui ne démentiraient point ma naissance ; [...] et que la réputation de son esprit, qui s'étendait par toute l'Europe, m'avait donné le désir de trouver place auprès de lui, me faisant espérer que je pourrais obtenir quelque faveur des Muses, servant

fidèlement un de leurs plus célèbres nourrissons. À cette ingénue déclaration, le bon vieillard me pressa le visage de ses mains pour me caresser et fit paraître qu'il me recevait avec joie[32].

Son principal devoir était de lire à haute voix pour Sainte-Marthe. Il devait aussi s'occuper de la bibliothèque de son nouveau maître, ce qui lui apporta de grandes satisfactions : «J'eus le soin de sa bibliothèque, et sans mentir, cela servit beaucoup à mon avancement aux lettres. Je passais les jours et les nuits sur ses livres, que je ne croyais jamais pouvoir posséder assez longtemps pour en faire des collections à ma fantaisie[33]». C'est là où Tristan dut rencontrer la poésie de Ronsard et d'autres poètes du XVIe siècle. Il avoue que ce fut en parcourant un manuscrit de lettres et de poèmes écrits par les fils de Scévole qu'il eut soudain le désir d'être lui-même poète : «Cela me fit naître l'envie de les pouvoir égaler en quelque sorte, et dès lors je m'attachai sur cette montagne sacrée dont les fleurs sont si fort aimables, mais qui rapporte si peu de fruit[34]».

Tristan quitta la famille Sainte-Marthe après quelques mois et, si l'on en croit le récit du *Page disgracié*, un nouveau chapitre de sa vie commença. Après un bref séjour chez le marquis de Villars au château du Grand Pressigny, il obtint le poste de secrétaire de la maison d'Henri de Lorraine, duc de Mayenne. À l'automne 1620, Henri de Lorraine, qui était gouverneur de Bordeaux, dut préparer une grande réception pour la visite du roi Louis XIII. Pour cette fête Tristan composa quelques vers, ce qui lui donna l'occasion de revoir le roi qui n'avait pas oublié l'enfant d'honneur de son fils, le duc de Verneuil : «Il fut dit alors toutes les postiqueries de ma jeunesse ; on y parla de mes écoles buissonnières, de mes fuites chez les comédiens, lorsque je craignais d'être fouetté, et parmi cela de l'espérance que j'avais donnée de réussir un jour aux belles-lettres[35]». Le lendemain, ayant reçu de la part du roi l'assurance d'un poste à la cour, Tristan accompagna le monarque et sa suite à Paris.

Il se réjouit de son retour à Paris et à la cour : «Ce fut ainsi qu'après tant de courses vagabondes, je revins au lieu où j'avais été nourri ; mes parents furent ravis de me voir et d'apprendre qu'avec quelque réputation je m'étais remis à la cour[36]». Le printemps suivant, Tristan accompagna une expédition que le roi mena contre les huguenots. Il participa aux batailles de Saint-Jean-d'Angély et de Clérac, mais, à Montauban, il fut victime d'une maladie grave et dut abandonner la campagne[37]. Louis XIII, plein de sollicitude, accorda à son nouveau gentilhomme la somme de 100 livres «pour lui aider à se panser et médicamenter d'une maladie, dont il est détenu malade, et pour lui donner moyen de s'en retourner à Paris[38]».

Au cours de l'année suivante, Tristan fut admis dans la maison de Gaston d'Orléans, le frère de Louis XIII. Le gouverneur de Gaston, Jean-Baptiste d'Ornano, cherchait pour le prince des compagnons intelligents et instruits. Il recruta Tristan. Comme beaucoup d'autres écrivains et artistes, Tristan allait trouver en Gaston un protecteur reconnaissant, mais peu fiable à cause de son instabilité politique et économique[39]. Son introduction à la cour lui facilita l'entrée dans les cercles mondains et littéraires de Paris. C'est ainsi qu'il rencontra d'autres écrivains comme Hardy, Théophile de Viau et Voiture.

Cependant, la bonne fortune ne dura pas longtemps. Dans une ode écrite en 1625 et adressée « À Monsieur de Chaudebonne », Tristan fait allusion à un « malheur dont [il] [fut] destruit » (v. 20) et à sa « disgrace » (v. 34). Il envisage un retour à Solier :

> Si ces Astres dont l'influance
> Preside à mes prosperitez,
> Roidissent leurs severitez
> Contre ma petite esperance :
> Emportant bien tost loin d'ici
> Toutes les pointes du souci
> Que me donne cette avanture ;
> J'iray perdre dans ma Maison
> Les ressentimens d'une injure
> Dont je ne sçay pas la raison[40].

Ce poème marque, selon toute probabilité, sa déception d'avoir perdu une position remarquée à la cour. En effet, le nom de Tristan L'Hermite ne parut pas sur la liste des membres de la maison de Gaston d'Orléans en 1626[41]. N.-M. Bernardin conjectura que Tristan avait fait un voyage à Solier pour régler une affaire judiciaire durant l'été 1625, et qu'on avait profité de son absence pour usurper sa place[42]. Cette ode que Tristan adressa à Monsieur de Chaudebonne, à son retour à Paris, semble, en effet, exprimer des émotions récentes suscitées par la redécouverte de la beauté des paysages autour de la maison familiale :

> Sous des monts tels que ceux de Thrace
> Où le froid est presque toujours,
> On découvre de vieilles Tours
> Où je puis cacher ma disgrace.
> Tous les ans près de ce Chasteau,
> Le dos d'un assez grand costeau
> D'une blonde javelle eclate ;
> Et si l'air n'est bien en fureur,
> Cette terre n'est guere ingratte
> A la peine du Laboureur[43].

La découverte d'un document officiel dans les Archives de la Creuse, daté du 4 juillet 1625, et portant la signature de Tristan, me permet de fournir la preuve que Tristan s'éloigna de Paris durant l'été 1625. Bernardin n'avait pas tort sur ce point.

Comme [...] ainsi que cydevant Louys de Chaussecourte escuier seigneur de Lespinas l'eust donné [...] en forme verballe pour quelque temps à Pierre de Lermitte vivant escuier seigneur de Souliers le moulin appelé de Mathieu dans la paroisse de Janailhat soubz promesse de lui en donner quelques fermes ainsy qu'ils en sont demeuré [sic] d'accord verballement et aussy à la charge par ledict seigneur de Souliers de reparer ledict moulin bien que en diminuant de reparations qui seroit [sic] necessaires audict moulin pour icelluy mettre en bon estat affin que les subjets de venir mouldre audict moulin y puissent mouldre leurs grains commodement et que à present noble François de Lermitte escuier seigneur dudict Souliers fils dudict deffunt Pierre de Lermitte et de damoiselle Ysabeau Miron sa mere fist envoyer et fist appeler ledict seigneur de Lespinats par-devant Monseigneur le Senechal de la Marche ou son lieutenant aux fins de lui paier les reparations que ledict seigneur de Souliers son père auroit faict [sic] audict moulin tant pour rediffier et bastir ledict moulin que autrement acquoy le dict seigneur de Lespinas desire n'estre tenu et qu'il quitta et delaissa ledict moulin en l'estat qu'il estoit pour n'avoir faict aulcuns frayts qu'il peut justifier necessaire et par ce moyen lesdicts sieurs de Lespinas et de Souliers ont eu d'entre eu [sic] quelques formes de procès pour que [...] ont transigé ou dit desservant [...] Sçavoir faisons que aujourd'hui quatriesme du mois de juillet mil six cents vingt cinq apres midy au bourg de Sardent au devant l'esglize dudict lieu a esté present en sa personne et estably ledict François de Lermitte fils dudict deffunct Pierre de Lermitte escuier seigneur de Souliers estant de present en ce pays de la Marche lequel de ses bons gré et volonté tant en son nom propre et privé que prenant en mains par damoizelle Ysabeau Miron sa mere à laquelle il a promis fera entretenir cesdictes presentes et icelle rattifier toutesfoys et quantes à peyne de tous despans dommages et interests. C'est desisté et desparti et se desiste et despart par ces presentes au proffit dudict Loys de Chaussecourte escuier seigneur dudict Lespinatz presents stipulant et acceptant c'est assavoir de toutes et chascune les reparations que ledict deffunct seigneur de Souliers père dudict François pourroyt avoir faittes audict moulin appellé de Mathieu soyent telles qu'elles ledict deffunct de Lhermitte les y pourroyt [avoir] faittes et de quelque valleur qu'elles puissent estre et de tout le passé jusques à ce present jour. Soit le dit deffunct seigneur de Souliers ou ladicte damoizelle Ysabeau Miron sans que audict moulin [...] ledict seigneur de Souliers et [...] et lieu [...] pour advenir pretandre aulcune chose [...] la somme de cent livres tournois que ledict François de Lermitte seigneur [...] receverra dudict Seigneur de Lespinatz et d'icelle somme le quitte et promet n'en demander autre chose car ainsi est juré et [...] faict pardevant les nottaires rouyaulx soubzsignés et en presence des tesmoings aussy soubzsignés qui sont Jacques Duluge du bourg de Pontarion et venerable personne Messire Jehan de Mastubrot presbtre de la paroisse de Sardent lesdictes parties se sont aussi soubzsignés les jours et an donnés dessus[44].

On peut noter, d'ailleurs, que ce document de 1625 nous révèle que le père de Tristan est déjà mort ; Tristan est « le fils du deffunct Pierre de Lermitte ». Cette information confirme et rend plus précise l'affirmation de Bernardin selon laquelle Pierre de L'Hermite mourut entre 1621 et 1627[45].

On ne sait si Monsieur de Chaudebonne intercéda auprès de Gaston d'Orléans pour rétablir Tristan dans son entourage, mais, en 1627, le nom de Tristan réapparaît parmi les « gentilshommes à la suite de Monsieur[46] » sur la liste des membres de sa maison dressée par Pierre d'Hozier. C'est en cette période que le tempérament agité de Gaston se manifesta de nouveau. En effet, il avait bien des raisons d'être mécontent en 1627. Dans ses *Mémoires*, Nicolas Goulas, mémorialiste du XVIIe siècle, discerna plusieurs causes de l'exaspération du frère du roi :

> Premièrement, Monseigneur ayant été marié comme malgré lui avoit toujours sur le cœur la violence qui lui avoit été faite ; il se souvenoit de la manière qu'on lui avait osté le maréchal et la maréchale d'Ornano et on l'assuroit que le maréchal mort aussitost après son mariage n'estoit pas mort de maladie ; on lui représentoit la ruine de M. de Vendosme dont la seule cause étoit l'amitié du grand prieur pour lui ; on protestoit que M. de Chalais avoit péri parce qu'il étoit son serviteur[47].

Les rapports inamicaux entre Louis XIII et son frère eurent des répercussions immédiates sur la vie de Tristan. À l'automne 1627, Louis XIII, voulant apaiser les tendances rebelles de Gaston d'Orléans, lui confia une expédition militaire contre les huguenots de La Rochelle. Tristan y accompagna Gaston d'Orléans et l'armée royale à la fin du mois d'août. Malheureusement, la première attaque contre La Rochelle fut un échec ; Louis XIII dut ordonner la cessation de toute activité militaire. Le roi lui-même arriva le 12 octobre pour diriger l'opération. Entre temps, Gaston d'Orléans réussit à empêcher les Anglais de prendre possession de l'Île de Ré, un lieu stratégique dans cette guerre franco-anglaise. Cette petite île, bloquée depuis deux mois et manquant de vêtements et de nourriture, fut sur le point de capituler devant les forces de Buckingham quand, pendant la nuit du 8 octobre, Gaston d'Orléans réussit à approvisionner l'île malgré le blocus anglais – « nonobstant les mousquetades et cannonades Angloises[48] ». En attendant l'arrivée du roi, Tristan L'Hermite commémora cet exploit dans une belle ode intitulée « La Mer » et dédiée à son protecteur :

> Cette Isle qui par tant de jours
> Fut étroitement assiégée,
> Te doit l'honneur de son secours,
> Et celui de s'estre vengée.
> Ce fut ta libéralité
> Qui treuva la facilité
> D'y faire entrer tant de Pinaces,
> Qui promirent sous ton aveu
> De ne craindre point les menaces
> De toute l'Angleterre en feu[49].

Gaston d'Orléans apprécia ce poème élogieux surtout parce que Richelieu, qui contrôlait les sources d'information publiques, fut décidé à garder pour lui-même toute la gloire de cette victoire. Nicolas Goulas décrivit cette tentative d'autopromotion :

> Les historiens payés par M. le cardinal de Richelieu ont passé sous silence le grand service que Monsieur [Gaston d'Orléans] rendit au Roi et à l'État bientost après, car ce fut par ses soins et sa diligence, que Dandouins de Bayonne arma des pinasses, avec lesquelles il entreprit de passer en Rhé [...] M. le cardinal de Richelieu, voulant recueillir toute la gloire du secours de Rhé et de la prise de La Rochelle et ne pouvant souffrir que personne y eust part, les écrivains ont ravi à Monseigneur celle qui lui appartenoit pour donner tout à leur Mécénas et à ses suppôts, sans faire mention de Son Altesse Royale[50].

Le service que Tristan rendit à son mécène en composant « La Mer » fut récompensé, semble-t-il, l'année suivante quand le poète tomba de nouveau malade. En mars 1628 Gaston d'Orléans lui accorda une petite somme «pour subvenir à sa maladie» et de nouveau en septembre «pour subvenir aux frais dont il luy a convenu faire dans sa malladie[51]».

Les rapports entre Louis XIII et son frère continuaient à se dégrader jusqu'au point où, en 1629, Gaston d'Orléans pensa à quitter le royaume pour se réfugier en Lorraine. Manquant cruellement des fonds qui lui auraient permis de mettre ce plan à exécution, il fut contraint de réduire le nombre de membres de son entourage. Tristan fut alors disgracié[52]. Le séjour de Gaston d'Orléans en Lorraine en 1630 fut de courte durée, mais la réconciliation avec le roi à son retour en France ne dura pas longtemps. En novembre de la même année, face au pouvoir croissant de Richelieu, Gaston d'Orléans décida de prendre de nouveau la fuite. C'est ainsi qu'au printemps 1631, Tristan accompagna Gaston d'Orléans et sa suite, d'abord en Lorraine, puis, l'année suivante, à la cour de Bruxelles. Mû par le désir de rester fidèle à son protecteur, il choisit de rester à ses côtés pendant cette période difficile. C'est ce qu'il explique dans une lettre adressée à son frère, Jean-Baptiste L'Hermite, et envoyée de Bruxelles :

> Il ne faut pas que je m'esloigne de M., il m'a tesmoigné quelque bonne volonté dans son bon-heur, et je m'estimerois bien lasche si je l'abandonnois dans ces disgraces. Il m'estoit permis avant que de m'y donner, de faire chois d'un autre Maistre. Mais aujourd'hui, je ne dois plus avoir de volonté ny de vie, que pour les immoler à ses interests, et pour suivre partout sa fortune[53].

Durant toutes ces années, Tristan continua à composer des poèmes. Il pratiqua notamment la poésie amoureuse, en Lorraine puis à Bruxelles. En 1633, son recueil intitulé *Les Plaintes d'Acante et autres œuvres* fut publié à Anvers. Le long poème éponyme, «Les Plaintes d'Acante», fut composé pour le duc de Bouillon qui le destinait à Élisabeth de Bergh[54]. Le jeune homme avait rencontré sa future épouse pendant le carnaval de Bruxelles au printemps 1632. S'étant brièvement absenté de Bruxelles, il dut affronter plusieurs rivaux, qui prétendaient eux-mêmes à la main de Mademoiselle de Bergh. Le duc, en homme d'action, lui adressa tout de suite une demande en mariage. La jeune fille accepta. La composition du poème de Tristan remonte donc probablement au printemps 1633 car l'Approbation date de juin 1633. Une date antérieure semble peu probable compte tenu du fait que Gaston d'Orléans et sa suite étaient absents de Bruxelles entre mai et janvier 1633[55]. Tristan écrivit également quelques poèmes de circonstance pendant son séjour bruxellois. En 1633, il fit longuement l'éloge de l'Infante Isabelle, gouvernante des Pays-Bas et, en novembre de la même année, il signa un contrat avec l'éditeur anversois Balthazar Moretus. Malheureusement, la publication dut être reportée parce que le frontispice de Rubens n'était pas prêt; l'Infante mourut le 1ᵉʳ décembre. Le volume, intitulé *La Peinture de son Altesse sérénissime*, parut avec un appendice comprenant quelques poèmes sur sa mort[56]. En 1634 Tristan rédigea une églogue en l'honneur de la reine Henriette Marie d'Angleterre. À cette époque, Marie de Médicis, mère de Gaston d'Orléans et d'Henriette Marie, fut elle-même en exil à Bruxelles. On a suggéré que Tristan avait composé *l'Églogue maritime dédié à la reyne de la Grande Bretagne* à l'occasion d'une mission en Angleterre. Cette mission secrète aurait eu pour but d'obtenir pour la reine Marie de Médicis un lieu de repli après la mort de l'Infante Isabelle[57]. L'exil bruxellois prit fin le 8 octobre 1634 quand Gaston d'Orléans, ayant discrètement mis fin aux négociations destinées à permettre son retour en France, sous le prétexte d'aller à la chasse, lança son cheval au galop à la poursuite d'un renard, mais ne s'arrêta pas avant d'arriver en France. Les membres de son entourage le suivirent peu de temps après[58].

De retour en France, Gaston d'Orléans se mit à réorganiser sa maison. Naturellement, Tristan voulait y retrouver sa place. Ce fut à un favori de Gaston, Antoine de Laage, sieur de Puylaurens, qu'il s'adressa pour rentrer en grâce, le suppliant de ne pas l'oublier dans une lettre publiée plus tard dans les *Lettres meslées* :

> Au premier voyage que son Altesse fistes en Lorraine, vous me fistes l'honneur de me promettre par plusieurs lettres que vous me restabliriez en sa Maison. Depuis, vous n'avez pas eu le loisir ni l'occasion, de faire valoir votre parole. Mais aujourd'huy, Monseigneur, rien ne sçauroit empescher que ma mauvaise fortune ne change, pourveu que l'affection dont vous m'avez tousjours honoré, ne se treuve point diminuée. [...] Je n'ay pas besoin d'êmouvoir vostre cœur, pour vous porter à m'estre favorable : je n'ay rien qu'à vous en rafraischir la mémoire[59].

Tristan perdit ce puissant ami quand Monsieur de Puylaurens fut arrêté en février 1635 sous le prétexte d'avoir semé la discorde entre le roi et son frère; il mourut à Vincennes en juillet 1635. Néanmoins, au cours de l'année suivante, Tristan retrouva sa position.

D'autres difficultés se présentèrent à son retour en France. Pendant son séjour en Lorraine et à Bruxelles, des procédures judiciaires furent engagées qui allaient enlever à Tristan tout espoir de garder le château familial du Solier. En mai 1629, sa mère, confrontée aux demandes des créditeurs de son défunt mari, avait essayé de régler la situation en faisant saisir ses propriétés et biens[60]. Ensuite, le 6 septembre 1629, elle avait cédé tous ses droits à René de Chaussecourte contre une somme d'argent. C'est à ce dernier contrat que Tristan, incrédule, fait allusion dans une lettre à un avocat parisien, Monsieur de Ragueneau :

> Cela me tient fort au cœur de me voir ainsi dépouillé de mon Patrimoine, et que l'on me frustre par une si noire méschanceté, d'un bien qui m'étoit acquis par ma naissance. Je sçay que c'est injustement que l'on s'empare de ma Maison, encore que l'on fasse voir que c'est par le moyen d'un Contract; et toute une Province connoit bien qu'on m'a fait une extrème violence, sous quelques formes de Justice. Quand je dis qu'une mère sexagenaire a passé un Contract de Cession au prejudice de ses enfans, et de près de dix mille escus, en un hameau de Limosin, sans assistance de personne, et sans un tesmoin qui sçeust signer : il n'y a personne qui le puisse croire, et moins s'imaginer qu'elle ait receut huit mille francs en un païs si peu opulent sans que personne s'en soit aperceu[61].

Deux documents trouvés dans les Archives Nationales, et jusqu'ici restés inconnus, rendent plus intelligible cette lettre à Monsieur de Ragueneau, et, de surcroît, révèlent le dénouement de l'histoire[62]. Le 23 juin 1636 Élizabeth Miron déclara que ce fut «par ung contract extorqué d'elle» qu'elle avait cédé ses droits à Chaussecourte en 1629 pour douze mille livres, sans avoir reçu de lui «aulcune chose sinon la somme de sept cens cinquante livres ou environ». En même temps, dans ce document de 1636, elle cédait à son fils tous les droits associés à ses biens ainsi que la possibilité de poursuivre Chaussecourte, «soit par la renonciation desdites douze mil livres tournois et intherests ou pour se pourvoyr contre ledit contract du VIe septembre mil six cens XXIX, icelluy faire casser et remettre les partyes en tel estat qu'elles estoient auparavant, pour le tout poursuivre, faire licquider ou autrement en disposer par ledit sieur son fils ainsy qu'il verroit bon estre».

L'affaire se compliqua lorsque, en 1639, René de Chaussecourte envoya son frère à Paris pour le représenter dans ce conflit. Bien que la légalité du contrat signé en 1629 fût reconnue, Tristan était déterminé à continuer la bataille judiciaire. C'est ce que révèle, entre autres, le document de 1639 :

> Il auroit presuposé que ladite terre de Soulliers dont ledit sieur de Chaussecourte s'estoit rendu adjudicataire appartenoit à luy François Lhermite Tristan comme he-

ritier de son père, obtenu lettres de bénéfice d'inventaire entherinées par sentence de M. le Prevost de Paris [...] soubz la faveur duquel bénéfice d'inventaire il auroit interjetté appel du decret de ladite terre de Soulliers [...] estimant faire cesser ledit decret [...] et se maintenir en la jouissance de ladite terre.

Enfin, Chaussecourte offrit le château à Tristan : «pour faire congnoistre audit sieur Lhermite Tristan le peu davantage qu'il avoit tiré de ladite acquisition consentoit quitter, abandonner audit François Lhermite les château, terre et seigneurie de Soulliers» — mais à condition que Tristan lui rembourse les 7.950 livres qu'il affirmait avoir donnés à Élizabeth Miron, aussi bien que la somme de plus de 4.000 livres qu'il avait dépensée pour rénover le château, et plus de 10.000 livres payés aux créditeurs de Pierre L'Hermite. Avec un profond regret, Tristan renonça à poursuivre son adversaire et accepta de recevoir en dédommagement 3.400 livres, «moyennant lesquelles sommes il se depart de touttes actions rescindantes et de tous autres droicts qu'il pourroit pretendre sur ladite terre». Ce document final fut signé le 19 août 1639.

Il n'est pas sans intérêt de noter qu'en dépit du ressentiment que Tristan exprimait à l'égard de sa mère dans la lettre à Ragueneau[63], dans le document du 23 juin 1636 cela ne semble plus avoir été le cas. En fait, Élizabeth Miron cède à son fils le droit à 12.000 livres,

> pour la bonne amour et dillection maternelle qu'elle porte à Mre François Lhermitte [...] et en consideration des soings qu'il a rendus jusqu'à present aux affaires de ladite damoiselle sa mere et des assistances qu'il luy a faites en plusieurs occasions sans espargner ce qu'il a peu fournir à ses despences necessaires jusques à la somme de six à sept cens livres sans en avoir jamais voulu tenir d'autres services que sa bonne volonté.

On peut ajouter que Bernardin supposait qu'après avoir cédé ses droits à Chaussecourte en 1629, Élizabeth Miron était restée paisiblement à Janailhat, où elle mourut peu de temps après[64]. Les documents de 1636 et 1639 démentent cette théorie.

On peut dégager de ces mêmes documents d'autres détails biographiques. On y trouve, par exemple, des adresses de Tristan à Paris, et des informations relatives à sa position au service de Gaston d'Orléans avec une chronologie cohérente. Jusqu'ici on pensait que Tristan ne fut pas réadmis dans la maison de Gaston d'Orléans avant 1640 voire 1641[65]. Maintenant on découvre dans le document de 1636 que Tristan est «gentilhomme de la suite de Monseigneur frere unique du Roy». En 1639 sa situation s'améliore : il est «gentilhomme ordinaire servant de la maison de Monsieur frere unique du Roy».

Toutes ses difficultés familiales ne l'empêchèrent pas de poursuivre sa carrière d'écrivain après son retour en France en 1634. Il devint dramaturge. Dans *Le Page disgracié*, on peut croire que c'est sous couvert de fiction que Tristan parle de son goût pour le théâtre pendant sa jeunesse : «En mes heures de loisir j'apprenais par cœur quelque pièce entière des plus beaux vers dont on fît estime en ce temps-là, et j'en savais plus de dix mille, que je récitais avec autant d'action que si j'eusse été tout rempli des passions qu'ils représentaient[66]». Sans doute cette passion naquit-elle quand, à son retour de Bruxelles, il commença à fréquenter l'Hôtel de Bourgogne et le Théâtre du Marais que son ami Montdory venait de fonder. La première pièce de Tristan, *La Mariane* (1636), remporta un vif succès et, selon les frères Parfaict, la pièce «non seulement surpassa par son succès la tragédie de *Médée* de Corneille, mais sembla balancer celui du *Cid*[67]». Dans un délai d'un an, Tristan prépara une deuxième pièce, *Panthée*, mais cette fois le public fut moins enthousiaste. D'après les documents du Minutier Central, en 1636, Tristan fut logé «près les Minimes de la Place Royalle[68]». Étant un ami proche de la famille Modène, Tristan habitait probablement l'Hôtel de Modène situé, lui aussi, «près les Minimes de la place Royale[69]», durant la période où il composa *La Mariane* et *Panthée*. Tristan et M. de Modène furent tous deux au service de Gaston d'Orléans, et on a même suggéré que ce fut Tristan qui présenta M. de Modène à Madeleine Béjart, un événement qui perturba la vie de la famille Modène[70]. De plus, le frère de Tristan, Jean-Baptiste, épousa en 1636 Marie Courtin, la tante de Madeleine Béjart. On ne sait pas pendant combien de temps Tristan habita l'Hôtel de Modène ; Madame de Modène et sa fille, en tout cas, se retirèrent à la campagne en 1637. En août 1639, Tristan vivait dans «l'Isle Notre dame en la maison du nommé Poinloup rue et paroisse Saint-Louis[71]». Serait-il parti de l'Hôtel de Modène au printemps 1638 quand M. de Modène quitta cette maison pour vivre avec Madeleine Béjart[72]?

Après l'échec décevant de *Panthée*, Tristan se mit à préparer quelques recueils de vers. Il étoffa le petit volume intitulé *Les Plaintes d'Acante* en le complétant de poèmes inédits et le publia sous le titre des *Amours* (1638). Il ajouta à «L'Orphée», ce long poème écrit en hommage à son ami Blaise Berthod, des poèmes mondains, ainsi que des poèmes de circonstances pour former un recueil intitulé *La Lyre* (1641). C'est à cette époque aussi que Tristan conçut *L'Office de la Sainte Vierge* ainsi que *Les Vers héroïques*, qui tous deux furent publiés plus tard, le premier en

1646 et le second en 1648. Un document officiel figurant parmi ceux que nous avons trouvés aux Archives Nationales révèle que le 17 mai 1645 Tristan envoya ces deux manuscrits à l'éditeur Augustin Courbé en même temps que *Les Amours*[73].

Deux ouvrages en prose, les *Lettres meslées* (1642) et *Le Page disgracié* (1643), furent publiés avant que Tristan n'osât revenir à l'écriture théâtrale. En 1644 furent représentées *La Folie du sage* à l'Hôtel de Bourgogne et *La Mort de Sénèque* à l'Illustre Théâtre avec Madeleine Béjart dans le rôle d'Épicaris. Au printemps 1645, *La Mort de Chrispe* le fut à son tour par la troupe de Molière.

En mai 1645, Tristan était toujours «gentilhomme ordinaire de la maison de Monseigneur d'Orléans», et demeurait à l'hôtel de Gaston à Saint-Germain-des-Prés[74]. Néanmoins, l'été suivant, pour une raison inconnue, il semble que Tristan perdît sa place au service de Monsieur. Il chercha alors le soutien de Claire-Charlotte d'Ailly, duchesse de Chaulnes :

> Je voy que GASTON m'abandonne
>   Cette digne personne
> Dont j'espérois tirer ma gloire et mon suport :
> Cette Divinité que j'ay toûjours suivie,
>   Pour qui j'ay hazardé ma vie ;
> Et pour qui mesme encor je voudrois estre mort.
>   Si le Ciel ne m'a point fait naistre
>   Pour le plus digne Maistre
> Sur qui jamais mortel puisse porter les yeux :
> Il faut dans ce malheur, que mon espoir s'adresse
>   À la plus charmante Maistresse
> Qui se puisse vanter de la faveur des Cieux[75].

La duchesse de Chaulnes l'engagea comme chevalier d'honneur, mais cela ne dura pas longtemps, car, dès l'automne 1645 elle se prépara à accompagner en Auvergne son mari qui venait d'y être nommé gouverneur. Ce fut le moment que Tristan choisit pour quitter son service en s'excusant d'être trop malade pour entreprendre le voyage :

> L'Art a beau venir à mon aide ;
> Le mal a vaincu le remède
> La Medecine et ses secrets
> Ne font plus en moi de progrès ;
> Mes poumons ne meuvent qu'à peine
> Et je n'ay plus assez d'haleine
> Pour vous dire dans ces douleurs,
> Belle Duchesse je me meurs[76].

Peu de temps après le départ de la duchesse, Tristan entra au service d'Henri de Lorraine, duc de Guise. Le duc s'était épris de Suzanne de Pons et avait entrepris d'annuler son propre mariage avec Honorée de Glimes. C'est ce qui motiva son voyage à Rome à la fin octobre 1646. Pendant l'absence du duc, Tristan composa pour lui des poèmes galants qui célébraient son amour pour Suzanne de Pons. Dans ces poèmes assez conventionnels, écrits entre 1646 et 1648, les deux amants sont reconnaissables derrière les pseudonymes d'Anaxandre et d'Élize :

> L'invincible Anaxandre a perdu la franchise
> Luy qui pourroit l'oster aux premiers des humains :
> Mais s'il en fait hommage à la beauté d'Elize
> Pouvoit-il la remettre en de plus belles mains[77] ?

À cette époque, Tristan rédigea et étoffa son recueil de poèmes religieux ; il le fit publier en 1646 sous le titre de *L'Office de la Sainte Vierge*. Au début de 1647, il fit jouer une autre pièce de théâtre, *Osman*, sa dernière tragédie. Ce fut vers la fin de cette même année que le duc de Guise dut renoncer à son entreprise amoureuse pour se lancer dans une bataille, militaire celle-là ; les Napolitains lui avaient en effet demandé de les soutenir dans leur révolte contre le régime espagnol. *Les Vers héroïques* parurent en 1648. Espérant, semble-t-il, pouvoir rejoindre à Naples le duc victorieux[78], Tristan dédia ce volume de poèmes circonstanciels au comte de Saint-Aignan, réputé pour sa générosité. Malheureusement, quelques mois plus tard, en avril 1648, on annonça que le duc de Guise avait été fait prisonnier par les Espagnols. Tristan, qui avait rêvé de devenir poète lauréat d'un nouveau roi de Naples, dut se contenter cette même année de son élection à l'Académie française.

Il est possible que Tristan fût réadmis dans la maison de Gaston d'Orléans durant l'absence du duc de Guise. Bernardin, qui défendait cette thèse, se fondait sur le titre d'un recueil factice publié en 1650 et répertorié dans un catalogue[79], *Les Poèmes dramatiques et autres poésies de messire François L'Hermite Tristan, chevalier sieur de Soulieres, gentilhomme de la suitte de Monsieur Gaston d'Orléans*. Bernardin n'avait pas réussi à trouver l'ouvrage ; nous l'avons découvert, réuni en deux volumes, à la Bibliothèque de Chantilly (VII A, 8-9). Au cours de l'année 1652, Tristan essaya, sans succès, de gagner la faveur de la reine Christine de Suède en lui envoyant un poème d'éloge intitulé « Stances à la reine Christine[80] ». Au retour du duc de Guise, enfin libéré en 1652, Tristan rentra à son service et s'installa à l'Hôtel du même nom.

Les dernières œuvres de Tristan sont *Amaryllis*, une pastorale adaptée d'un brouillon qui avait servi à Rotrou à la composition de sa *Célimène* et représentée à l'Hôtel de Bourgogne en 1652, et *Le Parasite*, une comédie jouée au Louvre l'année suivante. Le *Privilège* (1654) du *Parasite*, désignait Tristan comme «gentilhomme de la maison du duc de Guise». Pour sa part, le duc de Guise, depuis son retour à Paris, ne cessait de demander à Mazarin la permission de mener une nouvelle expédition militaire à Naples. Lorsque le duc eut obtenu l'accord du cardinal en 1654, Tristan composa pour lui un long poème encomiastique sous le titre *La Renommée*[81]. Finalement, les Napolitains refusèrent, cette fois, de permettre au duc de Guise d'entrer dans la ville ; le projet fut donc abandonné. Puisque le duc avait prévu la vente de l'Hôtel de Guise pour financer son expédition, l'échec du projet eut comme résultat de lui permettre de garder cette propriété. Tristan allait passer les dernières années de sa vie, paisiblement, à l'Hôtel de Guise. Durant ces années-là, il travaillait, semble-t-il, à un roman oriental intitulé *La Coromène*[82]. Par ailleurs, il traduisit les hymnes du *Bréviaire Romain*, un recueil qu'il comptait dédier à Séguier. Ces traductions furent publiées sous le titre *Les Exercises spirituels* en 1665, bien des années après la mort de Tristan.

Tristan L'Hermite mourut le 7 septembre 1655 à l'Hôtel de Guise et fut enterré à Saint-Jean-en-Grève, une église détruite au moment de la Révolution. Jean Loret lui rendit un dernier hommage dans *La Muse historique* :

> Mardi, cet auteur de mérite,
> Que l'on nomme Tristan L'Hermite.
> Qui, faisant aux Muses la cour,
> Donnait aux vers un si beau tour,
> Si vertueux, si gentilhomme,
> Et qui d'être un fort honnête homme
> Avait en tout lieu le renom,
> Décéda d'un mal de poumon
> Dans le très noble hôtel de Guise,
> Où ce prince, qu'un chacun prise,
> Par ses admirables bontés,
> Ses soins et générosités,
> Dès longtemps s'était fait paraître
> Son bienfaiteur, Mécène et maître[83].

Catherine GRISÉ,
Université de Toronto

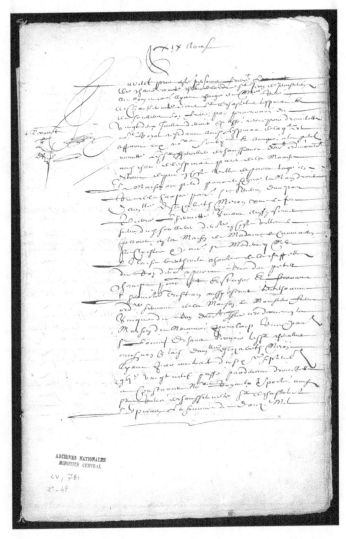

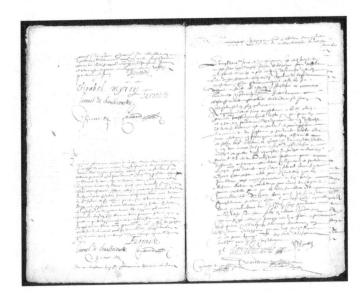

1   Voir Antoine Adam, *Histoire de la littérature française au xviᵉ siècle*, t. 1, Paris, Domat, 1948, p. 369-375 ; et Jean Tortel, « Le Lyrisme au xviiᵉ siècle », *Encyclopédie de la Pléiade : Histoire des Littératures*, t. 3, Paris, Gallimard, 1958, p. 367-370.

2   Napoléon-Maurice Bernardin, *Un Précurseur de Racine : Tristan L'Hermite, sieur du Solier*, Paris, Picard, 1895.

3   Voir Amédée Carriat, « Isographie » dans *Tristan L'Hermite. Choix de pages*, Limoges, Rougerie, 1960, p. 264.

4   Bibliothèque Nationale, Cabinet des Titres, Carrés d'Hozier, 339, fᵒ 136.

5   Archives de la Creuse, 3 E, 579, pièce 1, le 21 septembre 1447.

6   Bernardin, *op. cit.*, p. 17-18.

7   *Ibid.*, p. 21.

8   Archives de la Creuse, 3 E, 579, pièce 1. Monsieur J. B. Mayaud de Boislambert m'a fait une transcription des documents des Archives de la Creuse concernant la famille L'Hermite ; je lui dois toutes les citations qui suivront dans le présent article.

9   Archives de la Creuse, E, 39, cité par Bernardin, p. 21, n. 4.

10   Archives de la Creuse, 3E, 579, pièce 2.

11   Archives de la Creuse, 3E, 579, pièce 22.

12   *Ibid.*

13   Archives de la Creuse, 3E, 579, pièce 3.

14   *Le Page disgracié* [1643], Paris, Delamain et Boutelleau, « À la promenade », 1946, p. 51.

15   Bibliothèque Nationale, Cabinet des Titres, Carrés d'Hozier, 339, fᵒ 148.

16   *Ibid.*, fᵒ 152.

17   Bernardin, *op. cit.*, p. 25-27.

18   Archives de la Creuse, 3 E, 579, pièce 11.

19   Pour les détails du crime et du procès, voir Bernardin, *op. cit.*, p. 28-40. Voir aussi, à propos de la condamnation à mort, Archives Nationales, Minutier Central, X²ᵇ· 170.

20   *Le Page disgracié*, éd. citée, p. 51.

21   Archives de la Creuse, 3E, 579, pièce 11.

22   Voir A. Adam, *Théophile de Viau et la libre pensée française en 1620*, Paris, Droz, 1935, p. 123, n. 3.

23   Voir *ibid.*, p. 33, où il s'appuie sur un document découvert par Jean Fransen, *Les Comédiens français en Hollande*, Paris, Champion, 1925, p. 45-46. Selon Adam : « On y apprend qu'en 1613 se trouvait dans cette ville [Amsterdam] un marchand d'étoffes nommé Tristan L'Hermite, débauché, buveur, dominé par une femme, une certaine Sabine Fredericx, qui le berne, le vole avec des commères, exploite sa faiblesse et ses vices. Pour quiconque a deviné, derrière le masque, la vraie personnalité de Tristan, aucun doute que le portrait soit ressemblant ». Adam semblait moins certain ultérieurement (*cf. Histoire de la littérature française au xviᵉ siècle*, t. 1, *op. cit.*, p. 369, n. 1).

24   On aurait pensé que l'argument habile de Raymond Lebègue (« Tristan, était-il à Amsterdam en décembre 1612 ? », *Revue d'histoire littéraire de la France*, XLIV, 1937, p. 390-395) aurait mis fin à cette controverse. Et pourtant, en 1955, Amédée Carriat, dans *Tristan, ou l'éloge d'un poète*, Limoges, Rougerie, p. 30-31, exprimait toujours des doutes. Cette fois ce fut René Pintard qui fournit une preuve incontestable dans son article « L'autre Tristan L'Hermite », *Revue d'histoire littéraire de la France*, LV, 1955, p. 492-495.

25   *Le Page disgracié*, éd. citée, p. 52.

26   *Ibid.*, p. 51.

27   *Ibid.*, p. 53.

28   *Ibid.*, p. 85-86.

29   *bid.*, 1ʳᵉ Partie, ch. xvi-xlvi ; 2ᵉ Partie, ch. i-x.

30   Voir Amédée Carriat, *Tristan, ou l'éloge d'un poète*, *op. cit.*, p. 29-30.

31   Voir Henri Rousseau, « Un Poète marchois en Poitou, Tristan L'Hermite et les Sainte-Marthe », *Bulletin de la Société des Antiquaires de l'Ouest*, X, 1934, p. 15-44.

32   *Le Page disgracié*, éd. citée, p. 240.

33   *Ibid.*

34   *Ibid.*, p. 241.

35   *Ibid.*, p. 300.

36   *Ibid.*, p. 301.

37   Pour la description de cette étrange épidémie, voir *ibid.*, p. 310-312.

38   Bibliothèque Nationale, Cabinet des Titres, Pièces Originales, 1516, n° 3449, pièce 9. Cette quittance fut découverte par Bernardin, *op. cit.*, p. 96., n. 4.

39   À ce sujet, voir Claude K. Abraham, *Gaston d'Orléans et sa cour. Étude littéraire*, Chapel Hill, University of North Carolina Studies in the Romance Languages and Literatures, 41, 1964.

40   « À Monsieur de Chaudebonne », *La Lyre*, Paris, 1641, v. 21-30, p. 67-74. La date de composition de cette ode est confirmée par une lettre que Tristan adressa cette même année à Théophile de Viau (*Lettres meslées*, Paris, Augustin Courbé, 1642, p. 399).

41   Bibliothèque de l'Arsenal, ms. 4208.

42   Bernardin, *op. cit.*, p. 117-118.

43   « À Monsieur de Chaudebonne », v. 31-40.

44   Archives de la Creuse, 3E, 579, pièce 23. Les ellipses dans ce texte indiquent des passages qui ne sont plus lisibles.

45   Bernardin, *op. cit.*, p. 118, n. 1.

46   « Recueil des noms, surnoms, qualitez, armes et blasons, de tous les seigneurs, gentil-hommes et principaux officiers estans au service de Monseigneur d'Orléans, fils de France, frere unique du Roi, en l'établissement de sa maison », Bibliothèque Nationale, Cabinet des Titres, ms. 32520, f° 56.

47   Nicolas Goulas, *Mémoires*, t. 1, Paris, 1879, p. 6-7.

48   *Récit véritable touchant l'estat present de l'isle de Ré et arrivée des flottes d'Espagne et de Dunquerque*, Paris, Jean Brunet. 1627, p. 5.

49   *La Mer, A Monsieur Frere du Roy*, Paris, Nicolas Callemont, 1628, v. 201-210.

50   Goulas, *op. cit.*, p. 34-35.

51   « Tresorerie generalle de la maison et finances de Monseigneur frere unique du roy », Bibliothèque de l'Arsenal, ms. 4209 [1628], f° 261 et 266-267. Voir aussi le reçu de Tristan, Bibliothèque Nationale, Cabinet des Titres, Pièces Originales, 1516, 34419, pièce 10.

52   Son nom ne figure plus sur la liste des membres de la maison en 1629 (*ibid.*, ms. 4210 [1629]).

53   *Lettres meslées*, éd. citée, p. 452-453.

54   Voir les détails de sa composition dans Eugénie Droz, *Le Manuscrit des Plaintes d'Acante de Tristan L'Hermite*, Paris, Droz, 1937.

55   Voir Gaston d'Orléans, *Mémoires*, Paris, Petitot, 1824, p. 130 et 148 [in] *Collection des Mémoires*, série 2, XXXI.

56   *La Peinture de son Altesse sérénissime*, Anvers, [Balthazar Moretus], 1634.

57   Voir Jacques Madeleine, Introduction, *Les Plaintes d'Acante et autres œuvres*, Paris, S.T.F.M., 1909, p. xxviii.

58   Voir Goulas, *op. cit.*, t. 1, p. 253-254.

59   *Lettres meslées*, éd. citée, p. 378-379 et 383.

60   Archives de la Creuse, E, 37, 39 et 40, documents cités par Bernardin, *op. cit.*, p. 145.

61   *Lettres meslées*, éd. citée, p. 466-467.

62   Minutier Central, XIV, 45 (1636) et CV, 781 (1639). Je cite ces documents ici et dans les trois paragraphes qui suivent. C'est à Madame Aussedat des Archives Nationales que je dois leur transcription.

63   *Lettres meslées*, éd. citée, p. 464-471. Bernardin, *op. cit.*, p. 40, conclut que Tristan «était fort irrité contre elle».

64   Bernardin, *op. cit.*, p. 147.

65   Voir *ibid.*, p. 212.

66   *Ibid.*, p. 71.

67   François et Claude Parfaict, *Histoire du théâtre français*, Paris, Lemercier, 1745, t. V, p. 191.

68   Archives Nationales, Minutier Central, XIV, 45.

69   Madeleine Jurgens et Élizabeth Maxfield-Miller, *Cent ans de recherches sur Molière, sur sa famille, et sur les comédiens de sa troupe*, Paris, SEVPEN, 1963, p. 82, donnent l'emplacement de l'Hôtel de Modène.

70   *Ibid.*, p. 81.

71   Archives Nationales, CV, 781.

72   M. Jurgens et É. Maxfield-Miller, *op. cit.*, p. 83.

73   Archives Nationales, Minutier Central, LXVI, 108.

74   *Ibid.*

75   «La Servitude», *Les Vers héroïques*, Paris, Jean-Baptiste Loyson, 1648, v. 13-18, 25-30, p. 148.

76   «À Madame la duchesse de …», *Les Vers héroïques*, v. 17-24, éd. citée, p. 321. Il est curieux de noter que dans le vers «Mes poumons ne meuvent qu'à peine», cité ci-dessus, une coquille – *peuvent* à la place de *meuvent* – se glissa dans l'impression, mais fut immédiatement corrigée dans une notice suivant l'Avertissement. Et pourtant, Pierre Camo (éd. *Les Amours et autres poésies choisies*, Paris, Garnier, 1925, p. 275), Amédée Carriat (*Tristan L'Hermite...*, *op. cit.*, p. 106), et Philip Wadsworth (*Tristan L'Hermite. Poésies choisies et annotées*, Paris, Seghers, 1962, p. 152) reproduisirent la même erreur.

77   «Le Proverbe vérifié», *Les Vers héroïques*, v. 1-4, éd. citée, p. 221. Voir d'autres poèmes pour ces deux amants dans le même volume, p. 203-226, 231-236, 360 et, selon toute probabilité, 349 et 388.

78   Tristan exprima ce désir dans un sonnet des *Vers héroïques*, éd. citée, p. 390; il fait allusion au même projet dans la *Dédicace* de ce recueil.

79   Voir Bernardin, *op. cit.*, p. 284-285.

80   Cet ouvrage fut publié après la mort de Tristan dans le *Nouveau Recueil des harangues faites au roi et aux reines à leurs entrées, avec plusieurs lettres sur toutes sortes de sujets*, Paris, Gabriel Quinet, 1665, p. 275-280.

81   *La Renommée*, Paris, Guillaume de Luyne, 1654.

82   Voir «L'Imprimeur à qui lit» dans *Le Parasite* : «Mes presses se préparent pour l'impression de son Roman de la *Coromene*».

83   J. Loret, *La Muse historique*, éd. J. Ravenel, E. V. de la Pelouse [et Charles Livet], Paris, P. Jannet [puis] P. Daffis [puis] Champion, 1857-1878, p. 96.

BIBLIOGRAPHIE

2019

(1111) ABRECHT, Delphine, MICHEL, Lise et PIOT, Coline, dir., *Faire œuvre d'une réception. Portraits de spectateurs de théâtre (spectacles, textes, films, images) XVIᵉ-XXIᵉ siècle*, Montpellier, Max Milo et L'Entretemps, «Champ théâtral», 192 p.

(1112) ANACLETO, Marta Teixeira, dir., *Mineurs, Minorités, Marginalités au Grand Siècle*, Paris, Classiques Garnier, «Rencontres», 387 p.

(1113) BELIN, Christian, LAFONT, Agnès et MYERS, Nicholas, dir., *L'Image brisée aux XVIᵉ et XVIIᵉ siècles*, Paris, Classiques Garnier, «Rencontres», 321 p.

(1114) BERRÉGARD, Sandrine, «Bibliographie», *CTLH XLI*, p. 127-130.

(1115) BERRÉGARD, Sandrine, «L'influence de l'Académie française sur les dernières productions littéraires de Tristan», *CTLH XLI*, p. 49-59.

(1116) BERTON-CHARRIÈRE, Danièle et VÉNUAT, Monique, dir., *Témoigner à l'âge classique et moderne : des sens au sens. Sens, voix, lois, lieux et legs*, Paris, Champion, «Colloques, congrès et conférences», 742 p.

(1117) *Cahiers Tristan L'Hermite XLI, Tristan L'Hermite et l'Académie française (1648-1655)*, dir. S. Tonolo, Paris, Les Amis de Tristan L'Hermite et Classiques Garnier, 139 p. Cf. S. Berrégard, S. Cornic, Cl. Fourquet-Gracieux, Fr. Hildesheimer, St. Macé, H. Merlin-Kajman, G. Siouffi, S. Tonolo. Bibliographie. Chronique. Résumés.

(1118) CANDIARD, Céline et GROS DE GASQUET, Julia, dir., *Scènes baroques d'aujourd'hui. La mise en scène baroque dans le paysage culturel contemporain*, Paris, Classiques Garnier, «Perspectives comparatistes», 378 p.

(1119) CHAOUCHE, Sabine, «Mécanismes de coalescence et de synergie auctoriales sous l'Ancien Régime», *European Drama and Performance Studies*, 2019-2, nᵒ 13 : *The Stage and its Creative Processes*, vol. 1, p. 91-113.

(1120) CORNEILLE, Thomas, *Théâtre complet*, t. 6, dir. Chr. Gossip, éd. M. Montserrat Serrano, G. Le Chevalier et E. Minel, Paris, Classiques Garnier, «Bibliothèque du théâtre français», 625 p.

(1121) COTTEGNIES, Line, MILLER-BLAISE, Anne-Marie et SUKIC, Christine, dir., *Objets et anatomie du corps héroïque dans l'Europe de la première modernité*, Paris, Classiques Garnier, «Rencontres», 2019, 351 p.

(1122) CORNIC, Sylvain, «Tristan L'Hermite et Quinault : une filiation académique?», *CTLH XLI*, p. 61-76.

(1123) DALLA VALLE, Daniela, «*Osman* de Tristan L'Hermite : un modèle de tragédie ottomane», *La Fable orientale. Regards sur le Moyen-Orient à l'âge classique (1630-1780)*, dir. Chr. Martin, L. Norci Cagiano et L. Plazenet, Paris, Hermann, p. 209-226.

(1124) DING, Ruoting, « Quand un roi désire la retraite. L'abdication dans le théâtre français du XVIIᵉ siècle », *Revue d'histoire littéraire de la France*, avril-juin 2019, n° 2, Paris, Classiques Garnier, p. 259-278.

(1125) DIXON, Robin et FITZPATRICK, Tim, « Creating *Commedia*. Cognition, Composition in-performance and the *Commedia dell'arte* », *European Drama and Performance Studies*, 2019-2, n° 13 : *The Stage and its Creative Processes*, vol. 1, p. 25-46.

(1126) DUCROCQ, Myriam-Isabelle et GHERMANI, Laïla, dir., *Le Prince, le despote, le tyran : figures du souverain en Europe, de la Renaissance aux Lumières*, Paris, Champion, « Les dix-huitièmes siècles », 334 p.

(1127) DUMAS, Catherine, « Corneille, *Le Cid* et l'Espagne dans l'histoire littéraire française aux alentours de 1900 », *L'Idée de littérature dans l'enseignement*, dir. Martine Jey et Laeticia Perret-Truchot, Paris, Classiques Garnier, « Rencontres », p. 109-124.

(1128) FOURQUET-GRACIEUX, Claire, « Dans l'ombre de Guez de Balzac ? La langue prosaïque de Tristan L'Hermite », *CTLH XLI*, p. 95-113.

(1129) GARNIER, Sylvain, *Érato et Melpomène ou les sœurs ennemies : l'expression poétique au théâtre (1553-1653)*, Genève, Droz, « Travaux du Grand Siècle », 568 p.

(1130) GÉNETIOT, Alain, dir., *Morales du poème à l'âge classique*, Paris, Classiques Garnier, « Rencontres », 379 p.

(1131) GÉNETIOT, Alain, dir., *Poésie et éthique (XVIᵉ-XXIᵉ siècles)*, *Revue d'Histoire littéraire de la France*, décembre 2019, p. 771-904.

(1132) GREENBERG, Mitchell, éd., *A cultural History of tragedy in the age of enlightenment*, [London], Bloomsbury Academic, « The Cultural Histories », 1824 p.

(1133) GREENBERG, Mitchell, *Des corps baroques. Politique et sexualité en France au XVIIᵉ siècle*, trad. Brice Tabeling, Paris, Classiques Garnier, « Lire le XVIIᵉ siècle », 379 p.

(1134) GROS DE GASQUET, Julia, dir., *Les Coulisses théâtrales. Contribution à une histoire du hors-scène*, *Revue d'Histoire du Théâtre*, n° 281, 200 p.

(1135) HARDY, Alexandre, *Théâtre complet*, t. 4, dir. F. Cavaillé, Paris, Classiques Garnier, « Bibliothèque du théatre français », 881 p.

(1136) HILDESHEIMER, Françoise, « Tristan L'Hermite : de Richelieu à Séguier, d'incertains patronages », *CTLH XLI*, p. 35-48.

(1137) HOSTIOU, Jeanne-Marie et TADIÉ, Alexis, dir., *Querelles et création en Europe à l'époque moderne*, Paris, Classiques Garnier, « Rencontres », 458 p.

(1138) LECERCLE, François et THOURET, Clotilde, dir., *La Haine du théâtre. Controverses européennes sur le spectacle. Vol. 1 : controverses et polémiques*, *Littératures classiques*, n° 98, [Toulouse], Presses Universitaires du Midi, 2019, 202 p.

(1139) LECERCLE, François et THOURET, Clotilde, dir., *Théâtre et Scandale*, projet *La Haine du théâtre*, Labex OBVIL : https://www.fabula.org/colloques/sommaire5759.php (consulté le 15/03/2020).

(1140) LOUVAT, Bénédicte, dir., *Le Théâtre de Béziers. Pièces historiées représentées au jour de l'Ascension (1628-1657)*, t. 1 : *1628*, Paris, Classiques Garnier, « Bibliothèque du XVIIᵉ siècle », 776 p.

(1141) Macé, Stéphane, «La langue poétique dans le *Dictionnaire de l'Académie française* (1694)», *CTLH XLI*, p. 115-125.

(1142) Merlin-Kajman, Hélène, «L'Académie française, une création paradoxale», *CTLH XLI*, p. 19-34.

(1143) Nancy, Sarah et Gros de Gasquet, Julia, dir., *La Voix du public en France aux xviie et xviiie siècles*, Rennes, P.U.R., «Le Spectaculaire Arts de la scène», 334 p.

(1144) Richard, Jean-Pierre, *Shakespeare pornographe. Un Théâtre à Double Fond*, Paris, éditions rue d'Ulm, 244 p.

(1145) Romagnino, Roberto, *Décrire dans le roman de l'âge baroque (1585-1660). Formes et enjeux de l'*ecphrasis, Paris, Classiques Garnier, «Lire le xviie siècle», 617 p.

(1146) Romagnino, Roberto, *Théorie(s) de l'*ecphrasis *entre Antiquité et première modernité*, Paris, Classiques Garnier, «L'Univers rhétorique», 299 p.

(1147) Ronzeaud, Pierre et Rosellini, Michèle, dir., *L'Aventure au xviie siècle : itinéraires d'une notion*, *Littératures classiques*, n° 100, Toulouse, Presses universitaires du Midi, 296 p.

(1148) Roussillon, Marine, dir., *Revue d'Histoire du Théâtre*, n° 282 : *Récits et imaginaires des fêtes de cour*, avril-juin 2019, 180 p.

(1149) Saint Martin, Marie, *L'Urne et le Rossignol. Représentations d'Électre, antiques et modernes*, Paris, Classiques Garnier, «Perspectives comparatistes», 559 p.

(1150) Schrenck, Gilbert, Spica, Anne-Élisabeth et Thouvenin, Pascale, dir., *Héroïsme féminin et femmes illustres (xvie-xviie siècles). Une représentation sans fiction*, Paris, Classiques Garnier, «Masculin/Féminin dans l'Europe moderne», 420 p.

(1151) Siouffi, Gilles, «La 'phrase' dans les *Lettres mêlées* de Tristan L'Hermite», *CTLH XLI*, p. 77-93.

(1152) Rosellini, Michèle et Zékian, Stéphane, dir., *Un XVIIe Siècle hors Panthéon. Les libertins au xixe siècle*, *XVIIe Siècle*, n° 283, avril-juin 2019, 393 p.

(1153) Schuwey, Christophe, *Interfaces. L'Apport des humanités numériques à la littérature*, Neuchâtel, Alphil, 140 p.

(1154) Tonolo, Sophie, «Tristan et l'Académie française, une histoire brève. Introduction», *CTLH XLI*, p. 7-17.

(1155) Van Elslande, Jean-Pierre, *L'Âge des enfants (xvie-xviie siècles)*, Genève, Droz, «Les Seuils de la Modernité», 262 p.

(1156) Venturi, Franceso, dir., *Self-Commentary in Early Modern European Literature*, 1400-1700, Leyde, Brill, «Intersections», 431 p.

2020

(1157) Balde, Jacob, *Jephtias Tragœdia / La Fille de Jephté*, éd. D. Millet-Gérard, Paris, Classiques Garnier, «Bibliothèque du xviie siècle», 668 p.

(1158) Berrégard, Sandrine, *Pratiques de l'Argument dans le théâtre français des xvie et xviie siècles*, Classiques Garnier, «Lire le xviie siècle», 491 p.

(1159) Calleja-Roque, Isabelle, *Molière, un héros national de l'école*, Grenoble, UGA éditions, «Difaskein», 350 p.

(1160) Cartron, Maxime, «Lire Tristan L'Hermite par morceaux : sur un choix de pages de 1960», *Studi Francesi*, n° 190, janvier-avril 2020, p. 113-125.

(1161) Chaouche, Sabine et *European Drama and Performance Studies*, n° 14 : *The Stage and its Creatice Processes (16th-21st century)*, vol. 2, Paris, Classiques Garnier, 413 p.

(1162) Closson, Marianne et Raviez, François, *Les Amours entre frère et sœur. L'inceste adelphique du Moyen Âge au début du XIX*e *siècle*, Paris, Classiques Garnier, «Masculin/féminin dans l'Europe moderne», 440 p.

(1163) Dufour-Maître, Myriam, dir., *Appropriations de Corneille*, Publications numériques du CérédI : http://publis-shs.univ-rouen.fr/ceredi/index.php?id=797 (consulté le 15/03/2020).

(1164) Escola, Marc, Michel, Lise et Terribilini, Josefa, textes réunis par, *Acta fabula* n° 57 : *Nouvelles Recherches sur le théâtre classique*, avril 2020 : https://www.fabula.org/revue/sommaire12723.php (consulté le 15/03/2020).

(1165) Génetiot, Alain et Alonge, Tristan, dir., *Racine, Europe*, n° 1092, avril 2020, p. 3-192.

(1166) Leopizzi, Marcella, éd., *L'Honnêteté au Grand Siècle : belles manières et Belles Lettres*, Tübingen, Narr, «Biblio 17», 479 p.

(1167) Molière, *Théâtre complet*, t. 3, éd. Ch. Mazouer, Paris, Classiques Garnier, «Bibliothèque du théâtre français», 952 p.

(1168) Quinault, Philippe, *Théâtre complet*, t. 2, éd. S. Cornic, Paris, Classiques Garnier, «Bibliothèque du théâtre français», 675 p.

(1169) Rotrou, Jean de, *Théâtre complet*, t. 13 : *Don Bernard de Cabrère, Don Lope de Cardone, Poésies*, éd. B. Louvat, P. Gethner et J.-Y. Vialleton, dir. G. Forestier, Paris, Société des Textes Français Modernes, 398 p.

(1170) Schuwey, Christophe, *Un Entrepreneur des lettres au XVII*e *siècle. Donneau de Visé, de Molière au* Mercure galant, Paris, Classiques Garnier, «Bibliothèque du XVII*e* siècle», 552 p.

Sandrine Berrégard,
Université de Strasbourg

CHRONIQUE

Compte rendu de l'Assemblée Générale du 25 mai 2019 au 19 rue Berbier du Mets 75013 (domicile de la secrétaire) : S. Berrégard, A. Génetiot, L. Grove, St. Macé, Fl. Orwat et S. Tonolo.

12 pouvoirs reçus.

Présidence : Alain Génetiot; *secrétaire de séance* : Sandrine Berrégard.

Rapport d'activité et rapport moral (présenté par Alain Génetiot) : Après la journée organisée l'an dernier à la Sorbonne par Constance Griffejoen-Cavatorta et qui a donné lieu à la publication en novembre du numéro XL des *Cahiers*, Alain Génetiot salue la grande réussite de la journée du 21 février dernier *(Tristan L'Hermite et l'Académie française, 1648-1655)*, remarquablement organisée par Sophie Tonolo dans le cadre prestigieux de l'Institut de France, qui a d'ailleurs réservé aux Amis de Tristan un chaleureux accueil. Outre la qualité scientifique des communications, le public a en effet beaucoup apprécié la visite des lieux, proposée en fin d'après-midi par Sophie Tonolo. Comme l'indique cette dernière, les articles – issus des communications – destinés au prochain numéro des *Cahiers* sont désormais presque tous réunis, et ceux qu'elle a reçus ont d'ores et déjà fait de sa part l'objet d'une relecture attentive, qui sera renouvelée à l'occasion de la réception des épreuves, prévue pour l'automne. Comme le précise également Sophie Tonolo, la mise en forme du volume a été facilitée par l'envoi préalable aux contributeurs des normes typographiques définies par les Classiques Garnier. Une précision néanmoins s'impose, que fournit Alain Génetiot : depuis deux ans, les sociétés d'auteurs ne bénéficient plus de la subvention du C.N.L., qui leur était traditionnellement allouée, ce qui n'empêche pas l'éditeur d'accorder aux Amis de Tristan des conditions financièrement très avantageuses. À l'association incombent en effet une participation peu élevée ainsi que les frais postaux, que couvrent pour l'essentiel les cotisations et abonnements. La publication des *Cahiers* n'étant donc plus subordonnée au calendrier du C.N.L., Alain Génetiot se demande si elle ne pourrait pas être plus précoce, en septembre plutôt qu'en novembre - L'avenir, quant à lui, se présente sous les meilleurs auspices. *Tristan et la poésie du XVIe siècle*, qu'Alain Génetiot serait prêt à coordonner, *Tristan et la prose narrative du XVIe siècle*, qui viendrait clore la trilogie commencée en 2020 *(Tristan et le théâtre du XVIe siècle)*. Le numéro qu'Alain Génetiot dirigerait pourrait, le cas échéant, être assorti d'une journée d'étude à l'Université de Lorraine, afin que soit respectée l'alternance, observée jusqu'alors, entre les volumes précédés d'une manifestation scientifique et ceux qui ne le sont pas. - Le chercheur italien Roberto Romagnino a manifesté le souhait de faire partie de notre comité de lecture ; adhérent depuis peu, il y est accueilli à l'unanimité. - Le logo adopté par l'Association (Les Amis de Tristan L'Hermite, inscrits en rouge, en souvenir de Rougerie, notre éditeur historique) l'est désormais définitivement. Sandrine Berrégard suggère que soit demandée aux Classiques Garnier la fabrication d'un marque-page, comportant le titre des *Cahiers* de l'année en cours ; Alain Génetiot promet de les contacter à ce sujet. - La question est ensuite posée de solliciter la médiathèque de Limoges pour l'organisation éventuelle d'une manifestation scientifique autour du fonds Amédée Carriat, qu'elle possède. Sophie Tonolo se déclare disposée à le faire. - Alain Génetiot exprime le souhait de voir à nouveau figurer dans les *Cahiers* des *Varia*, la difficulté, comme toujours, étant de trouver des auteurs enclins à traiter de Tristan et/ou de la littérature de l'époque Louis XIII, selon la vocation de notre revue. Laurence Grove, de son côté, propose que la pratique des textes commentés, qui avait cours du temps de Rougerie, soit ravivée. - Sandrine Berrégard présente ensuite le numéro dont la coordination lui a été confiée, *Tristan et le théâtre du xvie siècle*, et qui est actuellement en cours de préparation. Cinq contributions sont d'ores et déjà prévues et, parmi elles, celles de jeunes chercheurs, dont l'intérêt pour Tristan est particulièrement appréciable : Catherine Dumas, Céline Fournial, Sylvain Garnier, Laura Rescia et Zoé Schweitzer ont communiqué les sujets précis qu'ils s'apprêtaient à traiter. - Enfin les discussions permettent l'émergence de nouvelles thématiques, dont les *Cahiers* à suivre s'empareraient avec profit : *Le Page disgracié* et le genre de l'autofiction, Tristan et les femmes, selon les deux propositions émises par Florence Orwat ; les genres narratifs brefs dans l'œuvre en prose de Tristan, comme le suggère à son tour Stéphane Macé. Plusieurs personnes mériteraient pour ces différents projets d'être sollicitées : des membres de la S.I.E.F.A.R. comme Nathalie Grande, ou encore Thierry Puech, Stéphan Ferrari et Tiphaine Rolland au sujet de l'histoire tragique et de la facétie. L'enthousiasme avec lequel ces idées sont accueillies est d'autant plus vif qu'elles conduiraient à un véritable renouvellement des études tristaniennes. Elles pourraient en outre être déployées avec toute la latitude souhaitée puisque le nombre de pages pour les *Cahiers* n'est plus contraint. Le rapport d'activité est adopté à l'unanimité.

Rapport financier pour l'année 2018 (présenté par Alain Génetiot en l'absence de Constance Griffejoen-Cavatorta) : Le solde du compte courant au 31 décembre 2018 est de 6597,14 €. Les recettes, de 3541,5 €, correspondent aux adhésions (865 €), aux abonnements (450 €), à une subvention du C.N.L. (2000 €) et enfin à une aide accordée par le laboratoire Dynamiques patrimoniales et culturelles de l'Université de Versailles Saint-Quentin-en-Yvelines, auquel appartient Sophie Tonolo, pour l'organisation de la journée d'études 2018 (226,5 €). Quant aux dépenses, elles s'élèvent à 2307,33 € et se répartissent de la manière suivante : frais bancaires = 88 € ; frais postaux = 32,42 € ; organisation de la journée d'études 2018 = 777,5 € ; frais d'édition et d'expédition des *Cahiers* XXXVIII et XXXIX = 1409,41 €. Quant au solde du livret A, il était de 12 902,46 € au 31 décembre 2017. Le rapport financier est adopté à l'unanimité.

Notre trésorière a par ailleurs émis le souhait de voir se développer le virement bancaire, plus commode à tous égards. Alain Génetiot propose que l'association adopte le système helloasso, qui faciliterait aussi le versement de la cotisation pour les étrangers.

Élection du C.A. : sur la proposition d'Alain Génetiot, Florence Orwat est élue à l'unanimité au conseil d'administration. Celui-ci procède ensuite à l'élection statutaire du bureau. Alain Génetiot, président, Véronique Adam et Laurence Grove, vice-présidents, Sandrine Berrégard, secrétaire, et Constance Griffejoen-Cavatorta, trésorière, sont reconduits dans leurs fonctions respectives.

L'ordre du jour étant épuisé, la séance est levée.

– Le colloque *Gaston d'Orléans et l'Antiquité*, qui s'est tenu du 2 au 4 octobre 2019 à l'Université de Reims Champagne-Ardenne sous la houlette de Céline Bohnert et de Valérie Wamphler, a accordé une place de choix à Tristan avec les communcations respectives de Constance Griffejoen-Cavatorta, «Édifier la gloire d'un prince lettré ? Le raffinement mythologique dans les recueils poétiques de Tristan L'Hermite», et de Sandrine Berrégard, «Tristan L'Hermite au service de Monsieur : heurs et malheurs d'un poète aristocrate en quête de reconnaissance».

– Le 20 novembre 2019 a été mise en vente par l'étude Drouot Estimations une quittance manuscrite portant la signature de François L'Hermite («FLhermitte») et la date du 15 mai 1621 : « 'Tristan Lhermite gentilhomme de la maison du Roy' reconnaît avoir reçu du trésorier de l'Épargne, Raymond Phelypeaux sieur de Herbault, la somme de 300 livres 'dont il a pleu a sa Majesté luy faire don en consideration de ses services et pour luy donner moien de continuer' ». Issu successivement des collections d'Edgar Gouria de Refuge et de René Kerviler, ce vélin oblong in-4 est cité par Raoul Bonnet dans sa *Table des fac-similés d'autographes contenus dans le Musée des archives nationales*, p. 174-175 : https://www.drouot-estimations.com/lot/101161/11045501?-search=FLhermitte&npp=&sort=& (consulté le 15/03/2020). Il est également mentionné par A. Carriat dans son «Isographie» (Tristan L'Hermite, choix de pages, présentées et annotées par Amédée Carriat, Limoges, Rougerie, 1960, p. 264[1]).

– Dans les archives nationales qu'elle avait consultées au moment de la rédaction de sa thèse, Catherine Grisé avait déjà trouvé plusieurs documents écrits de la main de Tristan. Nous les reproduisons dans le présent recueil en adressant à Thierry Pin tous nos remerciements pour nous les avoir communiqués.

– C'est avec une grande tristesse que nous avons appris le décès de Marcel Israël, survenu le 30 octobre 2019. Tristanien de longue date et membre fidèle de notre association, il avait contribué à deux reprises aux *Cahiers* («*Hymnes posthumes*», 1980; «Tristan et Puget de La Serre», 1983) et participé à l'édition des *Œuvres complètes* chez Champion (t. 3, 2002) en présentant et annotant le recueil posthume des *Hymnes de toutes les Fêtes solennelles*, dont il possédait d'ailleurs un des rares exemplaires connus à ce jour. Celui dont la carrière le conduisit à l'Université de Haute-Alsace, où il exerça en qualité de maître de conférences, résidait depuis toujours à Strasbourg. Hôte chaleureux et d'une grande courtoisie, il aimait à recevoir ses amis dans son bel appartement du centre historique de la ville et y évoquait toujours avec enthousiasme ses lectures, nourries par la très riche bibliothèque qu'il s'était constituée. Bibliophile averti et curieux, il partageait volontiers ses découvertes avec ceux et celles qu'il recevait. Que ses enfants trouvent ici l'expression de notre compassion et de notre gratitude.

Enfin c'est avec non moins d'émotion que nous venons d'apprendre la disparition de Marc Fumaroli, survenue le 24 juin 2020. Il avait notamment contribué au premier tome des *Œuvres complètes* de Tristan, paru chez Champion en 1999 («Tristan en son temps») et rédigé la préface du catalogue de l'exposition qui s'était tenue en 2001 à la bibliothèque Mazarine sous la houlette d'Isabelle de Conihout.

Sandrine BERRÉGARD

---

1   Merci à Catherine Grisé de m'avoir signalé cette référence bibliographique.

RÉSUMÉS/*ABSTRACTS*

Sandrine BERRÉGARD, « Introduction »

La relation que le dramaturge entretient avec le théâtre du XVIe siècle est à la fois protéiforme et ambiguë. Elle touche en effet à l'ensemble des genres qu'il pratiqua, telle la tragédie, *La Mariane* et *Panthée* étant imitées des deux pièces honomyes de Hardy. À ces rapports directs s'ajoute l'influence commune de Sénèque, comme pour Corneille et sa *Médée*. Car, s'il contribue au renouveau du théâtre, Tristan manifeste aussi un fort attachement à des procédés issus de la Renaissance.

Mots-clés : humanisme, Antiquité, modèles, infléchissements, chronologie, règles, genres.

Sandrine BERRÉGARD, *"Introduction"*

The playwright's relationship with sixteenth-century theater is both protean and ambiguous. It impacts all the genres he used, such as tragedy, La Mariane *and* Panthée *being imitations of Hardy's two homonymous plays. In addition to these direct relationships, there is the common influence of Seneca, as in Corneille and his* Médée. *While he contributed to the revival of theater, Tristan also showed a strong attachment to Renaissance methods.*

Keywords: humanism, Antiquity, models, inflections, chronology, rules, genres.

Zoé SCHWEITZER, « *La Mort de Sénèque* : adieu à Sénèque ou continuation du théâtre humaniste ? »

La figure de Sénèque mise en lumière par le titre agit comme un trompe-l'œil : le précepteur stoïcien de Néron masque le dramaturge, dont la présence se révèle dans un subtil jeu de miroirs. C'est la question de la relation de *La Mort de Sénèque* à la tragédie latine et humaniste qui se trouve donc au cœur de cette contribution. Il semble que ce soit sous la forme réflexive d'un tombeau tragique que Tristan rende hommage au dramaturge antique, dont il représente précisément la disparition.

Mots-clés : tragédie, théâtre humaniste, Sénèque, tyran, philosophe, périodisation.

Zoé SCHWEITZER, *"La Mort de Sénèque: farewell to Seneca or continuation of humanist theater?"*

The figure of Seneca spotlighted by the title acts as a trompe-l'oeil: Nero's Stoic tutor disguises the playwright, whose presence is revealed in a subtle play of mirrors. At the heart of this contribution is the question of the relationship of La Mort de Sénèque *to Latin and humanist tragedy. It would seem that it is in the reflexive form of a tragic tom-*

beau *that Tristan pays homage to the ancient playwright, whose death he represents faithfully.*
Keywords: tragedy, humanist theater, Seneca, tyrant, philosopher, periodization.

Céline FOURNIAL, «L'*inventio* tragique de Tristan L'Hermite. Retour cyclique ou inspiration sérielle?»

Si les rapports de l'*inventio* tragique de Tristan avec le théâtre humaniste sont moins évidents que ceux qu'entretiennent plusieurs de ses contemporains, c'est en partie parce que l'auteur préfère l'adaptation à la récriture et dissocie sources et modèles. Ses pièces s'inscrivent toutefois dans des réseaux inventifs vastes, à la fois sériels et cycliques, qui remontent au XVIᵉ siècle. Tristan reprend en outre au théâtre humaniste des procédés, qu'il renouvelle à chacune de ses tragédies.
Mots-clés : tragédie, cycles, réseaux, sources, modèles, poétique.

Céline FOURNIAL, *"The tragic* inventio *of Tristan L'Hermite. Cyclical return or serial inspiration?"*

If the relationship between Tristan's tragic inventio *and humanist theater is less obvious than that of many of his contemporaries, it is partly because he prefers adaptation to rewriting and decouples sources and models. His plays, however, are part of vast, simultaneously serial and cyclical networks of invention that date back to the sixteenth century. In addition, Tristan takes up the techniques of humanist theater, which he repeats in each of his tragedies.*
Keywords: tragedy, cycles, networks, sources, models, poetics.

Sandrine BERRÉGARD, «Tristan et Hardy : un héritage problématique»

S'inscrire dans le sillage de Hardy en lui empruntant deux sujets de tragédie était pour Tristan un pari risqué. À l'heure où «feu Hardy», comme l'appelle Corneille, est depuis longtemps déjà perçu comme archaïque, c'était aller à rebours de l'évolution générale. Mais, loin d'être asservi à son aîné, l'auteur de *La Mariane* puis de *Panthée* parvient à imposer sa marque propre. Se réclamer d'un modèle périmé lui pemet donc de conquérir une position de premier plan dans le théâtre d'alors.
Mots-clés : imitation, renouvellement, songe, jeu, lyrisme, style.

Sandrine BERRÉGARD, *"Tristan and Hardy: A problematic legacy"*

It was a major gamble for Tristan to follow in Hardy's footsteps by borrowing two subjects for tragedies from him. At a time when "feu Hardy," as Corneille calls him, had long been perceived as archaic, this meant going against the general current. But, far from being enslaved to his elder, the author of La Mariane *and then* Panthée *manages*

to promote his personal brand. Claiming an outdated model thus enabled him to win a spot in the foreground of the stage of the time.
Keywords: imitation, update, dream, play, lyricism, style.

Laura Rescia, «L'*Amarillis* de Tristan L'Hermite. Une pastorale à contre-temps?»

La pastorale *Amarillis* constitue dans la production dramatique du poète un véritable hapax – une situation qui s'explique par des circonstances singulières, décrites par l'imprimeur. À rebours de ses déclarations, il semble que la pièce soit en fait une réécriture de la comédie de Rotrou *La Célimène*, à laquelle l'auteur, redevable en cela à la tradition humaniste, confère une coloration bucolique.
Mots-clés : pastorale, manuscrit, Italie, *topoï*, inventions.

Laura Rescia, "*Tristan L'Hermite's* Amarillis. *An untimely pastoral?*"

The pastoral Amarillis *is a real hapax in the poet's dramatic output—a situation that can be explained by the singular circumstances described by the printer. Contrary to his statements, it seems that the play is in fact a rewriting of Rotrou's comedy* La Célimène, *which the author, indebted in this respect to the humanist tradition, imbues with a bucolic coloring.*
Keywords: pastoral, manuscript, Italy, topoï, inventions.

Josefa Terribilini, «Choralités tristaniennes. Échos des chœurs humanistes dans *La Mariane*, *La Mort de Sénèque* et *Osman*»

L'auteur témoigne d'un réel attachement à la dimension collective que portait au XVIe siècle le chœur tragique. Elle se traduit chez lui par la présence, variable mais néanmoins récurrente, d'un personnage pourvu de la fonction chorale qui incombait à son ancêtre. De *La Mariane* à *Osman*, en passant par *La Mort de Sénèque*, le dramaturge parvient ainsi à mettre en scène l'opposition entre la norme et son contraire, et à produire des effets pathétiques propres à toucher le public.
Mots-clés : chœurs tragiques, personnage collectif, tragédie, reconfigurations, pathétique, *La Mariane*, *La Mort de Sénèque*, *Osman*.

Josefa Terribilini, "*Tristanian choralities. Echoes of humanistic choruses in* La Mariane, La Mort de Sénèque, *and* Osman"

Tristan shows a real attachment to the collective dimension of the tragic chorus in the sixteenth century. It is expressed in his work by the presence, variable but nevertheless recurrent, of a character endowed with the choral function that his forebear was responsible for. From La Mariane *to* Osman, *via* La Mort de Sénèque, *the playwright thus*

manages to stage the opposition between the norm and its opposite, and to produce pathos conducive to moving the audience.
Keywords: tragic chorus, collective character, tragedy, reconfigurations, pathos, La Mariane, La Mort de Sénèque, Osman.

Sylvain GARNIER, «La représentation du *furor poeticus* au théâtre de Jodelle à Tristan L'Hermite»

Le *furor poeticus* invite à s'interroger sur les rapports exacts entre les modes lyrique et dramatique. Dans le théâtre humaniste, il est volontiers l'expression de la rage tragique ou des dons prophétiques assignés à un personnage. Le XVIIe siècle, quant à lui, n'admet le style poétique ainsi créé que dans la mesure où il est pleinement intégré à la diégèse. Qu'il s'agisse de la passion amoureuse ou de la folie, Tristan conjugue ces deux traditions en associant lyrisme et vraisemblance.

Mots-clés : *furor poeticus*, tragédie humaniste, tragédie classique, expression poétique, convention dramatique, vraisemblance.

Sylvain GARNIER, "*Representing* furor poeticus *in the theater— from Jodelle to Tristan L'Hermite*"

Furor poeticus *invites us to question the exact relationship between lyrical and dramatic modes. In humanist theater, it is wholeheartedly the expression of tragic rage or the prophetic gifts assigned to a character. The seventeenth century, for its part, admits poetic style crafted in this way only insofar as it is fully integrated into the diegesis. Whether it be passion for love or madness, Tristan combines these two traditions by combining lyricism and verisimilitude.*
Keywords: furor poeticus, *humanist tragedy, classical tragedy, poetic expression, dramatic convention, verisimilitude.*

Catherine DUMAS, «Le pouvoir destructeur des passions dans la *Tragédie d'Amnon et Tamar* de Chrétien des Croix et *La Mariane* de Tristan»

Distantes d'une trentaine d'années, la *Tragédie d'Amnon et Tamar* de Chrétien des Croix et *La Mariane* offrent l'une et l'autre la peinture de passions particulièrement destructrices. Si elles sont analogues notamment par la violence de l'amour que laissent éclater les persécuteurs, la seconde cependant use de procédés dramaturgiques plus diversifiés. L'expression distincte des antagonismes et des dérèglements émotionnels est donc révélatrice d'une évolution esthétique.

Mots-clés : conflit, dérèglement, persécuteur, victime, structure, diversification.

Catherine Dumas, *"The destructive power of the passions in Chrétien des Croix's* Tragédie d'Amnon et Tamar *and Tristan's* La Mariane"

About thirty years apart, the Tragédie d'Amnon et Tamar *by Chrétien des Croix and* La Mariane *both offer a portrait of particularly destructive passions. Although they are similar, particularly in the violence of love that bursts from the persecutors, the second, however, uses more diverse dramatic techniques. The distinct expression of antagonisms and emotional disturbances is thus indicative of an aesthetic evolution.*

Keywords: conflict, disturbance, persecutor, victim, structure, diversification.

Catherine Grisé, « Vers une nouvelle biographie de Tristan L'Hermite »

Cet article est la traduction d'un article publié en anglais dans *la Revue de l'université d'Ottawa* en 1966, mais resté peu connu. L'auteure met au jour des informations sur la vie de Tristan à partir des documents trouvés dans les archives, et que ne mentionne pas N.-M. Bernardin dans son ouvrage, *Un Précurseur de Racine : Tristan L'Hermite, sieur de Solier* (1895).

Mots-clés : Tristan L'Hermite, généalogie, Gaston d'Orléans, poésie française, xviie siècle, recherches d'archives.

Catherine Grisé, *"Towards a new biography of Tristan L'Hermite"*

This article is a translation of an article published in English in The University of Ottawa Review *in 1966, but which is still not well known. The author uncovers information about Tristan's life from documents found in the archives, which N.-M. Bernardin does not mention in his book* Un Précurseur de Racine: Tristan L'Hermite, sieur de Solier *(1895).*

Keywords: Tristan L'Hermite, genealogy, Gaston d'Orléans, French poetry, seventeenth century, archival research.

IMPRIM'VERT®

Achevé d'imprimer par Corlet Numéric,
Z.A. Charles Tellier, Condé-en-Normandie (Calvados),
en novembre 2020
N° d'impression : 169096 - dépôt légal : novembre 2020
Imprimé en France